涵静学刊

第二辑

主编　潘德荣

中西书局

目 录

"心"在中国文化中的意义

景海峰（深圳大学国学研究所）

方今心学大盛，贩夫走卒怀揣阳明之书，街谈巷议莫不以心学为要，学界谈论中国精神则动辄归宗于"致良知"一脉。一时间，心学成为了最热门的话题和最流行的学问，弘扬优秀传统文化首先便是瞩目于心学资源，当代的儒释道各派似乎也在阐扬"心"的旗帜下汇聚到了一起，形成一股浩浩荡荡的文化潮流。到底什么是"心"，心学在中国文化中究竟扮演着什么样的角色？尤其是结合当下的心学热潮，探究其来由，厘清其脉络，以回归正见，是有效发掘这一宝贵文化遗产的必由之途，也是古为今用、将古典文化创造性地转化为现代文明之资粮的重要前提。

一、何为"心"？

"心学"这个概念的出现实际上是比较晚的，我们现在常说"陆王心学"或"阳明心学"，或者以心学与理学来对举，实际上是一个比较晚的说法，很多学者作过考证，这些概念比较流行是一个晚近的事情。首先，我们来看"心"这个字，它在中国的文字里面非常独特。"心"是什么意思？它本来是一个器官，一个重要的脏器。但所谓"心学"，显然不是一个生物学意义上的，不是研究心脏。此"心"与生理学、医学的心的意思是不一样的。这个字在《说文解字》里面说"人心也，在身之中"，这已经是东汉后期的解法，实际上已经把心限定为人之心，显然是一个较后的理解。从字源上来讲，其最初的类型应该是属于象形字一类，故《说文通训定声》里描述心的象状，谓之"形如莲蕊"。所以如果往前追溯的话，从经验可感的世界去理解，可能"心"这个字，最早是来自对植物的一种观察，因《尔雅》释木、《广雅》释草，均言及于心。[①]刘熙《释名》说："心，纤也。所识纤微，无物不贯也。"似是指那种比较纷繁的状态，或有生发性的、丝絮状的那种东西。到了清代，有朴学家

---

① 朱骏声：《说文通训定声》，中华书局，1984年影印本，第85页。

考证"心"这个字，最早可能是指枝条上有尖刺的部分，锐刺处于萌发期，在将生未生之际，你顺着枝条抚摸的时候，会感觉到它的凸起状，有一种生长和坚硬的感觉，这可能就是"心"字最初的意思。[①] 但之后到了春秋战国时代，这个心字慢慢和我们的精神文化有了密切的关系，早已突破了物相的、生理的意义，而把"心"这个字赋予了很多精神性的意味。

二、理解心的两大路径

当时言心，大致有这么几个路向，我们最熟悉的可能就是孟子，因为中国的心学如果要追溯历史渊源的话，就是从孟子开始讲起，后来阳明也主要是发挥孟子"良知"的思想，所以孟子可以说是中国心学文化、心学思想的鼻祖。孟子讲"心"是与讨论人性问题联系在一起的，他讲人性是善的，所谓"善"就是先要有一些根芽，或者按《周易》的概念就叫"几"，就是一个起端、一个原发点。所谓"性善"就是本来有那么一种东西，这个东西是其他万物所不具备的，唯有人"最为天下贵"，他有这样一种东西，就是所谓的"善端"，是良知、良能，即人性趋向善的所有道德活动和道德行为的基础。从人禽之辨出发，人之与其他动物不一样，就是因为他有这种"善端"。孟子讲了"四善端"，即恻隐之心、羞恶之心、恭敬之心、是非之心，这"四心"便把"心"从原有的生理意义或人体肌理的东西转移到了道德的领域，把自然的那种生发义引申到一种特有的情感意义，并且作了人文主义的升华，赋予了"心"以充沛的精神气质，这种气质当然就是我们所熟悉的道德情感。道德虽然有依于人的身体，和物质存在的肌理、机能有关系，但它又充盈着一种丰富的情感，是人所独有的东西，再把它升华为一种道德的状态，这大概就是最早孟子对"心"所赋予的意义了，也是后来讲所谓"心学"最核心的意思。孟子讲人都有良知、良能，这种良知、良能是所有道德行为的根本，如果这个东西丧失掉了，或者被遮蔽掉了，人可能就成为一种"非人"，或者沦为禽兽，便不构成我们真正的作为人的本质意义的那种存在。这个思想，主要是从一种道德的视域来规定人，给人下了一个定义，所以我们说孟子的这个思想开了中国古代心学的最为重要的一种理路，即从道德的意义给"心"作一种界定，

① 详见阮元《释心》一文，《揅经室集》卷一。

这是一个思路。

　　第二个思路呢，可能就是从《管子》到荀子。《管子》"四篇"的"心"也是从"气"入手的，然后引申到感知的问题，它的"精气"说为荀子所继承。我们知道荀子是战国末期的儒学大师，他的一些思路跟孟子不太一样，荀子言"心"，讲"心之官则思"，他是从"知"或"智"的意义来入手的。从感知或知识的角度来讲，"心"具有一种独特的功能，有其他器官所不具有的能力，它可以去感知外部的世界，所谓"心有征知"，主动地去感知、了解、掌握和解释外部的世界，这更多的是从一个认识论的意义上来讲的。关于知识生成的路径，荀子作了比较完整的阐发，在《解蔽》篇中有大量描绘心"虚一而静"状态的文字，即怎样接受和容纳外部世界的各种刺激，以及感官功能的发挥，以增强人认识外部世界的能力和接受知识的能力，这便构成了中国古代对"心"之意义的另外一种理解。

　　这两条路向，一个可能比较接近于道德的，另一个则接近所谓知识的，它们都是儒家关于"心"的学说里非常重要的内容。这两条路向，从汉以后一直到宋明，所有的儒家人物在理解"心"的时候，都是在这两个方面作一个调适或者中和，当然往往也有偏袒处。陆王心学兴起之后，最主要继承的是孟子的这条路向，后续的心学发展经历过复杂的变化，逐渐地狭义化了，变成了专指孟子一系，甚至成了陆王之学的代称。但最早开头，在儒家思想里面，对心的理解的这两个层面都是包含了的。

　　现在一般所说的"心学"，是从宋明时代的思想系统入手的。北宋时代对心的理解就有新的思路，提出了一些非常重要的命题，像张载讲的"大其心"和"无成心"，尤其是程颢，他的学说里面有很多对心的阐发，这些思想，可以说是开了宋明理学认识心、理解心的先河。在这里面，包含了许多本体论的问题，可能跟对人性的理解、对宇宙自然的理解都有一些结合，从各种角度对心的意义和内涵有一个深化和发展。后来一般讲心学，大多是从狭义来说的，就是从陆九渊开始的，这是宋明时代和程朱理学不同的另外一路。陆九渊的思想和朱子的思想有所不同，他们当时有"鹅湖之会"，在论辩中，不管是对知识的理解，还是掌握知识的入手处，都有很大的差别，一个讲"心即理"，一个讲"性即理"，这就构成了当时理学中的两派。实际上，陆九渊和朱子思想的差异不像后来阳明学兴起之后变得似乎是那么地不可调和,好像就成了两个非常对立的派别,其实它只是在宋代理学中构成了不同的致思取向和学问方式上的一种差异。在阳明学兴起以后,这种学派的对峙感变得越来越强烈,好像心学就成了整个理学的对立面,陆九渊跟朱子的路向完全不同,是另外的一种东西,这是在后来阳明学大盛之后,逐渐强化或加以比较之后给人们留下的一个印象。陆九渊之后,也有他思想传承的线索,有一些重要的弟子,比如说杨简这些人,但总的说来,这条线和朱子所开创的学派并不是齐头并进的,其影响力完全不能够相提并论,陆学逐渐地式微了,而朱子学却一家独盛。一入明以后,情况才有了一个比较大的转折。明初的儒学有一个沉寂期,从元代以来便死气沉沉的儒学,要想从僵化的状态走向复兴,除了继承发展朱子学的内容外,这个时候就有了所谓心学的兴起,来另辟蹊径,并且逐渐成为儒学里的一个重要的潮流,心学也慢慢地成了明代学术的主打产品,成了明代儒学最为重要的一种面貌。

这个新潮流的起头,我们一般是从陈白沙开始说起的,这是广东地界的产物。白沙是岭南大儒,崛起于江门,他的师承并不是从陆九渊这一系下来的,学问出处也没有清晰的线索,在很大程度上是通过自己的人生体验,对儒家学问的一些反思得来,所谓"自得"也。他的思想可以看作是明代心学的一个开端。白沙之后,就是湛若水,是他的大弟子。同时王阳明在浙江那边崛起,所以当时就形成了所谓"浙宗"和"粤宗"两系。在浙江和广东这两个地方同时出现了心学很兴旺的状况,这也就是所谓甘泉和阳明的"分主教事"。在传播和弘扬心学的潮流当中,他们两个人是主将,但后来实际的情况是阳明的影响越来越大,尤其是到了晚明,基本上是阳明学的天下。后来黄宗羲作《明儒学案》,里面用了很大篇幅来表彰阳明一系的思想,对他的门徒分系及每个人的记述非常多,这样一来就渐渐地构成了历史书写的定案。因为《明儒学案》的影响非常大,我们后来一般讲明代的哲学、明代的思想、明代的儒学都要看《明儒学案》,这样阳明学好像就成了明代最主干的东西。这个过程是跟整个中国文化的走向、跟孟子以后儒家思想里特别彰显心性一系的选择是有非常直接的关系的。再加上宋明时代儒学转型以及时代变迁的问题,这就使得到了明代中后期,阳明学逐渐把心学的路向或心学的思潮推进到了一个高峰。所以到了今天,我们一说"心学",几乎就成了阳明学的代名词,大家都是以王阳明作为它的最主要的代表。这大概就是心学的一个来龙去脉。

三、心的三重面相

阳明有一句诗叫"抛却自家无尽藏,沿门托钵效贫儿",本来是我心自足的事,却非要到外面去找。这个"心"呢,我们再回过头来看,它在中国文化里面实际上是一个涵容性很大的概念。上面主要讲了从道德主体和认知主体这两个层面去看,但实际上还远不止于此,这个心实际上包容是非常广的。我们想,为什么明代以后"心"成为整个中国文化的主体性观念,张扬心学的意识构成了中国文化精神的一个核心,成为中国哲学最高的本体论范畴。在先秦文献里面,儒家讲的很多道德节目,像仁义礼智信,像礼义廉耻、忠孝节义,像恭宽信敏惠、智仁勇等,从道德活动的过程来讲,它们的所指可能都有一个定向,包含了一种具体性。除了像"仁"这样的概念内涵很广外,其他大部分都是一种附属性的概念,是讲事物之性质的,带有某种形容词的意义。但"心"这个概念显然不是属于这个系列,它本身是一个主体性的,但这个主语性概念我们刚才一再强调,它又不是一个物相意义上的,不是说一种机能或者一个具体的存在,它有一种扩张和弥散的效果,化为了精神,几乎无处不在。

如果我们用西方的观念来作一个比较,理解可能就会稍微深一些,印象会更强一些。在笛卡尔的身心二元论中,有一个 body,有一个 mind。body就是身体,相当于我们精神活动的一个机体或者基础,mind 就是理智。西方近代哲学都讲人有理智,不管是科学知识或者一切精神创造的活动,都是本之于人的理智,所以这个 mind 非常重要,它是西方近代认识论的一个元概念。但我们看中国古代的"心",这个概念实际上把这些意思完全涵容了,它既是物相的机体,又包含了"理智"的内容。人是理性的动物,人有理智,人的特征就是有这些理智的活动,而"心"显然含具这种能力,或者有这种功能。

西方还有一个概念 soul,就是灵魂,它带有很强的宗教意味,是神灵观念和永恒意识的重要载体。我们中国人不太讲这个,尽管也有灵的概念,但跟西方基督宗教建立在信仰基础上的灵魂观念是不太一样的。这个灵魂的意思就是说,在人神二元的分际当中,有一种存在是不属于凡俗世界的,它是具有某种超越性的东西，那可能是一个神的世界，或者是一个宗教里所描绘的未来的世界，是极乐之域或者天堂、天国，跟凡间的世俗状态是不一样的。所以，soul 等于是一种投射，在人的身体或人的存在意义上，它可以映照或反射一种本不属于凡俗世界的精神与气质。这种观念显然有一个很强的宗教意义，在中国文化里面是缺乏这种东西的。虽然我们后来接受了佛教，也讲来世、地狱、极乐世界等概念，但它仍然是一个可以在生活的世界当中想象与描绘的对象，这跟西方那种纯粹宗教情感和意义上的"灵"的精神还是不太一样的。但是，在"心"这个概念里面，又隐隐约约地包含了 soul 的一些意思，也就是说它具有某种"灵"的意味，因为它是超越物相实存的，是精神的一种张扬与想象。比如在宋明理学里面，张载说"大其心"，大程子讲"识仁"之心，后来阳明讲"致良知"，这个境况不是一种物相的，不是从物的实存意义上来讲的，而是一种生命的体验和精神飞跃的状态。它所具有的穿透性是突破了物的阻隔与有限性的，是无处不在的，是一种弥散化的状态和效果，在我们人类活动的任何表象中，它都可能会闪现出来，只要是人的活动、人的存有，就都会有这种东西的印迹。所以它不是一个具体性，更不是一种物化的形态，人的生命历程里的所有东西都可能跟它有某种关联性。

西方还有一个 spirit，现在一般翻译成"精神"，加语尾，有所谓"精神性"的说法。"精神"这个概念，我想在"心"里面也含具了 spirit 的意思。我们现在讲精神与物质，在这个现代语汇里面，那个跟"物质"对应的"精神"，实际上就是"心"，只不过我们用了"精神"这个词。在这个意思里面，强调的是人的一种超脱物欲和脱开物的羁绊的存在意义。人尽管是万物中的一个，是自然界的一物，但这个物与其他的物是不一样的，它有一种独特的地方，这个独特性的表现就是 spirit 的这种状态。这也就是刚才讲的，它本身跟我们的肉体、跟我们的物质性实存会产生一种张力，理学家在讲"心"的时候，往往强调要破除各种外在东西的束缚，从各种有形的、物相的压抑和限制当中解放出来，因为物相把这种东西给凝固住了，或者给遮蔽了，甚至泯灭掉了。要把人存在的意义张扬出来，就需要扩大这种东西，像孟子所讲的"善端"，怎么样使它发扬光大，发扬光大了就是"人"，就是大写的"人"，就是君子。如果这个东西慢慢被销蚀掉了，或者没有了，或者始终作茧自缚出不来,那就沦为了禽兽。所以人的生命意义就始终处在一种胶着的状态中,在不断地挣脱束缚,把精神的东西发扬出来。这种状态的理解与描述,都可以在对"心"的意义之体会中呈现出来。所以关于"心"的学问,就成为了中国哲学思想的主体。

心学讲"心即理",彰显"心本体",现代哲学家像熊十力,包括牟宗三都讲"心体",这个概念的内涵就不简单了,它成为整个中国文化根本气质和精神的一个凝聚点。通过对这个概念的理解,我们可以去体会中国文化的博大精深,这个词的意义是广大无边的,它涵容了人的生命存在的根本意义,很多层面的意思都涉及到了。

四、心与三教

还有一个话题,就是为什么明代以后心学成了中国文化的主导力量或最为重要的文化形态?我们都知道,唐以后有所谓"三教"融合的问题,就是儒、释、道的相互激荡与交融。宋明理学正是在佛教的刺激下,吸纳了很多释、道的义理,才成功地复兴了儒家的思想和学术,而心学更是在融合各种文化因素方面达到了一个极致。在所谓"三教"中,佛教也讲心,禅宗在佛教中国化的过程中,最能把孟子一系的心学养料跟印度的思想融合起来,所以后来禅宗里面的很多东西实际上是在讲心学。包括北宋张伯端的《悟真篇》所讲的"内丹",完全是一种精神性的"炼养",也接近于广义的心学。所以一方面我们说宋明理学的"心学"是陆王,这是儒家,但实际上从扩大的心学意义上来讲,在佛、道里面,尤其是禅宗也是在讲心学,只是它的讲法和儒家的不一样。

我们以王阳明为例,阳明从 17 岁开始专注于理学所讲的"格物致知",大家都知道"格竹子"的故事,可以说是因"格"成病。后来他又循着理学家好好读书的路子,走了一段读书穷理的路,下了很大的工夫,但读来读去也没读出个名堂来,知道了这么多的道理又能怎么样呢?在他快结婚的时候,沉迷于仙道,新婚燕尔,在一个道观里面,被道士给迷住了,彻夜未归,洞房花烛都耽搁了,这成为一个很有名的故事。阳明有一段时间痴迷于佛、道教,但这些东西最后都没有跟他的生命追求、跟他要体验得到的东西达成一致,所以他又回到了儒家。但他在 34 岁时的龙场悟道,这次却是自我身心的体悟。在那样一个穷乡僻壤、荒芜之地，在一种九死一生的磨难境地当中，才得到了他人生的大彻大悟，创造出一种心学之境。

所以我们看王阳明这一生的经历，他实际上也是在不断地找心，通过不同的途径和不同的方法在找心，但他最后找到的这个心，既非格物穷理之心，也非佛道仙学之心，更不是死读书的知识之心，他找到的是生命体验之心。所以这个"心"是跟我们每个生命个体的独特性连在一起的，它不是在说一段公理，或者在说一个普遍的规律，或者在说一个人人都需要掌握和学习的知识，它不是这么一个东西；它是融贯在我们生命活动的具体性当中的，因为如果离开了生命过程里面的具体的情景，那你讲的所谓的"心"是没有意义的。所以这个心是活泼泼地，是生机无限地，是跟每个人生命存在的具体性以及日常活动的精神状态紧密地联系在一起的。所以我们常常说"心学"是体验之学。我们每个人的体验是不一样的，是千变万化的，在一个生命个体的成长历程当中，在不同的阶段，在不同的境遇和不同的环境之下，可能体验到的东西都是不一样的，所以它是一种活的存有，表现为非常活泼的状态。我们能把这样一个道理搞明白了，能把这样一种精神把握住了，可能"心学"真正的意义才能够领悟到，才能够相契合。这个状态显然不是从书本上读出来的，实际上是我们生命的各种阅历、各种体验的一种不断的聚合，可以说是一个无穷无尽的历程。只有在漫长的多种多样的情景状态之中，我们才能去体会这个心、找寻这个心，这个心也才能够找得到。

再就心学与佛学的关系而言，实际上入明以后，是有一个融合的机理过程。包括当时陈白沙有一些人批评他，说他是"近禅"，他的有些弟子也被批评为是"近禅"。在传统理学或者按照格物穷理的路向来看，他们的一些思想和行为好像跟禅宗和尚没有什么两样，在外形上非常地近似。所以这个情况，从心学诞生开始，包括有些人对陆象山的批评，也是说他跟禅或佛混到一起了。后来王阳明的思想，包括他的后学，后人也有很多批评，有说他是禅，尤其是阳明后学里的很多人物，他们的思想就是处在一种禅与儒相搅拌的状态之中，非常地难以剥离。所以，从"心"的意义或"心"的内涵来看，实际上它已经超越了某一种学派甚至是宗派的意义。这已经是在更高的普遍性上所呈现出的一些相似的东西，只不过其表达的路径或方式上有差别。儒、佛毕竟有根本不同处。我们再以梁漱溟先生为例，包括上面所讲的王阳明的人生几步曲,这些儒家人物对佛教的吸收,包括对禅的容纳,显然不是一种严格拒斥的态度,不是所谓"辟佛老"的门户心态,而是具有相当的包容性,是把佛教的一些精神,包括禅宗的思想,尤其是一些非常深刻的义理内容作了一个接纳和消化,然后为我所用,把一些出世的精神放在了入世的事业当中。后来王阳明之所以那么伟大,成为一个完人,我们都赞美他的功业,除了"致良知"的哲学之外,他的事功也非常突出,所谓立德、立功、立言集于一身,这样的历史人物的确是不多见的。而其事功的层面,显然不是禅宗和尚所能承当的,其对于社会的这种责任,尤其是儒家所谓"内圣外王"的境地,显然跟禅宗的内容、跟佛教的理想,又相距了十万八千里。所以在出世与入世的根本点上,他们又有一个境界上的超越,涵容了佛教的一些东西,涵容了禅宗的一些东西,但又有超出的地方。包括像谭嗣同,他那种"我自横刀向天笑"的气概,有佛家大无畏精神的影子,但他是在世俗社会里所迸发出来的灿烂光辉,而不是局限在一种个人身心的修养,或者只是在出世的意义上把这种精神发扬光大的,这个社会性的根本担当所表现的是儒家的情怀。梁漱溟先生早年也曾学佛,但后来成为新儒家的代表人物。晚年他答客问,说你们都说我怎么又跑到佛家去了,实际上我从来也没有离开过佛教。因为在他的心学的容纳下,儒也好,佛也好,都有一个圆融的、打通的境地。关键是这种思想义理你怎么去运用,你如果只是做一个自了汉,是一种消极避世的人生态度,那就不是儒家的担当精神。所以,像王阳明也好、梁漱溟也好,他们的那种大丈夫气概和担当精神之所以为世人所景仰,就是因为他们把这些东西转化成了一种现实的活生生的生命的力量,所以才显得那么了不起。这里面不是一个截然切割的情形,它有一个生命内化的过程。

必死者的养生抉择
——杨朱思想逻辑结构及其学派归属

匡　钊（中国社会科学院哲学研究所）

　　杨朱可能是中国思想史上最典型的盛名之下，其实难副的例子，某种程度上是一位"思想史上的失踪者"。如所周知，孟子视其为重要的论辩假想敌，将其与墨家并置齐观，明指其言论"盈天下"，乃是儒家大对手。墨家的事迹和言论，遗存下来的非常丰富，与之对照，杨朱其人其学却非常渺茫，其事虽或散见于一些子书，但多语焉不详；其学虽有《列子·杨朱》一篇总述，但却几乎没有与其他诸子形成讨论的互动与呼应，如钱穆所言，"先秦诸子无其徒，后世六家九流之说无其宗，《汉志》无其书，《人表》无其名"。[1] 更为严重的是，传世的《列子》这部书争议颇多，《杨朱》篇能否顺利作为杨朱观点的写照自然需要清算了。从上述角度来看，似乎杨朱并不具有孟子所认定的那种思想史上的重要性，[2] 而孟子攻击一毛不拔的杨朱是无君的禽兽，这种激愤之辞是否真的有的放矢，大概也需要进一步思量。杨朱的现已形成的思想史形象，一方面相对简单刻板，另一方面又受到孟子极大的非议，如果我们不能认为孟子的言论缺乏必要的依据，那么从现存的材料当中，能否看出杨朱何以被视为异端邪说的某种代表的缘由呢？

一

　　对杨朱其人，以往学者多有考证，但观点多有出入。较为极端的例子，是蔡元培曾提出的一个很有意思观点：杨朱就是庄子。20 世纪80 年代初，尚有人为此观点再作论证。[3] 对此看法，早有较为系统的反

---

[1]　钱穆：《先秦诸子系年》，商务印书馆，2001 年，第284 页。

[2]　如钱穆言："儒墨之为显学，先秦之公言也。杨墨之相抗衡，则孟子一人之言，非当时之情实也。"见氏著《先秦诸子系年》，第285 页。

[3]　参见冯韶：《杨朱考》，《学术月刊》1980 年第 11 期；冯韶、冯金源：《杨朱考补充论证》，《学术月刊》1981 年第 6 期。

驳。^①而从先秦古书中的一些痕迹来看，此论恐也难以成立，尤其是荀子既言庄子也言杨朱，^②可谓是有力反证。多数现代学者的主流看法，如钱穆、胡适、冯友兰、陈奇猷、顾实、唐钺等，都主张杨朱虽身份不甚明朗，但还是确有其人的，而如阳子居、阳子、阳生、杨子等，大概都是其别称。^③然虽有其人，但是否有其书，也就是说《列子》里的《杨朱》篇是否至少大部分可信，仍有不同看法。

秦火之后，刘向整理的《列子》也早已亡佚，后人所见，只是魏晋时张湛注的《列子》。对其真伪的争辩，大约始于唐代柳宗元《辨列子》，其后自宋明清至近代，对《列子》真伪的质疑更频起叠出。从近代学术辨伪的立场出发，认为《列子》全书存在极大疑点的代表人物有马叙伦、梁启超、吕思勉等以及古史辨派。马叙伦《列子伪书考》提出了二十多条质疑其真伪的理由。后又有今人杨伯峻撰《列子集释》一书，其附录收录了历代关于《列子》辨伪之作二十四篇，认定《列子》是魏晋人伪作的膺品。如果上述看法完全成立，那么杨朱的思想史形象，大概就只能永远隐藏在历史的云雾之中。近代学术辨伪，对于厘清古书源流极有帮助，确实让不少杂芜的作品变得"可读"，即在相对确切定位后，可充分发挥其思想史作用，尤其是对某些古籍神话般权威形象的打破，对建立现代学术系统功不可没。只是不少近代学者的观点，站在今天的角度看，为了破坏以往陈陈相因的说辞，有时用力不免过猛，反而从相反的方面束缚了我们研究古代学术的手脚。关于《列子》，晚近的观点，则多认为其书不能全伪，并对较早时辨伪所用书证有新的检讨。对此，余嘉锡对所谓"古书通例"的理解，确有助于我们重新考虑古书的"真伪"问题，如《列子》在整理当中或有后人掺入的内容，间杂一些相互矛盾或不可能见于先秦的观点，但这并不足以否认其中仍然包含来自先秦的思想观点。尤其是《列子》与《庄子》和《吕氏春秋》多有文辞相合之处，考虑到古书编成的过程之复杂，完全以其书为魏晋伪作的观点，似乎过于简单了。海

---

① 参见孙开太：《杨朱是庄周吗——〈杨朱考〉及其〈补充论证〉质疑》，《学术月刊》1983 年第 5 期。

② 《荀子·解蔽》、《王霸》两篇，曾分别言及二人。

③ 有关杨朱的身份考证情况的讨论，参见葛然：《杨朱及其思想学派研究》，东北师范大学硕士学位论文，2008 年。

外学界,大体没有如近代国人般峻急,则更多直接以《列子》为可用的先秦材料。①总体而言,如下看法或可成立:"《列子》是一部基本反映先秦时代列子学派思想的著作,其文句可能有后人增益整理的成分,但其哲学思想和文本面貌,却基本仍是先秦古籍的本来面目。可能的出入抵牾之处,尚不足以否定其时代属性,正如今本《老子》与郭店楚简和马王堆帛书文句差别颇大,却并不足以否定《老子》的先秦真书身份一样。"②

若对《列子》全书作如是观,则《杨朱》一篇大概最为可用了。如张湛《列子序》所言:"先君所录书中,有《列子》八篇,及至江南。仅有存者。《列子》唯余《杨朱》、《说符》、目录三卷。"如不以恶意揣测,《杨朱》篇中的记载,虽然缺少与其他先秦诸子的呼应,但大部仍不失为探讨杨朱思想的可靠材料。当然,这不意味着当中可能包含后人掺入的不可靠成分。事实上,以先秦哲学或思想史为研究指向的学者,从国内的胡适之到国外的葛瑞汉,也都作如是观。

《列子》全书的内容,大体上既与《老子》有联系,也与《庄子》有关系,其中还称引《黄帝书》,放在先秦的思想史语境当中,如果认为此书大体可用,则将列子归为黄老学者大约不差。一般来说,多数现代和以往学者在此基础上进一步将杨朱也归为道家或者黄老学者——甚至冯友兰曾一度视杨朱为道家先驱,此外,也有将其归为法家或独立一派。③ 各种说法如何裁处,如联系现有可用的记载,恐尚费思量。

出于稳妥暂不考虑先秦著作中可能与其思想有关但没有直接提到杨朱其人的部分篇章,仅对比《列子·杨朱》当中的故事和散见于《列子》书中其他篇,以及先秦其余子书的有关杨朱的直接记载,包括以"杨朱曰"开头的文字,以杨朱为主角的故事,和《杨朱》中虽未提到杨朱其人,但显然是被编者认为可用以论证杨朱观点的假托其他人为主角的故事,可以发现这些材

---

① 有关讨论情况,参见安东:《〈列子〉文本考辨及其价值研究》,曲阜师范大学硕士学位论文,2010年;杨孟晟:《〈列子〉考辨及思想研究》,南京师范大学硕士学位论文,2011年;杨富军:《〈列子〉研究述列》,东北师范大学硕士学位论文,2012年。

② 杨孟晟:《〈列子〉考辨及思想研究》。

③ 有关杨朱学派归属的现有讨论,参见任明艳:《杨朱伦理思想研究》,西南大学硕士学位论文,2015年。

料分别涉及五个主题。其一是与"拔一毛而利天下"的话题有关,包括《列子·杨朱》中杨朱与禽子的对话、随后禽子与孟孙阳的对话,孟子的严词批评(《孟子·滕文公下》、《尽心上》),韩非子对此话题的转述(《韩非子·显学》)等。涉及这个话题的内容从分量上来看并不是最多,但由于受到孟子的高度关注和批评,现在已经成为杨朱的"思想招牌"。其二是涉及生死问题的讨论,包括《列子·仲尼》和《力命》中有关季梁的叙述和《杨朱》篇中的大部分内容。其三是有关养生和欲望的讨论,仅存在于《列子·杨朱》中,典型如"晏平仲问养生于管夷吾"、"子产相郑"、"卫端木叔"三段故事和杨朱对"舜、禹、周、孔"和"桀、纣"这四美二凶的评价。其四是涉及或针对"名"的一些评述,如《列子·杨朱》开篇杨朱和孟氏的对话,后文中杨朱的一些自道则涉及名与"寿"、"位"、"货"的关系等。上述二、三、四主题,相互讨论多有交叉之处,其间展现了杨朱思想的某种连续性。其五是有关杨朱行状的一些故事,如《列子·黄帝》言杨朱见老聃、过宋东逆旅,《杨朱》言杨朱见梁王,《说符》载歧路亡羊和犬吠其弟,这些故事,有的也见于其余诸子的记载,如阳子居见老聃之事另见《庄子·应帝王》和《寓言》,阳子宿于逆旅事另见《庄子·山木》和《韩非子·说林上》,杨朱见梁王事另见刘向《说苑·政理》,[①]犬吠其弟事则另见《韩非子·说林下》。此外还有一个杨朱哭衢的小段子,见于《荀子·王霸》、《淮南子·说林训》和《论衡·率性》。这些故事的寓意与指向并不一致,从先秦诸子惯用寓言的手法来看,是否可作为真实记载看大可存疑,恐怕很难独立加以解释,或者直接作为杨朱思想的真实证据采用。

对于杨朱思想的探索,大概需要从上述五个主题开始。

二

杨朱的核心思想,前人似已论之甚明,要之不外所谓"为我"、"贵己"和"重生"。[②]"为我"的评价源于《孟子》:"杨子取为我,拔一毛而利天下不为

---

① 此事见刘向书,被钱穆作为杨朱有其人的证据之一。参见钱穆:《先秦诸子系年》,第284页。

② 《韩非子》原文,"重生"前尚有"轻物"二字,这个说法的来源,大约与《杨朱》篇中"一毛"与"天下"的对比有关,其细节容后文详论。

也。"(《尽心上》)"贵己"的议论源于《吕氏春秋》:"老聃贵柔,孔子贵仁,墨翟贵廉,……阳生贵己。"(《不二》)"重生"的说法源于《韩非子》:"今有人于此,义不入危城,不处军旅,不以天下大利易其胫一毛。世主必从而礼之,贵其智而高其行,以为轻物重生之士也。"(《显学》)这三种评价里面,《孟子》持负面否定的态度人所共知,"杨氏为我",是无君的禽兽(见《孟子·滕文公下》);《吕氏春秋》里的态度,仅从上文看似乎是客观描述,但如联系到该书中多有篇章存有杨朱观点的影子,如《重己》、《贵生》等篇显然受到杨朱启发而又有所发明,[①]可以断定实际上是对其有所同情的;至于《韩非子》的态度,如联系下文"今上尊贵轻物重生之士,而索民之出死而重殉上事,不可得也",实际上同《孟子》一样也是持负面态度的。

三种观点,两种态度,似乎在某种程度上反映了先秦儒家和道家黄老学对杨朱其人其学的不同看法。《吕氏春秋》虽被认为是杂凑之书,缺乏严格的核心组织逻辑,但其中保存着许多来自黄老道家的一贯主张。这样看,杨朱被《吕氏春秋》引为同道,说他是属于与之存在渊源关系的黄老学派的思想家,似乎有一定道理。但是这个对于其学派归属的认定,却又一个重大的、无法回避的缺陷:黄老道家的思想潮流当中——如当今学界所知,黄老学覆盖面极广,其中不少人物的关注重心并不相同,视为一种思想潮流似乎比视为一个学派更恰当——包含一个统领其他各种观念的核心:"道"或者"一",无论黄老道家学者从何种角度立论,"道"或者"一"在其思想逻辑中一定具有原点或观念上居最高位阶的地位,即一定是无所不包的、整全性的,能覆盖天人之全体,而其他任何对于具体问题或观念的讨论,都可由此而导出。这种思考模式,却未在有关杨朱的记载中清晰看到。《列子》全书涉及杨朱的段落中,"道"字凡16见,但没有一次被视为基源性或整全性的第一观念,都是作为复数形式的多种"道"之一在使用。"道"字在《黄帝》中作"道路"义,"老子中道仰天而叹"。《说符》中歧路亡羊的故事在杨朱学生心都子言中亦作此义,"大道以多歧亡羊,学者以多方丧生"。《杨朱》中作

---

① 此种联系早为学者所见,葛瑞汉甚至直接将《吕氏春秋》中的部分内容作为杨朱思想的再现(参见氏著《论道者:中国古代哲学论辩》,张海晏译,中国社会科学出版社,2003年,第55页)。但类似的相关性,尚需进一步讨论。

"政治纲领"义,如"道行国霸"、"孔子明帝王之道"中的"道"字,与子路所谓"君子之仕也,行其义也。道之不行,已知之矣"(《论语·微子》)用法相同;也作"方式、方法"义,杨朱所谓生死之"相怜之道"和"相捐之道",另外文中出现的"君臣之道"、"君臣道"也可作如是观,指的是为君为臣的方式或君臣相处的方式;或作抽象的"途径、进路"义,文中讲子产密语邓析,"侨闻治身以及家,治家以及国,此言自于近至于远也。侨为国则治矣,而家则乱矣!其道逆邪";还作"言说"义,"口之所欲道者是非";亦作"时局"义,"不知世道之争危",这里的"世道"和现代的用法几乎没有不同。《说符》中作"学说"义,"仁义之道"、"先生之道",这两处或指儒家的学说,或指杨朱自己的学说。除上述较为明显的用法外,另有两处"道"字需要再深加辨析,《杨朱》中管夷吾与晏平仲尽论"生死之道",后文则有杨朱自道"君臣皆安,物我兼利,古之道也"。联系上下文,"生死之道"无疑是指有关生死的终极真相或法则,这种"道"在杨朱处可被视为核心话题,甚至可能是其思想推演的关键,但其位阶,仍未达到黄老学中"道"的地位,似不具备无所不包的整全性。至于"古之道",从字面上看则很像黄老道家所讨论的"道",也具有覆盖天人物我的总括性。但如摘去黄老学的有色眼镜,则有"古之道",必有"今之道",杨朱虽未明言此,但从上下文可推断这只是他对于理想社会的拟托和描述。且更为重要的是,杨朱并未将此拟托作为自己讨论的起点,而是作为其推论。杨朱的这段言论较为复杂,首先从对"丰屋美服,厚味姣色"的肯定开始,随后批评了"忠"、"义",指其足以"危身"、"害生",然后谈到"古之道",并引用鬻子、老子展开了对于"名"的一系列讨论。暂不论其具体内容,这里可以肯定的是,其中"道"的出现,对于杨朱的推理并不具有第一位次的重要性。如是观之,似乎确不能将杨朱简单归于黄老道家。当然杨朱的思想是否与黄老道家存在某种渊源仍值得讨论,作为战国时期学术市场上影响最大的学派,杨朱如果在某种程度上受到黄老学的一定影响似乎完全可能——此点容后另论,但从根本的理论逻辑上看,不能认为杨朱就是黄老学者。笔者以为,在先秦诸子中,杨朱确可被视为自成一派,[1] 这里杨朱的

---

① 高亨、詹剑峰均曾持此论,参见高亨:《杨朱学派》,罗根泽编著《古史辨》第四册,上海古籍出版社,1982年,第578页;詹剑峰:《杨朱非道家论》,《中国哲学》第七辑,三联书店,1982年,第55页。

对"道"的用法,可算作否定性证据。

　　上述古人对杨朱思想的总结,应该说是从不同侧面反映了其思想实际。近代以来,对杨朱思想的讨论,大体仍不出以上"为我"、"贵己"和"重生"的范围,只是出于某些与"现代性"思想联系的立场,对其有不同方向的发挥。正如古人,今人对于杨朱核心思想的评价,也是既有肯定,又有否定,较早时多以否定为主调,如认为其思想主利己、纵欲,唯心而代表某些没落阶级,晚近渐有意在为之平反正名的声音,多有学者强调杨朱"重生"的思想反映了对生命的重视,而这具有积极的重视个人价值的意义。[①]典型如陈鼓应以为:"杨朱的'贵己',乃是强调尊重自我,强调个人生命的价值与尊严。"[②]由此进一步推演,大可认为杨朱"为我"的主张完全是合理的,如"为我"乃是我们为了保证每个个体的存在,从而保证社会、国家之存在。[③]而追求自己的欲望也有其合理性,并不一定意味着极端的利己主义。甚至这种对个体生命、欲望的看重,有所谓反对政治压迫、发展传统民本主义的意义。[④]以上今人见解的出入,无疑与他们评价杨朱时各自潜在的学术立场有关,如暗自认同某些诸如个体与生命的价值、欲望的合理性等带有现代性色彩的见解,自然会得到与主张集体主义伦理和清教徒式道德规范的学者完全不同的结论,而这些结论,都可以从各自的角度出发,被视为是对杨朱思想的合理发挥。那么,如果回到杨朱的基本主张,回到思想史现场,暂时悬置对于其本来观点的推论和评价,我们可以发现,目前针对杨朱思想或哲学的研究,实际上存在两个尚未充分回答的问题,一是仍然缺少足够的对于杨朱思想本身内在逻辑结构的精细处理,对其理解较为简单,太轻易如古人般将之归结到少数某几个关键词——如上所述,对这些关键词的讨论,又往往较为主观;二是未能充分说明孟子何以激烈反对杨朱的主张。笔者以为,这绝不能被简单视为曲解或夸大其词。毫无疑问,孟子反对杨朱是出于对儒家思想的维护,但其如此谈论问题的内在理由,却并不像字面上那么浅白:"为我"何以

---

　　① 有关研究状况讨论,可参见葛然:《杨朱及其思想学派研究》。

　　② 陈鼓应:《杨朱轻物重生的思想——兼论〈杨朱篇〉非魏晋时伪托》,《江西社会科学》1990 年第 6 期。

　　③ 葛然:《杨朱及其思想学派研究》。

　　④ 现有观点综述,可参见任明艳:《杨朱伦理思想研究》。

会导致"无君"？不"拔一毛而利天下"何以意味着"为我"？

三

就以上两个问题而言,最基本有效的探讨,无非是从前文所述有关杨朱及其思想的五个主题的记载开始。五个主题当中,生死问题和有关养生与欲望的讨论,以及专门针对"名"的一些评述高度相关,从篇幅上看实际上占到有关杨朱思想记载的大半。如欲首先对其思想内在结构作精细研究,正可由上述三个主题出发。实际上,古人对杨朱思想的原有概括,也主要是针对上述主题。

涉及以上三个主题的内容,从分量上看,无疑是杨朱思想最主要部分。纵观其文,马上可留下三个非常鲜明的印象,一是反复讨论生死问题,二是颇多对酒色放逸的赞美,三是明指"名"与礼义毫无意义。在先秦的思想传统中,学者多好论生而鲜论死,这大概正应和了国人好生恶死的本能。中国大概是世界上唯一的缺少人格化的灵魂观念的古老文明,没有不灭的灵魂作为支撑,死亡对于人生来说就成为不可逾越的极限。这种无法抗拒的、丝毫没有余地的终极毁灭,让讨论死变得非常艰难。先秦主流的对待死亡的态度,大约不外三种: 如孔子般拒绝讨论,将其作为不可言说的问题悬置起来; 如某些道家方士般尝试通过一定的诸如"行气"之类的方式部分或彻底克服肉体的死亡;[1] 如庄子般片面强调通过某种精神境界的提升而否认死亡对精神生活的意义,迂回地达到克服死亡的目的。孔子和庄子的态度实际上都是在以不同方式回避问题,而方士们的努力,从战国中期以前的情况来看大概还没有提供出什么成功的案例——成仙的故事直到战国末年和秦汉之际才蔚为大观。在这种情况下,杨朱正面的谈论死亡而不是设法对其加以回避,可谓独特。杨朱反复强调死亡的必然与不可避免,其典型的说法如:"万物所异者生也,所同者死也。……十年亦死,百年亦死。仁圣亦死,凶愚亦死。……腐骨一矣,熟知其异?"又如与孟孙阳的对话所表达的:

---

① 参见匡钊:《专气、行气与食气——道家方士对"气"的不同理解及其后果》,《中国哲学史》2013年第2期。

孟孙阳问杨子曰："有人于此,贵生爱身,以蕲不死,可乎?"曰:"理无不死。""以蕲久生,可乎?"曰:"理无久生。生非贵之所能存,身非爱之所能厚。"

所谓"理无不死"、"理无久生",将死亡的必然性表现得淋漓尽致。这种对于生命必然面对死亡的毫不留余地的揭示,可以被视为杨朱思想逻辑的出发点。

既然"万物……所同者死也",如是,则基于死亡的必然性可作出一系列推论。推论一:一切以延续生命为目标的努力,实际上最终都是无效的,如《列子·仲尼》、《力命》中讲杨朱与季梁的交往,季梁病甚,而杨朱歌曰:"天其弗识,人胡能觉?匪祐自天,弗孽由人。我乎汝乎! 其弗知乎! 医乎巫乎! 其知之乎?"继而季梁死,杨朱仍"望其门而歌"。杨朱的态度,从文中来看,季梁本人是认同的,而这里杨朱当然不是在歌颂死亡本身,而是在说明一个道理,病死之事终究无可阻挡,没必要试图阻止其来临。推论二:由于生命本身所包含的各种"苦",也没有必要去延续它,如杨朱所谓"且久生奚为? ……百年犹厌其多,况久生之苦也乎?"所谓"久生之苦",指的就是杨朱所说:"百年,寿之大齐;得百年者,千无一焉。设有一者,孩抱以逮昏老,几居其半矣。夜眠之所弭,昼觉之所遗,又几居其半矣。痛疾哀苦,亡失忧惧,又几居其半矣。"虽然充分考虑到死亡的不可避免和生命本身之苦,但杨朱的深刻之处在于,他认为这并不意味着我们就应该轻易放弃生命,如他的学生孟孙阳就问,如此是否就应该"践锋刃,入汤火,得所志矣"。杨朱的回答是否定的,理由是:"既生,则废而任之,究其所欲,以俟于死。将死,则废而任之,究其所之,以放于尽。"这里"废而任之"大概说的是不要有多余的无谓行动而听凭生命本身的发展,于是,就有了推论三:唯一有价值的就是现世的生命以及满足这种生命的声色之欲:"人之生也奚为哉? 奚乐哉? 为美厚尔,为声色尔。"所以杨朱才主张活着的时候要"究其所欲",而这就是他所谓"养生"。如"晏平仲问养生于管夷吾",管夷吾曰:"肆之而已。"意思仍就是"究其所欲",后文复有对"所欲"的具体说明:"恣耳之所欲听,恣目之所欲视,恣鼻之所欲向,恣口之所欲言,恣体之所欲安,恣意之所欲行。"这也如同文中端木叔的生活方式:"墙屋台榭,园圃池沼,饮食车服,声乐嫔御,拟齐楚之君焉。至其情所欲好,耳所欲听,目所欲视,口所欲尝,虽殊方偏国,非齐土之所产育者,无不必致之,犹藩墙之物也。及其游也,虽山川阻险,途径修远,无不必之,犹人之行咫步也。宾客在庭者日百住,庖厨之下不绝烟火,堂庑之上不绝声乐。"如果这些欲望得不到满足,即是对生命的"废虐"。而如果活着的时候得到了满足,死亡本身乃至死后如何也就无所谓了:"且趣当生,奚遑死后?"如晏平仲曰:"既死,岂在我哉?焚之亦可,沈之亦可,瘗之亦可,露之亦可,衣薪而弃诸沟壑亦可,衮衣绣裳而纳诸石椁亦可,唯所遇焉。"《杨朱》中的有关子产之兄弟公孙朝和公孙穆好酒色的主张"为欲尽一生之欢,穷当年之乐,唯患腹溢而不得恣口之饮,力惫而不得肆情于色"以及卫端木叔"不治世故,放意所好。其生民之所欲为,人意之所欲玩者,无不为也,无不玩也"的观点,也都是为了进一步强调应尽量满足现实生命欲求才算是养生的道理,并进一步牵连出有关"名"和礼义之类的讨论。这里值得注意的是,"养生"这个术语,在杨朱这里和在黄老道家、方士们与庄子那里不同,后者可谓是传统道家式的养生,其目标是为了或在肉体层面、或在精神层面克服死亡的威胁,但对于杨朱来说,人是必死的,所谓"养生"不过是从此生人之所欲而已。这个主张为杨朱所独有,进一步考虑到老子明确反对声色之欲——"五色令人目盲,五音令人耳聋,五味令人口爽,驰骋畋猎令人心发狂,难得之货令人行妨"(《老子》第十二章),该养生的主张,可作为杨朱不属于黄老道家而自成一派的肯定性证据。如果仅仅考虑此生的逸乐,将死亡作为个体一切意义毁灭的终点,那么就不应以任何理由来干扰生之所欲的达成,更不必考虑死后世人的评价,于是有推论四:"名"和礼义之类,在生命本身的欲望和必然来临的死亡面前,都是毫无意义的,包括它们在内,没有任何东西值得我们用生命本身去追求。"名"在杨朱这里的用法,专指名声、名誉,即《尹文子》中所谓"毁誉之名",这些生前身后的美誉,不值得付出肉体生命或者压抑欲望的方式去博取,如公孙朝、穆所言:"欲尊礼义以夸人,矫情性以招名,吾以此为弗若死矣……不遑忧名声之丑,性命之危也。"杨朱对舜、禹、周、孔"四美",桀、纣"二凶"的对比,也仍然是为了说明这个道理:"凡彼四圣者,生无一日之欢,死有万世之名……彼二凶也,生有纵欲之欢,死被愚暴之名。"但是一旦"同归于死",则美誉恶名都同样毫无意义。既然如杨朱所言,"仁圣亦死凶愚亦死",则应"不违自然所好,当身之娱,非所去也",至于生前之虚誉、死后之余荣都不必在意:"故不为名所劝",亦所谓"死后不名……名誉先后……非所量也"。甚至如果放宽眼光,从大尺度的历史时间来看,"太古至于今日,年数固不可胜纪",仅"伏羲已来三十余万岁,贤愚、好丑、成败、是非,无不消灭,但迟速之间耳"。"贤愚、好丑、成败、是非"这些毁誉之名本身的意义,被其最终的"消灭"所消灭,所以杨朱主张:"矜一时之毁誉,以焦苦其神形,要死后数百年中余名,岂足润枯骨?何生之乐哉?"至于礼义,杨朱直接指其为扭曲生命、压制欲望的枷锁,这从《杨朱》文中对公孙朝、公孙穆、端木叔生活方式的肯定和对舜、禹、周、孔"四美"的人生的否定可以非常清晰地看出,据此可以认为,杨朱主张的是"纵欲于长夜,不以礼义自苦"。

　　如所周知,"名"是先秦诸子当中的重要话题,学者常在政治或论辩可接受性的意义上谈"名位"、"名分"或"名实"、"形(刑)名"之名,现代论之者亦甚众,但坦白而言,对其理解似乎还远未形成具有融贯性的充分认识。杨朱所言毁誉之名,虽然涉及对人的善恶评价,但从上下文来看,其谈毁誉之名的目的,并非是为了论证某种政治观点,仅是在主张相关善恶评价从人终有一死的角度看是无意义的。如此,这种无意义的"名",与"实"处于何种关系当中就需要再推敲了。《列子·杨朱》中记载了两段杨朱对名的专论,言及名实关系,而《列子·说符》中则记有杨朱的两句话专谈名利关系。杨朱这方面的言论,受到《庄子》的重视,《骈拇》、《胠箧》中杨墨并举,均视之为以无用之言乱天下的辩者,大概就与此有关。《杨朱》中,杨朱在与孟氏的问答中,先谈博取好名声的副作用和需要付出的代价:"名乃苦其身,燋其心";"凡为名者必廉,廉斯贫;为名者必让,让斯贱"。这里的"名"专指好名声。在杨朱看来,人博取好名声,在生前是为了富贵,在死后则还幻想能"益于子孙"、"泽及宗族,利兼乡党";但是如果有了富贵,就不需要名的附丽,管仲、田氏的例子便表明好名声未必具有泽及子孙的作用。最终,杨朱得出"实无名,名无实;名者,伪而已矣"的结论。观其上下文,大体是将人生中富贵之类的各种实惠视为实,而好名声只是对于实惠而言毫无补益的虚名。如此,杨朱实际上是将"名"与"实"对立了起来,而我们可以由此推论,杨朱有将两者完全分离的意思,如前文论四美二凶时所言,"实者固非名之所与也"。仅就杨朱这种"离名实"的态度而言,他的确大有辩者风格。《杨朱》篇全文的最后一段,在某种程度上似乎在归纳前文各种主题,但在细节上实则略有出入。如前所述,该段文字首先再次肯定人对"丰屋美服,厚味姣色"的欲求,进而主张忠义足以"危身"、"害生",故而应灭绝忠义之名。在谈到欲求的时候,文中随即谈到对"无厌之性"的排斥,似乎表现出某种要求欲望适度的观点,后文再次表现出对名的否定,但否定的根据却不是由于忠义之名为虚誉,而是由于忠义本身的危害,这两点与前文杨朱的一贯观点并不完全一致。前述杨朱的思想结构中,并没有任何保持欲望适度的主张,虽然认为名与礼义都无益于人生,但始终是将两者作为两个并行的例子来处理,而没有将两者联系起来,也没有一字言及"礼义之名"。本段文字中谈到无厌之性和忠义之名的方式,粗看似乎是对杨朱观点的归纳,但实则与其颇有出入。本段中后文接着引鬻子、老子"去名者无忧"、"名者实之宾"的观点,最后反对"守名而累实",仅从结论看,似乎与前文杨朱"离名实"的看法相合,但前面两句引文,则不见先秦典籍,特别是所谓老子言,不见于目前为止所见任何一种传世或新出土《老子》文本,而是出自《庄子·逍遥游》,是许由对尧欲让天下而不受的一个推辞。究其上下文,许由不受天下,以天子之名为虚,以天下之治为实的看法,与《杨朱》篇开头杨朱与孟氏的问答中谈到尧让天下于许由时的观点其着眼点完全不同。庄子强调的是天子之名应与治天下之实对等,而杨朱根本以尧让天下之事本身为"伪",两者的观点并不能简单通约。这里文本层面表现出的扞格之处,笔者认为不能强行解释为杨朱受道家影响的例子,如果《列子》中确有魏晋人作伪的痕迹,这里可能恰好就是一处。魏晋尚玄风,好言老庄,改换庄子言论掺入《杨朱》并以之总括杨朱论名的观点,不是不可能。但掺入此段言论之时,作伪者没有注意到这段话的观点只是表面上与杨朱的思想类似而实际相去甚远。

以上所述,可以认为是杨朱思想的核心内容及其逻辑结构。古人对杨朱"重生"的判断,或正是针对其"理无不死"的主张而言,"贵己"的判断,则可能由以上"推论三"而来——欲望总是个体自身的欲望,而这个判断,似比"重生"更进一步、更具体了一些。这两个判断,如前所述,都是肯定性的,且既不是语义相同可相互置换,也不是平行地从不同侧面反映杨朱的思想,而存在某种递进关系。笔者猜测,两个判断间的递进,或一方面由于杨朱思想本身的逻辑结构所决定,另一方面则由于《吕氏春秋》相比《韩非子》

更多对杨朱"重生"、"贵己"之论调的同情和习用。现代人对杨朱的判断，自然也由上述种种推论而来，只不过多截取其理路之片段，各加自己的发挥而已。综观杨朱上述思想，他可能是先秦诸子中唯一正面面对死亡，并以人之必死作为自己思考出发点的哲人，联系前述有关"道"的用法和"养生"的正、反两条证据，或可视杨朱独立于黄老学派之外自成一家。而杨朱思想的主要记载出现在《列子》书中，后者虽被认为属于黄老道家，但杨朱与道家的关系，如前所言，并不那么确切无疑。欲对上述问题进行分辨，关乎涉及杨朱记载中目前本文尚未处理的两类材料，一是有关"一毛"与"利天下"的关系的材料，二是有关杨朱的种种行状。后文便针对上述杨朱的"思想名片"和各种有关故事，力图厘清其与上述已知的杨朱思想逻辑结构之间的关系，并在此基础上进一步回答杨朱的学派归属，特别是为什么孟子对其深恶痛绝。

四

必须承认，在有关杨朱的现有记载当中有部分段落，特别是有关杨朱行状的一些故事，均无法合理置于以上所揭示的杨朱的思想结构当中。如《杨朱》篇中论及使"生民之不得休息"的"寿"、"名"、"位"、"货"，似乎是在宣传某种老子式的自然观；而论"人肖天地之类，怀五常之性，有生之最灵者人也"的一段，也在主张某种老子式的"不有"、"去私"；至于言及"丰屋美服，厚味姣色"的几句话，如前所述，则似乎是在主张某种欲求的适度。对于这几个论点理解，如与笔者前文对《杨朱》篇末"丰屋美服，厚味姣色"一段解释相协调，也并不能被认为是杨朱在某种程度上受到道家的影响的例子——上述看法确在思想层面上与前述杨朱的逻辑不合，而或者是《列子》书的编订过程中掺入的伪作——如前所言，魏晋尚玄谈，张湛重编《列子》时有意无意掺入老子式的观点合情合理。将这些老子式的观点作为《列子》中作伪的痕迹，而不是为了将其与杨朱其他观点相协调而曲为解说，如认为这是杨朱受到道家影响的结果，笔者认为更为合理。有关杨朱行状的各种故事，如杨朱见老聃、梁王，过宋东逆旅，论歧路亡羊和犬吠其弟事等，虽然这些故事有的也见于其他诸子的记载，但其反映的思想却不能一概而论，其中或许只有部分观点属于杨朱本人，其他说法，或者难免与上述杨朱思想逻辑结构相冲突,或溢出其外,并无法与之建立合理的联系。

《列子·说符》中载杨朱论歧路亡羊事,仍以他和学生孟孙阳等人的对话展开,对话结论,是要说明"学者以多方丧生"的道理,如杨朱举学操舟的例子所暗示的,学者之学往往无益于养生,反而可能危及生命。这个观点与杨朱前述思想大体一致,礼义虚誉无益人生,所谓"学"大抵也当作如是观。出现在《荀子·王霸》中杨朱哭衢的小段子,笔者怀疑是由此歧路亡羊的故事引申而来,其虽简单,但主旨大体一致。至于见于《淮南子·说林训》和《论衡·率性》中的杨朱哭衢事,大约都是由《荀子》中的记载而来。

《列子·黄帝》则记载了一个杨朱见老子的故事,文字几乎与《庄子·寓言》中的一段完全相同,恐怕是编书者直接从《庄子》中抄出的,不但不能被作为杨朱真的见过老子的证据,反而如前述《杨朱》篇末段落一样,是《列子》书中作伪的痕迹。《寓言》一文本身并不连贯,且如其文自道:"寓言十九,藉外论之。"里面的故事,当时假托而藉以申明自己观点而已。至于《庄子·应帝王》中另有"阳子居见老聃"事,或亦可作如是观,此段论所谓"明王之治",与《寓言》中所述相去甚远,由此正可见两事均为伪托而已。道家推重老子,其后学在自己的书中炮制某某见老子的故事,恐怕不外是为了通过尊奉老子显示自家学问的高明,除了这里杨朱见老子的故事,孔子见老子的故事就更有名了——这些大约都是道家后学喜爱并惯用的主题。[①]《列子·黄帝》中还有一个杨朱过宋东逆旅的故事,亦见《庄子·山木》和《韩非子·说林上》,从行文繁简看,《黄帝》与《说林上》中的段落,恐与前述杨朱见老子事相同,均是由《庄子》书中抄出。这两个抄写,文字略有出入,但都是对《山木》原文的缩写——很可能是《说林上》抄《山木》,《黄帝》抄《说林上》。更重要的是,以上两个故事主旨分别是在说明"大白若辱,盛德若不足"和"美者自美"、"恶者自恶"的道理,从思想关联的角度看,也与杨朱前述思想逻辑结构无关,既不能被视为杨朱本人的思想,也不能被认为是他受到道家影响的例证。《列子·说符》还有一个犬吠杨朱之弟的故事,亦见《韩非子·说林下》,笔者以为,可能如杨朱过宋东逆旅事一般,也是《列子》编者

[①] 从时间上推断,钱穆以为"杨朱辈行较孟轲惠施略同时而稍前"(氏著《先秦诸子系年》,第284页),则若实有老子其人,且其长于孔子,则杨朱无论如何不可能得见老子。

抄自《韩非子》，该段文字主题是要说明人对事物的认识，难免随外部条件的改变而改变，而这与杨朱其他的思想并无任何关系。

最难判断的故事，是《列子·杨朱》中载杨朱见梁王事。此事另见《说苑》。从时间上推断，有学者认为故事完全可以成立。杨朱见梁王，谈的是"治天下如运诸掌"，而达到此目标的方式是"治大不治细"。有关杨朱的各类记载中，很少有涉及治天下问题的讨论，在前文讨论过的比较可靠反映其思想的段落中，完全没有任何言论直接针对此问题，这里杨朱忽然见梁王而大谈治天下，可谓是非常奇怪的。处理这个问题，就牵扯到至今本文未加正面研究的最后一个主题：杨朱的"思想名片"，即"拔一毛而利天下"的问题。对此问题的解答，将有助于我们合理解释杨朱是否关心治天下，或者是以何种态度关心治天下。

孟子对杨朱的严词批评，以往学者论之甚众。论者往往以为孟子误解了杨朱的原意，也就是说，杨朱的意思并不是不愿意以自己的"体之一毛"以"济一世"，而是以一毛的代价，从天下获利也不愿意。① 由于《孟子》后文还涉及对墨子的批评，戴卡琳认为，这里解释上的难点，实际上涉及"利"的双重意思："对杨子它意味着'从天下获利'，对墨子则是'有利于天下'。"② 对照《列子·杨朱》中谈及一毛与天下关系的原文和《韩非子·显学》中对杨朱这一主张的评价，杨朱的意思，应该确实是哪怕付出一毛的代价从天下获利也不愿意，"不以一毫利物"、"损一毫利天下，不与也"，这也就是《杨朱》文中"善逸身者不殖"的意思，并拒绝回应相反指向的、墨家式的问题："去子体之一毛以济一世，汝为之乎？"如此，韩非子才视杨朱为"轻物重生"之士，"重生"之前"轻物"的评价，就是针对不愿以一毛的代价从天下获利的观点。这个看法，与前文所述杨朱的一贯思想逻辑相一致，既然珍爱自己的生命，就不应以任何理由对其造成丝毫的损害或威胁，极端一点儿看，哪怕是自己"一毛"的损失，也不应付出。考虑到韩非子对杨朱这种看法的否定和他自己完全对立的主张，也就是要求人主"陈良田大宅，设爵禄"而设法

---

① 顾颉刚曾持此说，而冯友兰有保留地同意。有关讨论参见戴卡琳：《不利之利：早期中国文本中"利"的矛盾句》，《文史哲》2012 年第 2 期。

② 戴卡琳：《不利之利：早期中国文本中"利"的矛盾句》，《文史哲》2012 年第 2 期。

"易民死命"，应该可以确定杨朱的意思就是"不以天下大利易其胫一毛"。戴卡琳甚至将上述杨朱的主张推广到了更极端的地步，认为杨朱所看到的，实际上是拥有天下这种"大利"对自身潜在的可能损害，所以他要反对的，不是让自身付出某些代价而去济天下，而是即使获得保有天下这种大利，也不足以补偿人自身可能为此付出的身心代价。戴卡琳进一步将上述观点和"禅让"以及新出土文献《唐虞之道》中的某些看法联系起来，后文中明确主张尧"致仕"而禅天下于舜，是出于"退而养其生"的考虑，而这归根结底是由于尧"此以知其弗利也"——治理天下即使对于天子来说也是个得不偿失的苦差事。[①] 这个推论，虽然未曾由杨朱本人明言，但从逻辑上如将"重生"、"贵己"的态度推到极致，得出此论似乎也十分自然。如上所述，韩非子批评杨朱是针对其"轻物重生"的论调，那么，孟子是误解了杨朱的意思，还是也从这个角度进行批评的呢？或者，孟子的批评当中，还更进一步包含了的其他的考虑？

回答上述疑问，首先需要考虑的是，孟子对杨朱的批评是杨墨对举的，"孟子所谓杨墨之言盈天下者，亦其充类至极之义，非当时之学术分野之真相也"，[②] 不过孟子这种杨墨对举的方式，实则与《庄子》中的情况一样，是将杨朱视为辩者。这位辩者杨朱的主张，与墨子相比，在孟子眼中正好处于两个极端："杨子取为我，拔一毛而利天下，不为也。墨子兼爱，摩顶放踵利天下，为之。"而孟子本人的态度，如戴卡琳所言，如《孟子》后文所表现的，与主张一种"执中"有关。[③] 涉及"中"及这里其他可能问题的讨论非常复杂，超出了本文的主旨。约略而言，我们可以认为孟子与儒家在自己与天下的关系方面，主张某种既不同于杨朱，也不同于墨子的立场。这种立场，处于"为我"和"兼爱"两种极端立场之间，对于自己和天下的关系，有一个孟子认为更为合理的安放。墨子的意思比较清楚，就是要求人不惜代价、不怕自苦而去做对天下有利的事情，此或许可称为"重利轻生"之士。"利"在《列

---

① 参见戴卡琳：《墨子和杨朱的血液在儒家的筋肉里：〈唐虞之道〉的"中道观"》，《中华文史论丛》2006年第4期。

② 钱穆：《先秦诸子系年》，第285页。

③ 参见戴卡琳：《墨子和杨朱的血液在儒家的筋肉里：〈唐虞之道〉的"中道观"》，《中华文史论丛》2006年第4期。

子·说符》和《杨朱》中都有少数讨论,仍然大体是"由……获利"的意思而不是"对……有利"。在这个意义上,"利"也就表现为"物",韩非子对杨朱"轻物"的评价,实际上就是说他看轻天下之利。于是,"轻物重生"的杨朱,恰好与"重物轻生"的墨子对立起来,并在孟子眼中成为两个极端。在这个意义上,孟子应该并没有误解杨朱的原意,只是他对"利天下"的表述,给后人造成了一些理解上的困难。至于儒家,在处理自身与天下、物和生的关系时,则处于杨朱的"不为"和墨子的"为之"之间,权衡生命和天下之治,既不否认饮食男女、礼乐文化等生之欲,同时也希望天下能有善治,在利与生之间努力达到某种平衡。但孟子的批评之所以如此严厉,还并不是因为杨朱和墨子各执一端,而是由于他们"为我"、"兼爱"的主张意味着"无君"、"无父",而这在孟子看来,是儒家所坚持一切价值的毁灭,是禽兽行径。对此点的考虑,仍然可以从墨子开始。兼爱无父,在儒家眼中意味着对基本人伦关系和人伦价值的破坏与毁灭,但"为我"为什么就会"无君"呢?杨朱所谓"养生",包括纵情声色、不顾名誉、无视礼义之种种,这些行为都是儒家所深恶痛绝的,将其推到极致,就意味着"无君"了。对此,可用《杨朱》中假托的公孙朝、穆的话回答:"以我之治内,可推之于天下,君臣之道息矣。"这里的意思,用现代的语言可以解释为如果人人仅专注自己的生命与欲望,那么社会就会呈现出无政府状态。这种状态可能意味着极度的混乱。但杨朱又说:"人人不损一毫,人人不利天下,天下治矣。"这似乎是在暗示某种天下的自动运行,而很容易让我们联想到老子的看法。但实际上杨朱的这种说法不同于老子。老子强调的是圣人无为,而杨朱则说人人无为或"不为",这种"不为"是拒绝对天下承担任何责任,完全退缩到个体的生命欲望当中,人类社会就会崩溃,当然也就不会有君臣之道,不会有任何社会治理存在,而这可能就是孟子所谓"无君"。这种局面下的"天下治矣",当然只是一种不切实际的幻想,是一种不明所以的对"治"的想象,与老子意义上的有明确内容的、以道作为支撑的"无为而治"并不相同。

如果孟子没有误解杨朱的原意,其批评也正是针对上述杨朱对个体社会责任感的否定,那么从这个角度看,杨朱见梁王论治之事,恐难以作为可信材料,很难想象主张君臣道息的杨朱会去和君主谈论治天下,也正如韩非子在《显学》中所说的,同样很难想象陈良田、设爵禄的战国君主会让完全主张相反观点的杨朱来到面前逞其巧舌。此事虽然复见于《列子》与《说苑》，但从思想的契合性角度看，还是将其存而不论更妥当。

综上所论，杨朱的思想从人的必死出发，主张一种仅以生命欲望为指向的养生观和对任何社会责任的拒斥，其思想在先秦诸子中可谓独立自成一家。更如前文分析的，他与战国时蔚为大观的黄老道家，也未见有思想上的实质性联系，一些字面上的类似，并不足以作为其受到后者影响的证据。事实上，道家与杨朱可能有共同的思想源头。已经有学者指出，杨朱思想在一定程度上是对以往隐逸遁世思想的总结，[①] 隐者作为避世之人，其主张中正包含着对社会责任的回避，而这一点或为杨朱所继承并加以论证。隐者早被学界作为道家的源头，如也是杨朱思想的源头，则道家和杨朱也就能并只能在上述意义上被联系起来。至于以杨朱为法家的论点，统观杨朱的全部可靠记载，均缺少思想层面内容的支持，可不予考虑。最后，有关杨朱和庄子的关系，还需要略加赘言。杨朱当然不是庄子，而《庄子》书中有多处关于杨朱的故事和评价，但这却不表明杨朱与庄子或庄子后学之间存在什么思想影响。《庄子》对于杨朱的态度，也是批评性的，称之为辩者的"无用之言"（《庄子·骈拇》）、"非吾所谓得也"（《庄子·天地》），虽然有时两者之间也会呈现出某些字面上的相似之处。杨朱的自利为我，是将每个个人都悬隔开，包含着一种彻底的对于个人与社会治理之间关系的否定，而这种态度，恰与"独与天地精神往来"的庄子好像有某种类似之处——儒家、墨家和黄老道家，都不否认个人与社会之间的联系，只是尝试从不同角度来发展、调节这种联系。但是，杨朱与庄子使自身隔绝于天下的理由则完全不同，庄子是出于对的某种更高境界精神生活的追求，而杨朱强调的只是肉体生命的欲望。这种不同是根本性的，如《庄子·人间世》开头，记孔子教颜回不可轻身去说卫君以免生命之危，似乎也有类似杨朱的重生之意，但庄子却从来没有把肉体生命置于首要的地位，《人间世》后文随即转入对"心斋"的讨论便是明证。学界以往曾有调和庄子杨朱说法的努力，如论者以为老庄之学的"无己"与杨朱之学的"贵己"，一主无我，一主为我，只是方法或途径上的差异，他们的目的则是一致的，即全生。若说"贵己"是正题，"无己"是反题，那么

---

① 参见饶尚宽：《杨朱论》，《新疆师范大学学报》2005 年第 4 期。

追求"全生葆真"的境界就是他们的合题。①这样的尝试调和庄子与杨朱，甚至全部道家与杨朱的努力，基本是建立在对文献的过度诠释之上的，在笔者看来，我们无需由于字面上的相似，就认为杨朱与道家之间存在联系。

坦率而言，笔者并不认为杨朱的思想多么高明或值得推崇，且其思想包含内在的、无法解决的矛盾。人人自利，必起纷争，仅仅考虑自己的欲望，一定会对他人造成威胁，这些复杂的问题，从现有的可靠记载看，杨朱似乎均未加正面考虑。当然，考虑到材料的流失，可能杨朱本人的思想要比现在所见复杂得多，但这种复杂性，大概永远都不会再次展示给后人了。站在今天的角度回看，杨朱思想结构中最具有思想史意义的内容，仍然是其思想的起点，即那种对于死亡的无条件正视，明确在先秦诸子中间存在这样的思想家，或许为中国古代的思想拼图贡献了本来就不应缺失的一片。

---

① 参见李季林：《庄子"无己"与杨朱"贵己"的比较》，《贵州社会科学》1996 年第 1 期。

从轴心突破论中国古代伦理思想起源

——以孔子为中心

黄子宁（中国文化大学哲学研究所）

一、前言

中国文化被认为是伦理型的文明，宗教性薄弱，世俗性突出，缺乏彼岸救赎的宗教思想。黑格尔在《哲学史讲演录》里批评孔子没有"思辨哲学"，认为《论语》中只有一些常识道德，而且儒家道德缺乏宗教基础。韦伯以新教伦理解释资本主义起源，认为意识形态（新教伦理）影响经济（资本主义）。韦伯在 1915 年出版的《中国的宗教：儒教与道教》中，即以世界各宗教的经济伦理脉络，探讨儒家之所以没有为中国带来资本主义，就是因为缺乏对超越的神与对"彼世"（the other world）的追求。然而，有些西方启蒙运动学者被孔子伦理学上的人文精神、世俗特性所吸引，认为孔子为启蒙运动提供伦理上的对照而开启了革命。例如启蒙运动名家伏尔泰认为孔子是"中国的苏格拉底"，此观点为康德所继承，用来批评基督教会压抑性的彼世教条（otherworldly dogma）。在中国近现代，急进派以打倒孔家店彻底否定儒家来作为振兴民族、改造文化的出发点；而保守派则以捍卫孔孟之道作为维护民族传统的旗帜来抵抗时代的挑战。然而，不管你喜不喜欢，从过去、现在到未来，不管在东方或西方，孔子和儒家（或被称作儒学、儒教）被认为确实是中国文化的轴心与代表，对中国的文化—心理结构形成起了主要的作用，而这种作用又有其现实生活的社会来源，这已是个不容否定的共识。

二、轴心突破与礼乐传统

有关"轴心时代"（Axial age）、"轴心突破"（Axial breakthrough）的说法，最初由雅思贝尔斯在 1949 年于《历史的起源与目标》（*The Origin and Goal of History*）一书中提出，直到帕森斯为英译本韦伯《宗教社会学》所写的"引论"（Introduction），雅思贝尔斯的"轴心突破"一词，才有了明确定义。帕森斯用的是"哲学突破"(philosophical breakthrough)这个词,意思是指公元前第一千年(the first millennium B.C.E.)左右,当时世界上几个高度发展的文明,包括希腊、以色列、印度和中国都历经了一场重大的精神"突破",人们对于宇宙和人生的本质发生了一种理性的认识,从而对人类处境及其基本意义获得了新的理解。各文明之间突破的方式不同,例如希腊取哲学思辨之路,苏格拉底、柏拉图、亚里士多德是哲学突破的高峰,西方文明中的理性认识的基础由此奠定。以色列采神秘主义的宗教想象,以"先知运动"为表现,突出上帝的创造主观念。在印度,产生以业报与转世观念为中心的宗教哲学。在中国,发展出伦理类型的文化,成为"道德—哲学—宗教"意识的混合型。雅思贝尔斯首先用"轴心时代"与"轴心突破"的说法来界定这一段重大的历史变动,并且观察出轴心时代各高级文明的突破都是各自独立发生,没有证据显示彼此曾经相互影响。我们只能说,大概文明发展到某种高度,都会经历相同的精神觉醒。雅思贝尔斯进一步指出,轴心突破终极的重要性在于各文化的性格发生定型的影响。从而,使得这一个时期成了世界历史的轴心,从此以后,人类有了进行历史自我理解的普遍框架。直至近代,"人类一直靠轴心时代所产生的思考和创造的一切而生存,每一次新的飞越都回顾这一时期,并被它重燃火焰,自那以后,情况就是这样,轴心期潜力的苏醒和对轴心期潜力的回归,或者说是复兴,总是提供了精神的动力"。①

学界至今已经普遍接受轴心时代与轴心突破的说法,且讨论也超出雅思贝尔斯最初的观察与分析。帕森斯指出,希腊轴心突破的背景针对的是荷马诸神的世界,以色列则是针对《旧约》和摩西故事。余英时先生认为,中国轴心突破的背景针对的是三代(夏、商、周)的礼乐传统。这个礼乐传统的基本特征,来自中国原始宗教巫觋文化,具有宗教向度。② 许慎的《说文》解释"礼"以"事神致福";③ 王国维在《释礼》中指出"礼(禮)"从"豊"字发展

---

① 雅思贝尔斯:《历史的起源与目标》,魏楚雄、俞新天译,华夏出版社,1989 年,第 8 页。

② 余英时:《论天人之际——中国古代思想起源试探》,联经出版事业股份有限公司,2014 年,第 85—91 页。

③ 《说文》:"礼(禮),履也,所以事神致福也。从示从豊,豊亦声。"

而来,指"盛玉以奉神人之器谓之曲若豊,推之而奉神人之酒醴亦谓之醴,又推之而奉神人之事,通谓之礼"。[①]"礼"是晚出的字,在金文里偶尔用"豊"字,在字的结构上来说,是在一个器皿里面装了两串玉具(具乃贝玉)奉事于神,所以"礼"字起源于祀神,继承"豊"字原始意义(行礼之器),从"示";其后扩展为对人,更其后扩展为吉、凶、军、嘉、宾的行礼仪节。基本上礼乐是在祭祀时沟通天与人的媒介。到了周公制周礼,将祭神(主要是拜祖宗神)为核心的原始礼仪加以改造,使之系统化,内容非仅指祭祀仪节,已包含政治制度及一般的行为原则,终于形成一套"宗教—政治—伦理"的礼治秩序。李泽厚先生指出这个以氏族贵族为主体的周礼制度特色为:"以血缘父家长制为基础(亲亲)[②]的等级制度是这套法规的骨脊,分封、世袭、井田、宗法等政治经济体制则是它的延伸扩展。而以孔子为代表的儒家,也正是由原始礼仪巫术活动的组织者、领导者(所谓巫、尹、史)演化而来的'礼仪'的专职监督保存者。"[③]

徐复观先生把这个"礼"的发展历程看作是宗教向人文的移转。[④] 陈来先生进一步举孔子在《礼记·表记》里留下对三代政教文化的批评为例,认为孔子提出的三代文化特色"夏道尊命"、"殷人尊神"、"周人尊礼",[⑤] 可以归结于巫觋文化、祭祀文化到礼乐文化的演进。三代文化演化展开为一种"否定的否定"特征。夏与周同为"事鬼敬神而远之"、"近人而忠焉"、"亲而不尊",但周与夏的同,并不是不同民族文化特性在同一发展水平上的偶然相同,夏道的远神近人是神灵观念尚未发达之故,而周人的远神近人,则是经过对殷人神灵崇拜的理性否定而呈现的对夏的更高一级

① 王国维:《观堂集林》,中华书局,1959年,第291页。

② 周初对祖宗的祭祀,除了三年一祫,五年一禘之外,经常所祭的宗庙大概四庙或七庙之间;亲尽则庙毁,庙毁则不常祭,此即所谓"亲亲"之义。

③ 李泽厚:《中国古代思想史论》,汉京文化事业有限公司,1987年,第9—10页。

④ 徐复观:《中国人性论史》,台湾商务印书馆,1969年,第41—46页。

⑤ 《礼记·表记》:"子曰:'夏道尊命,事鬼敬神而远之,近人而忠焉,先禄而后威,先赏而后罚,亲而不尊;其民之敝:蠢而愚,乔而野,朴而不文。殷人尊神,率民以事神,先鬼而后礼,先罚而后赏,尊而不亲;其民之敝:荡而不静,胜而无耻。周人尊礼尚施,事鬼敬神而远之,近人而忠焉,其赏罚用爵列,亲而不尊;其民之敝:利而巧,文而不惭,贼而蔽。'"参见王梦鸥注译:《礼记今注今译》,台湾商务印书馆,1984年,第858页。

的肯定,是周代文化理性化进步的体现。[①]和其他文明的哲学突破相比,中国的哲学突破表现得最为温和,不因为认识到自身的局限而转向超越的存在,对于理性的发展既不是向神话的诸神进行伦理的反抗,更未导向一神论的信仰,而是更多地认识到神与神性的局限性,因此更多地趋向"此世"和人间性(世俗性),将宗教伦理化。陈来先生认为,中国轴心时代的先驱人物,先是周公,后是孔子,而孔子将周公所做的一切进一步加以发展和普遍化。所以中国的哲学突破并不是断裂的突变,我们的文化发展一直保持连续性,因此,关于中国的轴心突破,与其说是"超越的"突破,毋宁说是"人文的"转向。[②]

三、礼治与德行

中国礼乐传统的演变,可以从探究"天"、"天命"、"德"、"仁"、"礼"概念内涵演变的历史进程,看出礼乐传统经历了两个划时代的大变动。第一次变动大约起于殷周之际(约公元前 1122 年),到周公制礼作乐而告一段落,关键是"德"的观念成为"礼"的核心。"德"主要是指承"天命"的王朝,用人为的"德行",建立并维持一个"礼治"的政治秩序,以祈得"天"(上帝)的嘉许而延长"天命",即"以德配天的天命观"。周人至上观念的"天"是一个比较理性化了的绝对存在,具有"伦理的位格",是调控世界的"理性实在",是善恶有则的裁判,而非喜怒无常的暴君。周初以天命为中心的宗教的转化,正是从宗教的迷信中蜕变出来的转化。西周的礼乐文化创造的正是一种"有条理的生活方式",由此衍生的行为规范对人的世俗生活的控制既深入又面面俱到。周礼作为完整的社会规范体系,正是在整体上对生活方式的系统化和理性化。这种理性化不仅具有对巫觋文化的排斥的一面,而且它的理性化更带有一种人文的理性化的倾向,[③]这对过去定义为"事神致福"的"礼"而言,是一重大突破。

关于周公制礼作乐之说与历史意义,在《左传》中有记载。《左传》文公

---

① 陈来:《古代宗教与伦理——儒家思想的根源》,三联书店,2009 年,第 280 页。

② 陈来:《古代宗教与伦理——儒家思想的根源》,第 5 页。

③ 陈来:《古代宗教与伦理——儒家思想的根源》,第 10—11 页。

十八年（公元前 609 年）鲁国季文子透过大史克回复宣公的对话中,有一段追记了周公制礼时说的话:

> 先君周公制周礼曰:"则以观德,德以处事,事以度功,功以食民。"[1]

"则以观德"的"则"即"天生烝民,有物有则"[2]的"则",即客观的规律。"天生烝民,有物有则"的意思是指存在的万事万物,都有它的理序和规则,而这正是天道的客观规律与秩序,也是"礼"的本体依据。据此,我们可以理解周公制礼作乐其内部脉络关于"礼"与"德"相互涵摄的关系,周公指出人间的礼则,即一切社会的规范体系、政治制度的表现,历历具体反映了领导统治集团的德行。

现代学者大致都认为"德"的观念最初流行于殷、周之际,而周公是对"德"、"天命"的思想加以系统化的政治家。关于中国古代的"天命"思想,三皇五帝时期的"天"是有人格有意志的"天神",人们可以藉由巫的力量与天神沟通往来。后来随着地上王权的加强,颛顼和尧两次实行"绝地天通"(《尚书·周书·吕刑》:"乃命重黎,绝地天通。"),断绝了地上生民与天神的通道,只有君王才有资格和天神相沟通。自此以后,与天相通的权力成了地上王权的象征。夏代有所谓的"有夏服天命"(《尚书·周书·召诰》)、"有夏多罪,天命殛之"(《尚书·商书·汤誓》)的思想;在商代则有"天命玄鸟,降而生商"(《诗经·商颂·玄鸟》),连商纣王都曾说过"我生不有命在天乎"[3]这样的话;在周代,则有"天乃大命文王,殪戎殷,诞受厥命"(《尚书·周书·康诰》)、"有命自天,命此文王"(《诗经·大雅·大明》)等思想。武王伐纣,以武力灭殷取得政权,历史上的记载极其残忍,其实殷族遗民是不服的,因此,周公对于周王朝政权的合法性提出了解释。周公在殷族遗民前强调"殷革夏命",以证明周革殷命为正当;[4] 也承认周未取代殷之前,殷的王权是由天所命,亦是天的代表。因此周之克殷,可以算是在殷部族中一

---

① 李宗侗注译,叶庆炳校订:《春秋左传今注今译》,台湾商务印书馆,1993 年,上册第 515 页。

② 《诗经·大雅·烝民》:"天生烝民,有物有则;民之秉彝,好是懿德。"《毛诗郑笺》,新兴书局,1993 年,第 128 页。

③ 《史记·殷本纪》,中华书局,2006 年,第 15 页。

④ 《尚书·周书·多士》:"惟尔知惟殷先人,有册有典,殷革夏命。"

个有精神自觉的政治集团,克服了一个没有精神自觉或精神自觉不够的政治集团。徐复观先生说,周灭殷继起,周文化是继承殷文化后的再发展。《论语》"殷因于夏礼,所损益,可知也。周因于殷礼,所损益,可知也"(《为政》),又"周监于二代,郁郁乎文哉"(《八佾》),都可证明周文化是由殷文化继承发展而来。① 从甲骨文中,可以看出殷人的精神生活,还未脱离原始宗教状态,当时他们的行为似乎是通过卜辞而决定于外在的神。殷人宗教的神灵观念可分为三类:(1)天神:上帝、日、东母、西母、云、风、雨、雪;(2)地示:社、四方、四戈、四巫、山、川;(3)人鬼:先王、先公、先妣、诸子、诸母、旧臣等。② 周初的文献特别强调天、帝、天命等观念,都是继承于殷文化的系统。在《诗经》、《尚书》的诸多材料证实,周王朝以武力取代殷之后,记取夏、殷灭亡的历史教训,担心自己失德震怒天、帝,天命被取代,而有了《易传》所说的忧患意识,转而向自己本身行为要求谨慎与努力,因此有了"敬"、"明德"、"敬德保民"、"天命靡常"、"皇天无亲,惟德是辅"的观念。③

　　周初所提出的"敬"、"明德"的观念,是内发的、主动的、自觉的心理状态,这正是中国道德的人文精神最早的出现。例如在《书·召诰》中召公说:"惟王受命,无疆惟休,亦无疆惟恤。呜呼!曷其奈何弗敬!"可见召公告诫他的侄子成王已经由忧患(恤)说到"敬"了。召公认为无穷无尽的幸福都是上天所降,但是,不可以只知享福而忘了忧患意识。要永远处在忧患之中,保持戒慎的态度,天命才能永保。召公在这段话结尾发出"呜呼"的感叹,并且再叹"曷其奈何弗敬!"可知他有很强烈的忧患意识。接着他又说:"呜呼!天亦哀于四方民,其眷命用懋,王其疾敬德。"意思是说上天同样哀悯四方的人民,上天眷顾降命赐福在勤勉的人身上,所以,他劝诫成王要急切地谨慎于德行,要好好地努力于保民。这里的所谓"敬德",只是指合理而慎重的作为,还没有到达修养"内在德性"的层次。由"敬德"进而

---

① 徐复观:《中国人性论史》,第16—20页。

② 陈梦家:《殷虚卜辞综述》,中华书局,1988年,第561页。

③ 例如:《诗经·大雅·文王》:"无念尔祖?聿修厥德;永言配命,自求多福。殷之未丧师,克配上帝;宜鉴于殷,骏命不易。"另外,方东美先生在《原始儒家道家哲学》提出《尚书·洪范》是一部殷之遗老箕子口传与周武王的古代神权政治之宝典,并指出天子是代天行道与为百姓造福的地上帝王,具有神圣的人格,死后克配上帝,在帝左右。见《原始儒家道家哲学》,黎明出版社,2004年,第84—123页。

有"明德"的观念,《书·康诰》说:"惟乃丕显考文王,克明德慎罚。"这是周公告诫康叔的话,要康叔光耀先祖文王的美德,学习文王的德行,要康叔明智谨慎,特别是在处理刑罚的时候,一定要公正负责。周人一方面虽然强调天命,一方面又觉得仅从巫、卜来的天启不易把握天命本身,而要通过先祖文王的具体之德来作为行为的启示。因为文王与天的关系相较于其他祖宗神,特别密切,几近于天的代理人,因此文王便成为天命的具体化。而文王的精神完全眷顾于现世,代理天的意旨而成为地上王。在《召诰》又说:"今天其命哲,命吉凶,命历年。"意思是说上天不但是命吉凶,命历年,而且命我以明哲。因此,我好好的尽我的明哲,那就是"敬德",那就是"克明德慎罚",如此幸福与天命才不会被撤消。反之,如果堕落失德,就会如同夏、殷两朝的前车之鉴,"不敬厥德乃早坠厥命"(《召诰》)。所以召公郑重叮咛成王"王其德之用,祈天永命"(《召诰》)。以上材料正是说明,周王朝自我警觉所凭恃的是"德"以延续先祖文王所受的天命;并且周初已经将天命与民命并称,天的视听言动是体现于人民的,人民被照顾好了,才是领导者真的做好了。[①]

从上述《尚书》的文本脉络中,"德"大概是指统治领导阶层的良好行为,最后导致一个为天所认可的良好的道德秩序出现。因此,关于《左传》里记载周公对其制礼作乐原始意义的表述"则以观德,德以处事,事以度功,功以食民",我们可以理解为这恰恰是关于礼治秩序的一种描写,而一切固保天命的方案,都在主政者的人事之中,在敬、在明德、在勤治,最重要在保民。礼与德互为表里,但是德是礼的原动力,从德行开始的礼则、事功,最后归宿于"食民"(养民、保民)。余英时先生同意杨向奎先生所说:"周公对于礼的加工改造,在于以德行说礼。"[②]

周初在此人文精神的跃动中,周人将他所继承的殷人的宗教,给予本质的转化,而且突出了政治、宗教合一的特质。这也说明了中国不像其他民族,有独立的僧侣阶级而与政治保持一个距离,反而是天上的神与地上的王

① 牟宗三:《中国哲学的特质》,学生书局,1973 年,第 21—25 页。

② 余英时:《论天人之际——中国古代思想起源试探》,第 89—95 页。另见,杨向奎:《宗周社会与礼乐文明》,人民出版社,1992 年。

关系直接,神的一切赏罚都在"此岸"、"此世"进行,更无天堂、地狱、彼世、来生可资闪避。

四、礼向仁的转化

中国礼乐传统的第二次划时代的变动,起于春秋晚期,而完成在儒家的导师孔子身上,关键是孔子以"仁"释"礼",将周公所建立的周礼,由外在的规范力量转化为个体内在的自觉,这是中国哲学上的创举,为汉民族的文化—心理结构奠下原始基础。孔子自身已经由贵族下降为平民,从他开始代表社会知识分子的自觉。周初对祖宗神的祭祀,已经由殷人祭祖的宗教意义转化为道德的意义,并且成为后来儒家以祭祀为道德实践重要方式的源头。我们知道,孔子早年习礼乐,三十四岁即为鲁国最负重名的礼学专家。"儒"其实就是以相礼为业的巫祝。如本文前述李泽厚先生认为:"以孔子为代表的儒家,也正是由原始礼仪巫术活动的组织者、领导者(所谓巫、尹、史)演化而来的'礼仪'的专职监督保存者。"而儒者是当时社会上最有学问而且知礼的人,他们替人诵经、礼赞、祈祷、禳灾、办丧礼,也就是做人与天(神)之间的媒介。孔子及其儒门弟子也曾做过"相礼"之事,不过,他们已经不是原始宗教的巫、尹、史,而且尽最大努力与原始宗教巫史传统划清界线。在今世发表的《马王堆帛书易传·要》载孔子晚年的言论:

> 我后其祝卜矣。
> 吾与史巫同途而殊归者也。
> 祝巫卜筮其后乎。[①]

这里的祝卜、史巫、祝巫都是负责祭祀的神职人员,主掌占卜、文书等。在文献中,"史巫"、"史祝"、"祝史"连用很多。基本上商周时期的巫不再是龙山文化前后的"绝地天通"的巫觋,已经转为祭祀文化体系中的祭司阶层,其职能主要为祝祷祭祀神灵。并且随着整个文化理性化的发展,《左传》中"宗

---

① 转引自陈松长、廖名春释文,载于《道家文化研究》第三集,上海古籍出版社,1994年,第434—435页。

祝卜史"的说法暗示巫已转化为祝,传统的巫文化地位渐渐低落,已经由早期王者的行政官①到被排除在政教合一的结构之外,巫术活动已由上层文化不断地下降到下层和民间。另外,同篇孔子亦言:

> 赞而不达于数,则其为之巫。数而不达于德,则其为之史。史巫之筮,向之而未也,好之而非也。②

我认为孔子儒家追求的是古巫的理想,如同伊尹、巫咸,要成为能通天通人的媒介,而且对于占卜采取怀疑的态度,甚至排斥,正所谓"善占者不卜"。孔子的儒家成为祭祀礼仪的专职监督保存者,在礼乐制度不断被挑战破坏的春秋战国,他们仍心向往尧舜时期的政教制度,矢志维护,所以极力修养自身,以期能达像伊尹、巫咸聪明圣智的大巫层次。

《论语》中曾记载孔子感叹没有人了解他,引起子贡的发问,然而孔子不直接回答子贡的问题,只说了"不怨天,不尤人,下学而上达,知我者其天乎?"这里孔子所说的天,是宗教上具有人格神意味的超越者。孔子认为不应该将命运中的痛苦与罪过都推卸到自身以外,不应该怨天尤人,当然也不应该求天特别恩待赐福于己。所以我们可以理解孔子自觉地努力不懈做自身"下学"的践仁功夫,以期"上达"天命、天道的效果,也就是使自己的生命与天的生命相感通而契接,这就是后来宋儒强调的性与天道相贯通的主题。由上例可以理解孔子"知我者其天乎","五十而知天命"与"畏天命"的宗教意识之所由。③道德实践与宗教仪礼在儒家是一体的。对孔子而言,原始宗教里天、帝的信仰,不是外在的、抽象的、漠然的道德法则,而是有血有肉的、实体的存在。这也清楚解释了为甚么孔子"入太庙,每事问",似乎一

---

① 《国语·楚语下》有记载绝地天通之前古巫觋应具备的主观条件为聪明圣智,拥有超常的感通能力。中国古巫的代表是商代的巫咸(见《尚书·君奭》),战国时人们认为他是神巫。历史学家认为上古曾有一个官巫合一的时代。李宗侗:"君及官吏皆出于巫。"(《中国古代社会史》,台北华冈,1954年,第118页)陈梦家:"由巫而史而为王者的行政官吏;王者自己虽为政治领袖,同时仍为群巫之长。"(《商代的神话与巫术》,《燕京学报》第二十期,1937年,第535页)详细讨论参阅陈来:《古代宗教与伦理——儒家思想的根源》第二章,第20—62页。

② 转引自陈松长、廖名春释文,载于《道家文化研究》第三集,第435页。

③ 参阅牟宗三:《中国哲学的特质》,第37—56页。

切遵循古礼，许多行为都类似殷商时期的巫祝，而同时又"不语怪力乱神"，"祭神如神在"，还告诫弟子"敬鬼神而远之"。所以，我们可以理解孔子对原始宗教的态度：对天，祭神如神在，遥契于天；对鬼神，敬而远之，非其鬼不祭，不语怪力乱神；对祭祀，慎终追远，孝的延伸。①

从周公到孔子已有数百年，孔子生活的时代已经是礼坏乐崩的春秋晚期，《史记·太史公自序》说："春秋之中，弑君三十六，亡国五十二，诸侯奔走不得保其社稷者不可胜数，察其所以，皆失其本已。"连孔子都感叹"天下无道，则礼乐征伐自诸侯出"（《论语·季氏》）。因此，对于礼乐的实践，孔子一方面反对当时诸侯对礼乐的僭越，另一方面也不肯流俗于只重视礼乐外在形式而不问其内在意义。然而，他既不抽身而出当隐士，也不采官方立场，而是采哲学家理性怀疑的态度，不断去追问：礼乐的本质是什么？怎么样能使礼乐与现实人生融为一体？这样的追问，孔子终于对礼乐提出了划时代的哲学阐释，也首先打开了中国轴心突破的大门。

在《论语》中，有孔子和学生讨论礼乐主题的对话，其中《八佾》篇里我们可以注意到孔子对于礼的本质有所关注。例如：

> 林放问礼之本。子曰："大哉问！礼，与其奢也，宁俭；丧，与其易也，宁戚。"（《论语·八佾》）

从林放问礼的本质，孔子赞赏他问了一个大问题，可以理解：孔子平时对礼所关心和探究的根本性大问题就是礼的本质。还有材料再次针对礼乐的形式背后，应该蕴含什么本质作讨论：

> 人而不仁，如礼何？人而不仁，如乐何？（《论语·八佾》）
> 礼云礼云，玉帛云乎哉？乐云乐云，钟鼓云乎哉？（《论语·阳货》）

结论就是：礼只能以仁为本。"礼乐"不能徒求外在形式，即所谓玉帛与钟鼓的表现，而是强调在行礼之前人必先要有敬心，在表演音乐之前人也必须先有和气。也就是说，必须以"仁"为其精神内核，否则"礼乐"只剩下无意义、无生命的空洞形式。

---

① 蔡仁厚：《中国哲学史大纲》，学生书局，1988 年，第 18 页。

另外，"三年之丧"的典故为"礼"与"仁"设定了判准：

> 宰我问："三年之丧，期已久矣。君子三年不为礼，礼必坏；三年不为乐，乐必崩。旧谷既没，新谷既升，钻燧改火，期可已矣。"子曰："食夫稻，衣夫锦，于女安乎？"曰："安。""女安则为之！夫君子之居丧，食旨不甘，闻乐不乐，居处不安，故不为也。今女安，则为之！"宰我出。子曰："予之不仁也！子生三年，然后免于父母之怀。夫三年之丧，天下之通丧也。予也，有三年之爱于其父母乎？"（《论语·阳货》）

宰我是孔子学生里算口才好、逻辑强的，他向孔子挑战"三年之丧"（其实是25个月）的伦理规范时间太长了。他认为三年不行礼、不为乐，则人文世界必然礼坏乐崩；何况自然世界里，米一年一周期，五种用来烧的木柴在一年里也刚好轮一次。所以，守丧一年就够了。宰我的论证兼顾人文与自然，其实很合逻辑。然而，孔子作为哲学家，他不卷入这个逻辑论证，直接将外在伦理规范的根据转为内在心理上情感的要求。他反问宰我，守丧期间享乐是否能心安？若是以辩论技巧来看，孔子是必然输的，因为他最后诉诸个人情感。但是从这里，就看出儒家对于伦理规范的判准，那是"心安不安"。宰我不真诚，他硬说自己心安，于是孔子批评宰我不仁，因为礼乐，对儒家不是形式主义，不是外在的规范力量。孔子考虑的是：我们每一个人的成长都生理上长期依赖父母，心理上跟父母相互关怀、有情感的需求，因此伦理上自然会守社会的"三年通丧"。如果连作为一个人都不能爱生养我们的父母，这样还能爱别人吗？还能有其他的德行吗？这正是儒家"孝"的本源，也是"仁"的本源；而这也正是儒家讲人道、人文的精神源头。从这点看儒家的伦理思想，是从生理、心理发展到伦理，因此社会上的规范都具有合理性，目的是要引导人生命全盘的发展。[①]孔子将三年之丧的传统礼制直接归结于亲子之爱的生活情理，将"礼"的基础直接要求于心理不得不的要求，因此原本僵硬的强制规定，提升为生活的自觉理念，也将宗教性神秘性的元素变而为人情日用之常，从而使伦理规范与心理欲求融为一体。这一转变在中

---

① 此段内容参照台大公开课傅佩荣教授讲授《〈论语〉解读：宰我问三年之丧》(http://ocw.aca.ntu.edu.tw/ntu-ocw/index.php/ocw/cou/103S106/2)。

国古代宗教与伦理思想具有划时代的意义。[①]

　　为大多数孔子研究者所承认,孔子思想的主要范畴是"仁"而非"礼"。"礼"对于孔子是因循而来(述),而"仁"则是创造(作),将"仁"作为思想系统的中心,孔子是第一人。对于"仁"的定义,在《论语》中宽泛而多变,因着孔子"因材施教"的教学特色,都指涉具体的行为,随机而发,无法确定哪一个是最确定最根本。因此"仁"在《论语》中只是道德实践的指点语,孔子常用来统摄诸德,并非界定语,在方法上无法用部分总和去理解整体。[②]孔子的"仁学",是一种有机的整体模式,即孔子自己说的"吾道一以贯之"。曾春海师认为,孔子的"仁"是内在于人类的价值理性,是一切人文活动之根据,这种能生发活动的形而上之存有,可称为是"精神实体"。[③]

　　从孔子把"仁"当作"礼之本"出发,最后发展出一套"仁"内而"礼"外的儒学系统,然而严格地说,仁与礼虽然概念上可以分开来讨论,但是实践上却是浑然一体的。我们可以观察到孔子在施教中非常强调"礼",而且在《论语》中提到"礼",常和"立"连在一起。例如:

> 兴于诗,立于礼,成于乐。(《论语·泰伯》)
> 不学礼,无以立。(《论语·季氏》)

孔子在公开与学生授课时,宣称一个人要以礼立身,在与儿子私下的教导,孔子还是坚持"不学礼,无以立",可见以礼立身是孔子实践礼乐所得的体验。所谓"立",即后世通用的"立身处世"之意。"礼"是人与人之间相处的一套形式,相当于后世的法律,实际是一种未成文的习惯法,为社会提供一个伦理结构的秩序,当人们离开或破坏了礼的人伦结构就无法在社会上立足。所以,"三十而立",应该指"立于礼"。孔子不但"无终食之间违仁",而且也"无终食之间违礼"。对于统摄于仁的具体德行,孔子认为都需要受到

---

① 李泽厚:《中国古代思想史论》,第19页。

② 曾春海:《〈论语〉中礼义与仁的关系》,《儒家哲学论集》,台湾文津出版社,1989年,第21—23页。

③ 曾春海:《探〈论语〉仁之涵义》,《儒家哲学论集》,第16—17页。另,曾师称儒家是"道德的存有学"。

礼的约束,否则将向反面发展。例如:

> 恭而无礼则劳,慎而无礼则葸,勇而无礼则乱,直而无礼则绞。(《论语·泰伯》)

可见"礼"若是没有"仁"为其精神内核,固然将流于空洞的形式,但是"仁"若失去"礼"的支撑,则其精神亦无从开显。这个论点,在颜渊问仁的典故中还可以获得有力的印证:

> 颜渊问"仁"。子曰:"克己复礼,为仁。一日克己复礼,天下归仁焉。为仁由己,而由人乎哉?"颜渊曰:"请问其目?"子曰:"非礼勿视,非礼勿听,非礼勿言,非礼勿动。"(《论语·颜渊》)

历来注家对颜渊问仁这一章争议很多,几乎人各为说,莫衷一是。余英时先生认为,我们先暂且放下繁琐的辩论,将焦点放在为什么颜渊问"仁",而孔子却从"礼"的视角作答?其实,"克己复礼为仁"是孔子引述古人的话,并非出自孔子本人心裁。《左传》昭公十二年(公元前530年),也就是在孔子二十二岁时,有这一条追记孔子言论的材料:"古也有志:'克己复礼,仁也。'信善哉!……"说明这句话是孔子引述古人的话。[①]朱熹对于"礼"与"仁"的关系,有一个观察:

> 一于礼之谓仁。只是仁在内,为人欲所蔽,如一重膜遮了。克去己私,复礼乃见仁。仁、礼非是二物。(《朱子语类》卷四十一《论语二十三·颜渊问仁章》)

朱熹将仁、礼虽视有内外之别,但二者乃一体两面,要合起来才完整。因此,我们可以肯定:在孔子的儒学系统中,"礼"是"仁"的载体,二者在实践中浑然一体。"仁"为"礼之本"成为孔子儒学系统中一个中心部分,对后来儒学发展产生深远影响;"仁"和"礼"两端后来分别在孟子、荀子获得系统的发挥。

[①] 转引自余英时:《论天人之际——中国古代思想起源试探》,第94页。

五、结论

如果将孔子时代中国思想巨大转型看作是一场轴心突破,关于孔子在古代伦理思想起源上的特殊地位,我们可以从轴心突破的角度作一个诠释。中国轴心突破的历史背景是三代以下的礼乐传统。而中国礼乐传统经历了两个划时代的大变动,第一次变动是殷周之际,到周公制礼作乐而告一段落,显著特色是"德"的观念成为"礼"的核心。第二次的变动,起于春秋晚期,而完成在以孔子为首的儒家身上,显著特色是以"仁"释"礼",实践时"仁礼一体",将古代宗教与伦理思想人文化,形成中国文化的基本性格。

周公以德说礼,目的在争取周王朝的天命得以不断延续;而孔子以仁说礼,则根本脱出了王朝"天命"的旧轨道。孔子开辟了内在的人格世界,这个人格世界可以用一个"仁"字作代表。孔子不断追求"礼之本",不外向天地而内向人心,最后归宿于"仁"。孔子将外在的礼安放在内心的仁,将客观的人文世界转向内在的人格世界,追求与既是"内在"又是"超越"的天、天命相遥契。以孔子的"仁"和周公的"德"相比,差异极其显著。"仁"在人(个体)的内心,而"德"在集体王朝;并且"仁"主要出于个人意志("为仁由己"),而"德"则受天制约("上帝降懿德"[①])。孔子的终极关怀不在周王朝的天命,而是另辟一条个人为本位的"仁礼一体"的新路,使得天下有道——也就是作为整体(宗教—政治—伦理)秩序的"礼"的恢复。孔子在《论语》中所说的"德治",是要当时的统治者首先要以身作则的政治,同时,他打破社会、政治上的阶级限制,主张政治权力应该掌握在有德者的手中,而非世袭;若是平民有才德,平民即应享有政治的权力。孔子虽然尊敬周公,然而孔子的政治理想则是以尧舜为最高向往,而尧舜是"天下为公"的理想化。所以他提出"道之以德,齐之以礼"(《论语·为政》)、"施于有政,是亦为政"(《论语·为政》)的政治改革方案,"德治"的观念由个人的修养,推而家齐、国治,最终因仁德普遍而天下治。将"天命"的概念由天子专有的政治权力转化为天命在个人的主体,天人合德、参赞化育。因此人人都可以透

---

① "上帝降懿德"语本西周前期史墙盘,铭文明言"上帝降懿德"于文王,使他"俾有上下,合受万邦",即受"天命"之意。转引自余英时:《论天人之际——中国古代思想起源试探》,第95页。

过修身、齐家,参与使天下有道的所谓"管理众人之事"(政治)大业。这是一种和平的政治"革心"运动,而非暴力的政治"革命"手段。

从孔子开始,人文的、理性的精神高扬,人发现自己有这个人格世界,可以把自己从一般动物中不断向上提升,因而使自己的生命力作无限的延展,而成为一切行为价值的源泉,使得客观世界的各种成就也都含有仁的价值在其中,融合了主观世界与客观世界。柏拉图的理型世界、黑格尔的绝对精神,都只是思辨、概念的产物;宗教的天堂,是信仰的构造之一,都与孔子开启的内在人格世界无关。此一人格世界无法顿悟可成,需要高度的反省自觉,并且继之以切实的内、外实践工夫,才能在个体的生命中(而非仅止于观念中)开发出来。儒家到底是不是一个宗教? 我们认为儒家不具备西方定义下的宗教的形式条件,但为中国原始宗教转化而来,是追求天人合德、参赞化育、以人为本的宗教。所以我们肯定: 儒学价值的最核心,必在人伦日用中实现,而非仅止于成一家之言或宗教哲学。这是孔子对中国文化,也是对世界文化最大的贡献。孔子将重建礼治的努力诉诸所有个体的"仁心"上,使"自天子以至于庶人,壹是皆以修身为本"成为当时的普世价值,并且揭示一个"天下归仁"的理想。他一生学道不厌,诲人不倦,普及教育,使教育不再是贵族专享,并且有教无类,目的是为了激发和培育个人的"仁"的意识。孔子开辟了一个崭新的精神领域,既返本又开新,将周文化外在规范的礼乐归入了内心的"仁"之中,使礼乐赋有内在主体源泉活水,因而扭转创建了至刚至健的礼乐人文精神,这是古代中国精神史上一件划时代的大事。一方面,它是孔子从哲学视域重新诠释礼乐实践的最终完成;另一方面,它也标志着儒家"轴心突破"的开端。

孔子是中国文化"轴心突破"的关键性启蒙人物。中国文化的"轴心突破",以及突破后出现新型的"天人合一",并不仅限于儒家的演变,而是整个文化氛围都发生了巨变,以至于出现了诸子百家的思想繁荣。到了公元前四世纪的孟子、庄子时代,"轴心突破"所造就的个人化"德性",已经基本完成,取代了殷商时期原始宗教巫史文化思维笼罩之下的天命观。每一文明在"轴心突破"以后,它的超越世界便成为精神价值的终极源头。就中国的独特情况而言,这个超越世界不是彼世救赎,而是"道",儒家有儒家的道,老庄有老庄的道,墨家也有墨家的"圣王之道",都归宿于"内向超越"。在春秋时期出现的"内向超越",最典型的展现就是"修德",而"德"的涵义已经发生了巨大的变化,从西周时期与王朝天命相联系的外在的"德",逐渐转为个人化、内在化的"德"。这种个人化内在"德"的发展,成为春秋前期持续进行的精神运动,一直进行到孔子的系统化以"仁"为"礼之本",重新阐释了"德"的意义,然后就出现了孔子带领的轴心突破,持续到孟子、庄子的时代。诸子百家都有各自"轴心突破"的道理与路途,孟子、惠施、庄子都声称可以达到天人合一的境界,如孟子的"万物皆备于我"、庄子的"天地与我并存,而万物与我为一"、惠施的"泛爱万物,天地一体也",然而他们却又各有学派的立场,都想要通过"天人合一"以建立心目中世界的理想秩序。

孔子一生贯彻一个中心思想,他自己称为"吾道一以贯之"。他一生所追求的道,和尧、舜、伊尹、巫咸、周公的道一致,其道不孤!

孔子的人文世界观及其心性超越之道

臧要科（河南大学哲学系）

一、引子

钱穆晚年曾说，天人合一是中国文化的最终归宿，"中国文化中，'天人合一'观，虽是我早年屡次讲到，惟到最近始彻悟此一观念实是整个中国传统文化思想之归宿处"。[①] 冯友兰的《人生哲学之比较研究》[②] 亦名《天人损益论》，是他在纽约哥伦比亚大学时写的博士论文。在"序言"中，他写道："理想化天然境界者，谓不好起于人为，欲好须先去掉人为，其目的在损。理想化人为境界者，谓天然界本来不好，欲好须先征服天然，其目的在益。我书名所标'天'、'人'、'损'、'益'，其意如此。"[③] 或损或益的不同致思路向，在天、人关系中方为可能。即使金岳霖的《论道》，[④] 也是天道与人道互举，不过，他更注重合起来的道："最崇高概念的道，最基本的原动力的道决不是空的，决不会像式那样的空。道一定是实的，可是它不只是呆板地实像自然律与东西那样的实，也不只是流动地实像情感与时间那样的实。道可以合起来

[①] 钱穆：《中国文化对人类未来可能有的贡献》，载《世界局势与中国文化》（《钱穆先生全集》新校本），九州出版社，2011 年，第 365 页。在胡美琦为这篇文章写的"后记"中，她详细记述了此篇文章的写作过程。这篇文稿是钱穆生前最后的遗稿，完成于 1990 年端午节前三天，1990 年 9 月 20 日初刊于台北《联合报・副刊》。

[②] 在《人生哲学》"自序"中，冯友兰介绍了《人生理想之比较研究》（一名《天人损益论》）完成过程："民国十年，我在哥伦比亚大学哲学系'系会'中，宣读一篇论文，题为《中国为何无科学——对于中国哲学之历史及其结果之一解释》。此文于次年（1922 年）4 月登入《国际伦理学杂志》三十二卷三号。以后我又从同一观点观察西洋哲学，亦颇有所发现；遂用英文写成《人生理想之比较研究》（一名《天人损益论》）一书。此书于民国十二年夏作成。当时师友颇主张其在纽约印行，适我返国仓猝，未及与出版家接洽妥协，遂以中止。此书后于民国十三年冬由商务印书馆出版，于民国十四年春再版。"（载《三松堂全集》第 2 卷，河南人民出版社，2001 年，第 39 页）

[③] 冯友兰：《人生哲学之比较研究》（一名《天人损益论》），载《三松堂全集》第 2 卷，第 33 页。

[④] 金岳霖 1937 年在长沙临时大学时开始构思《论道》的写作，1939 年完成书稿，1940 年 9 月由商务印书馆出版（见胡伟希编校：《中国现代学术经典・金岳霖卷》"说明"部分，河北教育出版社，1996 年）。

说,也可以分开来说,它虽无所不包,然而它不像宇宙那样必得其全然后才能称之为宇宙。自万有之合而为道而言之,道一,自万有之各有其道而言之,道无量。"① 知识论上可以分而言之的道,与元学(本体论)合而言之的道,在为金岳霖的哲学提供本体论支撑的同时,也为他提供安身立命之所。"不道之道,各家所欲言而不能尽的道,国人对之油然而生景仰之心的道,万事万物之所不得不由,不得不依,不得不归的道才是中国思想中最崇高的概念,最基本的原动力。对于这样的道,我在哲学底立场上,用我这多少年所用的方法去研究它,我不见得能懂,也不见得能说清楚,但在人事底立场上,我不能独立于我自己,情感难免以役于这样的道为安,我底思想也难免以达于这样的道为得。"② 在金岳霖的思想中,为学与修身合一,天道与人道合一,其天人合一的致思趋向不言而喻。张岱年《中国哲学大纲》③ 亦视"天人合一"为中国哲学根本观念。④ 余英时的《论天人之际——中国古代思想起源试探》⑤ 一书,也是以天人合一为主线来梳理中国古代思想起源。在此书第一章"引论"中,他特别强调了"'天人合一'的观念,是中国宗教、哲学思维的一个独有的特色,这是现代学人的一个共识"。⑥ 并提及钱穆晚年彻悟在 20 世纪末在中国思想界引起的激烈争论:"为了探讨这古典命题的确切意涵,学者们提出了许多疑问:例如中文的'天'究竟意指自然,还是统摄了自然的神?在什么意义与程度上,我们有充分的保证,可以主张天、人构成了'合一'的整体?在什么方式上,这个古典命题和现代生活具有关联?相对于盛行的西方文明'征服自然'意向,'天人合一'是否能理解为'自然与人之谐和'?果若此,

---

① 金岳霖:《论道》,商务印书馆,1987 年,第 17 页。

② 金岳霖:《论道》,第 16 页。

③ 张岱年的《中国哲学大纲》1935 年开始撰写,1937 年完成初稿,1943 年曾在北平私立中国大学印为讲义,1958 年由商务印书馆正式出版(参见《中国哲学大纲》"再版序言",中国社会科学出版社,1994 年)。

④ 张岱年:《中国哲学大纲》"序论",第 7 页。

⑤ 《论天人之际:中国古代思想起源试探》一书,2014 年 1 月由台湾联经出版事业股份有限公司初版,2014 年 7 月北京中华书局再版。据此书"跋一"、"跋二",从 1997 年始至 2013 年,书稿的完成,历经数十年持久思索。从民国诸大师对"天人合一"的关注,到钱穆晚年的彻悟,再到余英时以"天人"为主线对中国古代思想的追溯,"天人合一"张显着持久的理论活力。

⑥ 余英时:《论天人之际——中国古代思想起源试探》,中华书局,2014 年,第 64 页。

现代的科学与技术又当如何为中国文化所运用呢？还有，如果将以宗教、形上或伦理的意义来诠释'天'，那么我们能从这个古老命题中得出什么样的关于中国精神的现代甚至后现代意涵呢？"[1] 在余英时的简要概括中，可以看出，关于天人合一，学者们主要围绕何谓、为何、如何三个向度，在中与西及古与今的诠释张力中展开讨论。但是，时间性序列中的古今维度，方是天人合一这一问题的核心所在。[2] 天人合一的开放性召唤着不同的理解，而理解的历史效应又进一步吸引更多的理解，并不断地制作、创造着这一问题本身。因为"传统并不只是我们继承得来的一宗现成之物，而是我们自己把它生产出来的，因为我们理解着传统的进展并参与在传统的进展中，从而也就靠我们自己进一步规定了传统"。[3] 这或许是中国天人合一这一形上追问与形下践履传统持续散发活力的根本原因所在。虽然，作者原意可寻而不可得，但是在诠释者所理解之意可能模糊意义的边界，以及文本原意固化意义等诸多危险面前，重新审视中国第一位哲人孔子[4] 关于天人关系的

---

① 余英时：《论天人之际——中国古代思想起源试探》，第 64 页。

② 中西问题的实质是古今问题（参见甘阳：《八十年代文化讨论的几个问题》，载《文化：中国与世界》第一辑，三联书店，1987 年）。

③ 甘阳在 1985 年写的《八十年代文化讨论的几个问题》一文中引用的是《真理与方法》纽约 1975 年英文版。原文是："Tradition is not simply a precondition into which we come, but we produce it ourselves, in as much as we understand, participate in the evolution of tradition and hence further determine it ourselves."（英文版第 261 页）其 1975 年第 4 版德文原文为："Diese Gemeinsamkeit aber ist in unserem Verhältnis zur Überlieferung in beständiger Bildung begriffen. Sie ist nicht einfach eine Voraussetzung, unter der wir schon immer stehen, sondern wir erstellen sie selbst, sofern wir verstehen, am Überlieferungsgeschehen teilhaben und es daurch selber weiter bestimmen."（德文版第 298 页）洪汉鼎译为："这种共同性并不只是我们已经总是有的前提条件，而是我们自己把它生产出来，因为我们理解、参与流传物进程，并因而断续规定流传物进程。"（伽达默尔：《真理与方法》，洪汉鼎译，上海译文出版社，2004 年，第 379 页）但在他处，伽达默尔关于传统说道："我们其实是经常地处于传统之中，而且这种处于决不是什么对象化的行为，以致传统所告诉的东西被认为是某种另外的异己的东西——它一直是我们自己的东西，一种范例和借鉴，一种对自身的重新认识，在这种认识里，我们以后的历史判断几乎不被看作为认识，而被认为是对传统的最单纯的吸收或融化。"（见伽达默尔：《真理与方法》，第 364 页）

④ 劳思光认为，系统性与自觉性为哲学根本特色，从哲学史立场看，孔子之所以为最早的中国哲学家，是因为他最先提出一个系统性自觉理论，对价值及文化问题，都持有确定观点和主张。他于周末所创立的儒家，实际上成为了中国哲学思想主流，而且决定了中国文化传统的特性（参见劳思光：《新编中国哲学史》，广西师范大学出版社，2005 年，第 75 页）。

思考,便具备了回溯根源和厘清边界的双重意义。

二、鬼神世界与吾从周

孔子及其创立的儒学,结构完整却不精巧,思想系统却不明晰,质朴而浑沦。但其中所透露出的精神方向[①]不仅定向着中国古典社会中思想走向,而且还为中国古典社会思想危机持续提供着思想资源和思想归宿。更由于孔子所创立的儒学实际上成为了中国思想主流,[②]由此决定了中国文化传统特性。孔子思想中既不落物化,又不奉神权,惟视德性我[③]为真自我,在自觉的不息不止德性追求中,于自然事实上建立秩序。在这种就事以实现理的化自然为当然的追求中,透露出一种孔子儒学中健动不息的自由精神。这与佛教舍离中的无漏自由[④]和道家静观玄览中的无为无不为式自由并不相同。这里我们所要追问的是,孔子儒学中此种精神源自何处?本文的观点是,殷商文化传统和西周文化传统共同决定了孔子独特的内向型人文致思精神趋向。

1934 年,胡适发表《说儒》一文,[⑤]在这篇文章中,他认为周人建国时,

---

① 孔子儒家精神方向即孔子自觉价值意识,在"文化问题"、"自我问题"、"传达问题"这三个方面,孔子的自觉价值意识分别表现为"人文之学"、"德性之学"、"教化之学"(参见劳思光:《新编中国哲学史》,第 100 页)。

② "南北朝时,即有儒释道三教之目,至李唐之世,遂成固定之制度。如国家有庆典,则召集三教之学士,讲论于殿廷,是其一例。故自晋至今,言中国之思想,可以儒释道三教代表之。此虽通俗之谈,然稽之旧史之事实,验以今世之人情,则三教之说,要为不易论。……故二千年来华夏民族所受儒家学说之影响,最深最巨者,实在制度法律公私生活之方面。"(见陈寅恪:《冯友兰中国哲学史下册审查报告》,载《陈寅恪集·金明馆丛稿二编》,三联书店,2001 年,第 283 页)虽然,陈寅恪此段文字旨在强调道教对于中国学术思想的影响要大于儒家,但中国思想由儒释道三者构成,其中儒家为主脉却也是他的基本观点。

③ 基于对世界的不同理解,哲学家们所强调的自我境界也不尽相同。大致可分为如下几种:形躯我——以心理及心理欲求为内容;认知我——以知觉理解及推理活动为内容;情意我——以生命及生命感为内容;德性我——以价值自觉为内容(参见劳思光:《新编中国哲学史》,第 109 页)。

④ 劳思光:《新编中国哲学史》,第 180 页。

⑤ 王国维的《殷礼征文》完成于 1916 年 4 月,《殷周制度论》完成于 1917 年 9 月(见胡逢祥:《王国维著译年表》,载《王国维全集》第 20 卷,浙江教育出版社,2009 年,第 526、530 页)。胡适《说儒》一文原载于 1934 年《国立中央研究院历史语言研究所集刊》第四本第三分,傅斯年《周东封与殷遗民》也刊于此部分,据他在此文的短序中所说,《周东封与殷遗民》是他《古代中国与民族》一书中的第一章,始写于五年前,据此可知此文完成时间应在 1929 年(见《胡适全集》第 4 卷,安徽教育出版社,〔转下页〕

殷人以亡国者身份,为周人服役,形成了以司礼为专业的儒社群;孔子和他的弟子均以司礼为职业,可见他们继承的是儒这一社群的传统;虽然孔子继承的是殷士及职业礼生传统,但是他提出了新理论,并宣扬新人生态度,因而,孔子实际上是儒传统的革新者,他代表了殷民族复兴的希望。由此,胡适总结道:"他把那有部落性的殷儒扩大到那'仁以为己仁'的新儒;他把那亡国遗民的柔顺取容的殷儒抬高到那弘毅进取的新儒。"[1] 关于儒学的渊源,胡适以为"儒学出于殷士"这一观点的解释效力不大,也没有真正厘清儒家的起源并解释儒学之为儒学的特质。但在这篇文章中,胡适却为我们揭示出殷商文化传统在西周建国之后仍长期延续这一重要且往往被线性发展史观所忽视的历史现象:"在五六百年中,文献的丧失,大概是由于同化久了,虽有那些保古服古礼的'儒',也只能做到一点抱残守缺的工夫,而不能挽救那自然的趋势。可是那西周民族却在那五六百年中充分吸收东方古国的文化;西周王室虽然渐渐不振了,那些新建立的国家,如在殷商旧地的齐、鲁、卫、郑,如在夏后氏旧地的晋,都断续发展,成为几个很重要的文化中心。所谓'周礼',其实是这五六百年中造成的殷、周混合文化。"[2] 胡适的这一观察也得到了傅斯年《周东封与殷遗民》一文的支持。《说儒》附录一就是傅斯年的《周东封与殷遗民》一文。在这篇文章中,傅斯年认为,鲁、卫之国为殷遗民之国,晋为夏遗民之国,宋、卫、齐三处人民也是殷遗民。[3] 由国域的分封与变迁着眼,胡适和傅斯年论证了殷商遗民在殷商亡国后长期存在这一历史现象,在齐、鲁、宋、卫等东方诸国有着深厚的殷商文化积淀,这些文化积淀并没因为殷王朝的战败而立刻消失,而是在遗民中代代相传,殷商与周文化之间的延续性要大于它们之间的断裂。这同样得到《论语》文本的

[接上页]2003 年,第 1、90 页)。另据钱穆,"此后适之见余,再不乐意讨论老子,而别为《说儒》新篇。在彼撰稿时,屡为余道其作意。余随时告以己意。如是者数次。适之《说儒》终于成篇,文长五万字,仍守其初意不变"(见钱穆:《八十忆双亲、师友杂忆合刊》(《钱穆先生全集》新校本),第 157 页)。钱穆的《国史大纲》虽成书于 1939 年,若从 1933 年他担任北京大学中国通史课程开始算起,其实,从 1934 年他开始为此课程编写纲要时,其中便已经具备了后来《国史大纲》的基本结构和观点(见《国史大纲》上"出版说明",《钱穆先生全集》新校本)。

① 胡适:《说儒》,载《胡适全集》第 4 卷,第 73 页。

② 胡适:《说儒》,载《胡适全集》第 4 卷,第 58 页。

③ 参见傅斯年:《周东封与殷遗民》,载《胡适全集》第 4 卷,第 90—99 页。

支持:"子曰:殷因于夏礼,所损益可知也;周因于殷礼,所损益可知也;其或继周者,虽百世,可知也。"[①] 对于"周因于殷礼",胡适说道:"这是几百年后一个有历史眼光的人的估计,可见周朝的统治者虽有'所损益',大体上还是因袭了殷商的制度文物。"[②] 钱穆在《国史大纲》中也有相同观点:"若以殷代文化与周初相较,则颇见其有一脉相承之迹。"[③] 傅斯年基于可信资料在殷周文化相延续基础上,进一步认为:"孔子对于殷、周一视同仁,殷为胜国,周为王朝,却毫无宗周之意。所谓从周,正以其'后王灿然'之故,不曾有他意。……虽许多事要以周为师,却绝不以周为宗。……此皆出于最可信的关于孔子之史料,而这些史料统计起来是这样,则孔子、儒家与殷商有一种密切之关系可以晓然。"[④] 王宇信在《西周甲骨探论》中论证西周甲骨和殷商甲骨间的共同性时,进一步谈到"代殷而起的周王朝继承了商王朝在政治、经济和文化等方面的全部遗产"。[⑤] 由上引文献,我们可以总结地说,殷周之间的延续性[⑥] 应该是多数近现代学者的共识了。

公元前 551 年孔子出生,上距离殷商王朝的灭亡,已有五百余年。在这已逝去的五百余年中,既有周王朝建国后封土建君与制礼作乐等一系列的新创设,也有周王朝对于殷商传统的继承。孔子的出生、成长、游说就发生在齐、鲁、宋、卫等东方诸国。而殷商文化传统与周文化传统在这些区域的长期并存,对孔子思想的影响不言而喻。就周文化传统而言,各版本中国哲学史都在强调孔子对于周文化的继承与发展,这也是孔子的志愿"周监于二代,郁郁乎文哉!吾从周"(《论语·八佾》)。本文的第三、四部分主要从这

---

① 《论语·为政》,本文所引《论语》原文均源自程树德:《论语集释》,中华书局,1990 年,此下所引《论语》原文以文中夹注形式标出。

② 胡适:《说儒》,载《胡适全集》第 4 卷,第 14 页。

③ 钱穆:《国史大纲》上(《钱穆先生全集》新校本),第 31 页。

④ 傅斯年:《周东封与殷遗民》,载《胡适全集》第 4 卷,第 94 页。

⑤ 王宇信:《西周甲骨探论》,中国社会科学出版社,1984 年,第 165 页。

⑥ 强调殷周之间的延续性并非否定周王朝的创新,王国维在《殷周制度论》中,从立子立嫡之制、庙数之制、同性不婚之制三方面肯定了周代的创新,并进而阐发出这些创设中的本意,"其旨则大纳上下于道德,而合天子、诸侯、卿、大夫、士、庶民以成一道德团体。周公制作之本意实在此"(见王国维:《殷周制度论》,《王国维全集》第 8 卷,第 303—304 页)。本文旨在强调孔子思想是在殷周文化传统的双重背景中产生的,这也是我们理解孔子思想的参照背景,以及进一步诠释孔子思想追求其现实效用的基础。

个角度展开。就殷商文化传统对孔子思想影响而言,主要表现在殷商文化传统在为孔子思想提供滋养的同时,还成为他自觉的系统性哲学思维欲超越的对象,更为重要的是,如此独特的超越对象,决定了他独特的内向致思趋向。[①] 即使如胡适所言,"他知道那个富有部落性的殷遗民的'儒'是无法能拒绝那六百年来统治中国的周文化的了,所以他大胆的冲破那民族的界限,大胆的宣言:'吾从周!'",[②] 即使孔子通过对义与命的重新诠释,把殷商文化中巫的成份压缩至边缘位置,我们还是可以在《论语》所载的孔子诸多言论中感受到其间所萦绕着的宗教氛围:

> 天下之无道也久矣,天将以夫子为木铎。(《论语·八佾》)
>
> 道之将行也与,命也;道之将废也与,命也。公伯寮其如命何!(《论语·宪问》)
>
> 子曰:"天生德于予,桓魋其如予何?"(《论语·述而》)
>
> 祭如在,祭神如神在。子曰:"吾不与祭,如不祭。"(《论语·八佾》)
>
> 樊迟问知。子曰:"务民之义,敬鬼神而远之。"(《论语·雍也》)
>
> 季路问事鬼神。子曰:"未能事人,焉能事鬼?"曰:"敢问死。"曰:"未知生,焉知死?"(《论语·先进》)

这宗教氛围作为思想之晕和孔子思想焦点"礼、义、仁"共同支撑起孔子的人文世界。而悠长的殷商文化传统,在滋养孔子思想的同时,也成为他所欲超越的对象,虽说,孔子及其儒学特性在于他自觉的且系统性的价值建构中,但若无殷商文化传统的持续存在及影响,先秦诸子包括孔子思想或许会是另番模样。至此,问题的关键是,殷商文化具有什么特性?

其基本面相之一是祖先祭祀。王国维由卜辞而证明:"商之先王先公无一不特祭者,均可由卜辞证之……殷先公先王皆以名之日特祭,虽先妣亦然。"[③] 胡适进一步把殷商此一重视祖先现象总结为祖先教:"我们从殷虚出

---

① 余英时在《论天人之际——中国古代思想起源试探》中,着重强调了中国轴心突破,表面上虽从礼乐的领域展开,但它真正争衡的对象却是礼乐背后的整个巫文化。而中国的轴心突破之所以归宿于内心超越正是由于它完全针对巫文化而发(见氏著《论天人之际——中国古代思想起源试探》,第26、52页)。

② 胡适:《说儒》,载《胡适全集》第4卷,第57页。

③ 王国维:《殷礼征文》,《王国维全集》第5卷,第51—52页。

土的遗物与文字,可以明白殷人的文化是一种宗教的文化。这个宗教根本上是一种祖先教。祖先的祭祀在他们的宗教里占一个很重要的地位。……此外他们似乎极端相信占卜:大事小事都用卜来决定。"①据胡适这一考察,我们可以知道,殷商文化基本是一种宗教文化,包括祖先祭祀和占卜。傅斯年同样认为"商之宗教,其祖先崇拜在鲁独发展,而为儒学"。②除却胡适、傅斯年基于传世文献和出土文献的研究中所呈现出的殷商文化面相之外,对于殷商民族发源地和治域的考察也有助于我们理解其文化特性,因为地域与思想本不可分。据钱穆的研究,"殷人居地,大率似在东方。自汤以前,大体皆在今河南省大河南岸商丘之附近",③"古代黄河自河南东部即折而北向,经今之漳河流域而至今河北之沧州境入海。商民族则正居此河南、山东、河北三省相交黄河下游一隈之四围,……大抵下游低地,气候土壤均较佳,生活文化较优,而居民较文弱,亦易陷于奢侈淫佚"。④而对于夏商周文化风格,钱穆引用汉人说法展开比较:"汉人传说'夏尚忠,商尚鬼,周尚文',此论三代文化特点,虽属想象之说,然以古人言古史,毕竟在几分依据。……商人尚'鬼',则近于宗教玄想。"⑤除了认为殷商文化是一种宗教文化外,钱穆还突出了其中的尚鬼倾向。其实,重祖先祭祀、重占卜与重鬼神,表现虽不相同,却有着重鬼神相同内核,劳思光把这种内核总结为"重神权",除此之外,他还强调了殷商文化中"重巫"这一特色。这一特色,余英时在《论天人之际——中国古代思想起源试探》中已有令人信服的论说。⑥至此,我们可以说,重神权和重巫权是殷商传统的两大根本特征。既奉神权为最高权威和价值准则,人以及人之活动和努力便不在他们关注视域内,表现在文化上便是一种形上玄思风格。如前论证,由于殷周之间的连续性,神与巫的风尚持续存在于殷遗民所居之东方诸国,为孔子以及诸子的运思提供了具体的历史情境,孔子心性层面的超越性便孕育于此,这也使得孔子思

---

① 胡适:《说儒》,载《胡适全集》第 4 卷,第 16 页。
② 参见傅斯年:《周东封与殷遗民》,载《胡适全集》第 4 卷,第 90—98 页。
③ 钱穆:《国史大纲》(《钱穆先生全集》新校本),第 27 页。
④ 钱穆:《国史大纲》(《钱穆先生全集》新校本),第 28—29 页。
⑤ 钱穆:《国史大纲》(《钱穆先生全集》新校本),第 29 页。
⑥ 见余英时:《论天人之际——中国古代思想起源试探》,第 63—74、152—195 页。

想具备了宗教向度。但是从先秦诸子思想的建构性这一层面来看,孔子、墨子、老庄思想差异更多表现在他们对这一历史世界的不同理解中,以及由此导致的不同超越之道上。就孔子而言,他于殷商和周文化混合传统中,把礼之本由外在于人之"天道"转向人之"仁",把客观之命定归于实然、必然领域,把价值置于应然领域,用个人在日常生活世界中"克己复礼"(《论语·颜渊》)的内在道德实践操作,代替了殷商文化传统中通过巫的外在操作来沟通天人。由此,孔子自觉地把殷商神权世界理解为人文化成的世界,强调德性我方是真自我,追求自我化成活动中显示出的健动不息之自由。

三、生活世界:天与人

孔子所理解的世界不是实然世界,也不是必然世界,而是人存在于其中,由人、事、物共同构成着的应然之生活世界,[①] 此生活世界具有强烈的人文特征,张显着人之为人者和人之主宰性。

孔子的世界观是对周人世界观的发展,他将周人仅仅于政治生活中表现出的自觉意识扩展至人的整个生活领域。周人建国有两大创设:封土建君与宗法制度,此两者将部落酋长时期自然的政治秩序与血缘关系化入人为的政治秩序中,周人此种制度设制表现出人与天地万物的初步分离,体现了周人意识的初步觉醒,也表现出周人世界观中"化自然为应然"的基本意向。说周人的这种觉醒与自觉是初步的,是因为此觉醒与自觉仅仅表现于

---

① "生活世界"是胡塞尔在《欧洲科学的危机和先验现象学——现象学哲学引论》中针对"客观主义"和"历史主义"而提出的重要观念,主要具有如下特点:(1)先验性或先天不可避免性;(2)本源性,因为它是一切有意义活动的发源处,也就是一切效准和客观的来源;(3)纯经验的构成性,它通过人生的原初经验而出现,并且总带有非主题的匿名边缘,并永远向未来的经验敞开,因此,它不会被"落实"为任何意义上的对象,不会成为客观主义意义上的永恒实体;(4)在这个意义上,胡塞尔说它是"相对的";(5)境域性;(6)主体性,这个世界总是"我的"或"我们的"世界,通过我和我们的共同视野而构成(参见张祥龙:《从现象学到孔夫子》,商务印书馆,2001年,第22—28页)。可以肯定,上述胡塞尔现象学的问题域与具体指向与孔子仁学的问题域和思想指向并不相同,但并不妨碍它们相互发明,借助他者之镜,有助于我们更加清晰地映照出孔子思想中的本有意象。比如,孔子将"礼"理解为"节度秩序",将"礼之本"诉诸于"义",将"义"理解为人之"仁"(公心)的发用,以及后来儒家"极高明而道中庸"的追求,都带有胡塞尔所谓的"生活世界"特征,在胡塞尔"生活世界"的视域中,孔子心性哲学中的"主体性"根基与道德践履中的"主体间性"特征便可得到清晰阐明。

政治领域,并以良好政治秩序的获得为唯一追求。当周人所创设的礼乐制度于周末崩塌时,孔子反思的方向并不是向外即通过创设更多更新的制度来阻止这种崩塌,而是反向地思考"礼之本为何?"这一显得不合时宜却是最为普遍与根本的问题,正是在对礼之本的追问中,孔子摄礼归义,进而回溯至仁,思想所及已至心性层面。同将礼之本诉诸天道的传统礼生相比,孔子将礼之本回溯至人之心性,反映出孔子反思的自觉、理据与系统性,进一步而言,孔子以普遍内在之心性代替外在天道规则,这不仅代表着理论视域由外向内的转向,而且反映出孔子对人之价值自觉意识的肯定。正是在此意义上,我们说,无论是从孔子对周礼反思的自觉、理据与系统性中,还从他对人之价值自觉意识的肯定中,孔子及其思想代表着人的真正的充足的觉醒与价值自觉。在《论语》中,此对世界的"人文主义"理解主要通过"立人与达人"和"义命分立"表现出来。

孔子"立人与达人"思想主要围绕仁展开,它以构成世界的人与物的区分为前提,从心性层面肯定人的价值自觉意识,强调价值自觉意识发用的实践性,以及人在道德践履中的主宰性。《论语·雍也》:"夫仁者,己欲立而立人,己欲达而达人。能近取譬,可谓仁之方也已。"何谓仁? 仁即是基于人自觉心[1]发用,视人如己的大公境界。人若有仁的境界,便会居于仁的境域。在此仁的境域中,己与他人他物之间是"我与你"[2]的关系,在此关系中,人己等视,天地万物一体。但是,能否达此境界和居此境域,在孔子看来,完全是自觉心的自觉活动,是自我自主之事,与外在程序无关,故孔子曰:"仁远乎哉? 我欲仁,斯仁至矣。"(《论语·述而》)也正是在此意义上显示出人的主宰性与自由。对人与物差异的重视,对人价值自觉意识的肯定,对人自觉心自我发用的强调,贯穿孔子整个思想,曾子概括为"忠恕之道"(《论语·里仁》),忠即"己欲立而立人,己欲达而达人"(《论语·雍也》),恕即"己所不欲,勿施于人"(《论语·颜渊》)。"忠恕之道"不仅蕴含着孔子对构成着世界的人与物的"人文主义"理解,而且也是生活

---

① 人人都有价值自觉意识即自觉心,在孔子看来不言自明,故他并未对此作详尽论说,后来孟子性善论对此论说甚详。

② 马丁·布伯:《我与你》,陈维纲译,三联书店,1986 年。

中现实之人的应然生活理则和道德践履始点,自处时不执迷于躯体之私利,与人相处时,亦不侵犯他人以自利,而是时时视人如己,如此反复锤炼意志,便可由迷而悟,升至仁境,居于仁域。需要强调的是,仁域并不是世界之外的另一个世界,仁域就是世界,是自觉心发用,公心^①挺立之人所理解也是如此这般生存于其中的世界,这是应然的世界。与重事实之实然世界和重规律之必然世界不同,应然世界重价值。价值问题即应该或不应该的问题,蕴含追求普遍性与规范性,既涉及方向性又涉及动力因,故惟有依于一能同时满足上述条件的独立能力方能实现。孔子由礼至义再回溯至仁,将对价值问题的解释由外在天道转向主体心性上,可谓切中价值问题实质,把握到了应然世界的本真。

依人之不同能力,我们可以将呈现于人视域中的世界分为实然世界、必然世界、应然世界三种不同类型。实然世界依人之知觉能力而存在,必然世界依人之思维能力而存在,应然世界依人之意志而存在。知觉、思维、意志虽三而一,依人之不同能力而存在的实然世界、必然世界和应然世界,并不表示存在着三个不同的世界,毋宁说它们是同一个世界的三种不同之象。一分为三,人与世界相对,依人之不同能力,世界呈现为三,三者一一各不相同,界限分明,不可混淆;虽三而一,世界虽呈现为三,但同是与人相对且在人之语言中与人相遇者,故为一。基于此种理论分疏,我们可以看到,纵然孔子所理解的世界是应然世界,孔子还是会遭遇到实然世界和必然世界中人作为被决定者与人之所追求者之间的不可调和性。在"亡之,命矣夫!斯人也而有斯疾也!斯人也而有斯疾也"(《论语·雍也》)的悲叹中,我们可以看到人在命中的无能为力;在"道之将行也与,命也;道之将废也与,命也。公伯寮其如命何"(《论语·宪问》)中,我们看到了面对命时孔子的锵锵自信;在"不怨天,不尤人,下学而上达。知我者其天乎"(《论语·宪问》)中,我们看到了面对天命时孔子的豁达。面对命与天人力所不能及者,孔子的无奈、自信与豁达实际上源自孔子对天与命的重新界定,以及在此基础上对世界所作的重要区分:义命分立。这种区分的实质是划界,将主体归之于本然主体,客体归之于本然客体,从此,孔子拨开人们对天命与人理解上的

---

① 公心即人己等视。

朦胧，廓清主客界限，并在明确界限基础上，一直坚守人之应然方向。

在"立人与达人"中，孔子从正面论说人之为人者在于人能立公心求正当，立公心求正当是人自由自主之事，这便是人之主宰与自由所在。"义命分立"则是孔子对生活世界中人的主宰性与人的被决定性间的冲突所作的解释与说明，以及面对冲突人所应该采取的态度。在"立人与达人"所透显的人的价值自觉意中，显示出孔子理解世界时"人的视域"，在"义命分立"中，孔子又通过对世界客观性的理性认知，使人们愈发坚信人本有的价值自觉意识与坚守必然世界中的应然路向。

那么，何谓命？命在古代中国思想中有命令与限定两义，[①]命之命令义多与人格天的信仰联系在一起，在这一思想趋向中，人之存在价值多由外在意志化之天赋予，其思想实质是用实然世界之存有来诠释价值，其实际历史效果则是将人自身的价值淹没于天神信仰中，最终导致人的异化在世样态。周人建国后，在周人反神权思想和表于政治生活中的半自觉意识的双重影响下，从命令义的角度理解命的取向逐渐被从命定义的角度理解命的取向所代替。对这一取向，孔子的诠释最为透彻。在孔子的思想脉络中，命[②]主要指客观限定即人力所不能决定者。孔子将命理解为客观限定是对周人命观念合乎逻辑的发展，通过将人格化和意志化之天悬置[③]于人们的视域之外，孔子不仅把周人对意志之天的部分否定扩展至整个生活世界，而且还恢复世界的实然与必然面目，从而一扫人们理解世界时的混沌，使得人与世界、主体与客体间的分际明晰起来，为人对世界的理解以及对人价值与意义的追寻创设基本的理论前提。在生活世界，从人的具体生存历程来看，人是由物理、生理和心理诸多条件构成的物理性经验性存在者，受到实然与必然规律的支配，是被决定者，也无任何自由与主宰可言，如此人与物并没有太

---

① 参见劳思光：《新编中国哲学史》，第 72 页。

② 孔子关于命的言论见《为政》、《雍也》、《宪问》、《尧曰》诸章。

③ 悬置指有而不取，此中方见自觉。无论从《论语》中孔子言论本身，还是从后人对这些言论的诠释中，我们都可以发现孔子诠释天、命、鬼神等观念时的多义取向。以孔子"一以贯之"之道来看，人的方向与人之价值自觉意识一直是孔子的核心取向，在此基础上，多义性观念实际反映出孔子对世界的多样性理解以及存在论色彩与形上学维度，人之超越与境界正存在于此种有而不取的自觉选择中。

大区别。① 孔子将命理解为客观限定更为重要的理论意义在于指出应然世界与实然和必然世界之不同,得失成败与价值无关。原因在于,依赖人的知觉能力而存在的实然世界只涉及有与无判断,遵循思维逻辑规则,我们也可以发现世界中的某些规律。但是,无论是实然世界之存有还是必然世界之规律,我们均不可以施以应该或不应该的判断。即使我们可以施以应该或不应该的判断,我们也会面临作为受规律支配者和被决定者,其判断的动力源自何处?——这一根本难题,进一步而言,作为被决定的物理性经验性存在者,我们的认知活动与认知结果早已被决定,果如此,所谓的追寻真理的活动将于何处安顿?所以,孔子一方面感慨人在客观限定之命前的无能为力(《论语·雍也》),另一方面却又坚信"道之将行也与,命也;道之将废也与,命也"(《论语·宪问》)。即使自己被世人讥嘲为"知其不可而为之者"(《论语·宪问》),仍然坚持"君子之仕也,行其义也"(《论语·微子》)。从中我们可以看出,孔子认为人所应当追求者并非成败而是义,道之行或废是事实问题,其行或不行是人力所不能决定者,但是道之应行却是价值问题,故"君子之仕也,行其义也"(《论语·微子》)。至此,孔子"义命分立"思想的实际指向方逐渐透露出来。孔子将命理解为客观限定,还实然与必然世界以客观性,看似将人与物等视,实质却表明自由与主宰等价值问题的独特性,唯有回归其独特领域内方能得到圆融解决,此独特领域即义的领域。

那么,何谓义?在《论语》中,义的基本内涵是正当,② 而且孔子还以为人之为人在于"以义为质"(《论语·卫灵公》),质即实质、本质。虽然,作为物理性经验性存在,人与物同样是被决定者,但孔子又认为人与物并不完全相同,正当、公正、责任将人与物区分开来。义以正当为基本内涵,表明义所涉及者是价值问题即应该或不应该的问题,由此问题构成的领域即是义的领域亦即应然世界,生活世界中与礼相关之是非以及人之意义等问题,唯有安顿于此才能得到合理解释。对义领域的划分,是孔子为人的自由与主宰

---

① 先秦道家老庄"生死相互转化"、"天地万物一体"等言论对此论说最为精彩。

② 关于义,孔子谈论较多,这些言论多出现在《为政》、《里仁》、《公冶长》、《雍也》、《述而》、《颜渊》、《宪问》、《卫灵公》、《阳货》、《微子》诸章。义频繁出现于孔子言论中,反映出孔子对这一观念的重视。在孔子诸多对义的言说中,随着文本语脉的变化,义有正当和道理、公正、责任诸种含义,其中,正当是基本内涵,道理、公正、责任是基本内涵的引申。总的来说,义在孔子思想中主要是指正当这一基本涵义。

留下的地盘,但问题的关键是,作为物理性经验性存在,人求正当如何可能?或者说,孔子如何能在"命"以外立"义"?这便涉及孔子在"立人与达人"中对人的基本认定——人有自觉意识(即自由意志),《论语》中关于仁的诸多言说都是围绕这一基本认定而展开。①"忠恕之道"的实质便是人自由意志发用基础上对义的方向的主动选择,而人之意义正在于此自主选择与对选择的忠实践履中。所以,在"义命分立"中,孔子使客体回归本然之客体的同时,也使主体回归本然之主体。对于人而言,这一本然便是自觉意识。自觉意识也即"应该"或"不应该"的意识。此种意识在为人的外在行为提供方向的同时,也为其提供动力,而人之自由与主宰正表现于其本然自觉意识的发用中。也正因为人是具有自觉意识的自觉活动者,所以他必须对自己的行为负责,于此处才有善恶可说,而人之价值与意义也唯有安顿于人自身能够自我主宰的"义"领域才可显现出来。可以说,在"义命分立"中,孔子通过对"命"与"义"两个领域的明确区分,纠正了人们对"命"的人格意志化理解,以及人们对"义"的存有化理解,归还事实和规律于实然必然世界,归还价值于应然世界,使人在主体与客体的澄明与相互朗照中,明了人之责任与限度,从而在"立人与达人"的道德实践中张显着人的存在价值与意义。

概而言之,"义命分立"是对世界之客观性与人之主宰性的明确区分,"立人与达人"则是基于上述区分的人之主宰性的自觉发用。"知命"是人物不再混同,人不再被神权笼罩从而觉醒的标志,②是"立人与达人"的基础,故孔子强调"知命"的重要性。③ 只有"知命",人本有的价值自觉意识才能发用,在此发用中不断生成着儒家的生活世界,此生活世界中蕴含着"人文主

---

① 需要强调的是,人都有自觉意识对于孔子而言是一种基本认定或一种信念,但他并未对人何以能有自觉意识作哲学上的论证,孟子性善论由心善言性善揭示价值自觉意识为人心所本有,方内补于孔子心性哲学这一根基上的不足。

② 此义冯友兰阐释得比较深刻:"知命也就是承认世界本来存在的必然性,这样,对于外在的成败也就无所萦怀。如果我们做到这一点,在某种意义上,我们也就永不失败。因为,如果我们尽应尽的义务,那么,通过我们尽义务的这种行动,此项义务也就在道德上算是尽到了,这与我们行动的外在成败并不相干。这样做的结果,我们将永不患得患失,因而永远快乐。"(冯友兰:《中国哲学简史》,载《三松堂全集》第6卷,第43页)

③ "不知命,无以为君子也"(《论语·尧曰》);"君子有三畏:畏天命,畏大人,畏圣人之言"(《论语·季氏》)。

义"精神,正如劳思光所言:"孔子不奉神权,不落物化,不求舍离,只以自觉主宰在自然事实上建立秩序,此所以为'人文主义'。"①

四、由近及远的超越之道及仁境

如上所述,孔子对世界的理解由"礼崩乐坏"的现实激发散落在他对礼、义、仁的阐述中,并由此透显出来,无论我们称之为生活世界、应然世界,还是人文世界,这些不同称谓均显示出了孔子对世界的基本肯定。但是,孔子对世界的肯定并非是直接肯定世界本身,而是通过对人之仁心(即大公心)的肯定从而肯定人之创设并由此来肯定世界,也就是说孔子所肯定的世界是"主体自由客观化"②的产物,这也是我们称孔子的世界为具有"人文主义"精神的生活世界的原因所在,孔子对世界的如此理解与肯定,使得"心性"居于孔子超越之道的核心,决定了其内向性"克己反省"与外向性"推己及人"相结合的超越方式,也决定了"立人与达人"中所展现出的主体自由的境界性。

但是,与孔子世界观中透显出的"人文主义"特征不同,现实世界却不尽如人意甚至已经"礼崩乐坏"。现实的生存样态是人往往陷溺于利而彼此间相互攻伐,③这种生存现实几乎使"我欲仁,斯仁至矣"(《论语·述而》)成了孤悬着的理想。因为,对于已经陷溺之人而言,能否破除执着摆脱陷溺,关键在于如何唤醒人本有的仁心(即自觉意识)。而当人的陷溺成为一种在世常态时,这种唤醒如何可能?是依赖于人自身之外的因素?还是依赖人自身?如果是人自身之外的因素,那么这些因素是善还是恶?或者更为根本的问题是对此外在人自身的因素而言,善恶如何可能?如果依赖人自身的话,既已陷溺又如何觉醒?在孔子看来,礼使唤醒成为可能,这是因为,呈现为仪文却象征节度秩序的礼以义为实质;同时,义以仁为基础,无公心则无"求正当"的需求,从公心出发便是义,从私心出发便是利。这样一来,孔子便把礼之本由外在天道回溯至仁,礼实质是人之公心的外化和客观化,在

---

① 劳思光:《新编中国哲学史》,第 103 页。

② 劳思光:《新编中国哲学史》,第 115 页。

③ 如《论语·里仁》言:"放于利而行,多怨。"

生活世界中代表着具有普遍性的价值规范,具有规范人的效用。更为重要的理论意义是,孔子将礼、义、仁一体化是将事实与价值分开,将价值自觉意识(仁亦即公心)作为价值的唯一根源,从而将人之迷与觉全归于人自身,人人都具有的价值自觉意识(仁亦即公心)成为人能否觉醒的关键,对于以陷溺样态在世的众人来说,实践性与操作性极强且与仁一体的礼便成为唤醒陷溺之人的不二之选。所以,《论语》中孔子关于礼义仁众多言说最终指向两个方向:第一,内在指向,从孔子反思礼之本的逻辑进程看,礼以义为实质,义以仁为基础。第二,外在指向,若着眼于就具体道德践履实践过程而言,孔子强调礼对人之仁心的唤醒作用:"克己复礼为仁。一日克己复礼,天下归仁焉。为仁由己,而由人乎哉。"(《论语·颜渊》)这即是说,人可以通过遵循礼,培养"求正当"的意志,从而唤醒本有"公心",这一实践程序所依赖者乃人自身。这一内一外两个方向,相反相成,互为一体,共同构成了孔子的成人之学,也是主体觉醒与超越的必经之路。

主体觉醒与超越之路始于孝悌,《论语·学而》:"孝弟(悌)也者,其为仁之本与!""为仁"即"行仁",[①]"本"即"始"。[②] 也就是说,孝悌是行仁始点。那么,孔子为何把孝悌作为行仁始点?将孝悌作为行仁始点,既是孔子独特的人文主义世界观使然,又是孔子将礼、义、仁一体化的必然结果,同时与孔子对孝悌的独特理解有关。孝悌作为道德践履的具体条目,在将人与

---

① 历代注疏对"其为仁之本与"有不同诠释,主要有两种思路:第一,将之理解为"孝悌是仁之根基",这有着文献和语言学上的支撑,因为在足利本、唐本、津藩本、正平本中经文是"其仁之本与",并无"为"字,只有皇本中"仁"上才有"为"字(参见叶德辉:《天文本单经论语校勘记》,载《续修四库全书》第 157 册,上海古籍出版社,2002 年,第 424 页)。对这种不同,俞樾从语言学角度作出了解释:"'为'乃语词。阮氏《校勘记》曰足利本无'为'字,盖语词无实义,故省之也。"(俞樾:《论语平议》,载王先谦:《清经解续编》第 5 册,上海书店,1988 年,第 1199 页)第二,将之理解为"孝悌是行仁始点",这有着上下文脉和义理上的根据,在《论语》其他章如"其为仁矣,不使不仁者加乎其身"(《论语·里仁》),"克己复礼为仁"(《论语·颜渊》),"为仁由己"(《论语·颜渊》),"子贡问为仁"(《论语·卫灵公》),"堂堂乎张也,难与并为仁矣"(《论语·子张》),"为"与"仁"均连用,解为"行仁",朱熹即是如此理解:"为仁,犹曰行仁。"(朱熹:《四书章句集注》,中华书局,1983 年,第 48 页)刘宝楠也解为"行仁"(参见刘宝楠:《论语正义》,中华书局,1990 年,第 7 页)。再则从义理上讲,仁在孔子心性哲学思路中是与整个世界相对之最后主体性,不可以事物言之,当然也不可能在此后还有一孝悌作为其根本。综上所述,此句应释为"孝悌是行仁始点"。

② 参见刘宝楠:《论语正义》,第 8 页。

人之间自然血缘关系人化从而象征着节度秩序的同时,还恒常地指向这一最为本源生存现实,对于将世界视为公心挺立基础上的"主体自由客观化"产物的孔子来说,这一本源生存现实无疑是其他生存样态的基石。"三年之丧"①是孔子从酬恩角度对这一本源生存现实的确认,"正名"②则表明了生活世界中不同现实生存者之间的分际。而在孔子心性哲学继承与完善者孟子那里,上述思想得到更为清晰的表达:"仁之实,事亲是也。义之实,从兄是也。"(《孟子·离娄章句上》)③"亲亲而仁民,仁民而爱物。"(《孟子·尽心章句上》)这即是说,事亲、从兄之孝悌是生活世界中不同现实生存者之间的中介,在己之孝悌中,不同的现实生存者在更高层次上重新回归本然一体之生存样态。孔子将道德践履的具体条目孝悌作为行仁始点,不仅给道德行为主体带来同情感,而且还具备可操作性,在切近之孝悌中,孝悌之人已经开始踏上觉醒与超越之途。

在人的觉醒与超越之途中,孝悌只是始点,要想真正唤醒仁心,达至仁境,还需"习"、"克己"与"推己及人"等工夫。在孔子思想脉络中"学"指"成德之学":"君子食无求饱,居无求安,敏于事而慎于言,就有道而正焉,可谓好学也已"(《论语·学而》),其所追求者在于"不迁怒,不贰过"(《论语·雍也》),"习"主要是指对礼的"演习、实习",④ 与"习"相应的是"克己"工夫,具体而言,"克己"是指"非礼勿视,非礼勿听,非礼勿言,非礼勿动"(《论语·颜渊》)。"克己"用力处在内,"习"用力处则在外,但都是对礼而言,属于"由外到内"的工夫程序。"推己及人"以"习"与"克己"为逻辑前提,属于"由内至外"、"由近及远"的工夫程序。无"习"与"克己"这一工夫程序,孔子的仁境便无从实现;无"推己及人"这一工夫程序,孔子的仁境便流于空疏。这一内一外两个方向上的工夫程序共同支撑起孔子的成人

---

① 《论语·阳货》:"宰我问:'三年之丧,期已久矣。君子三年不为礼,礼必坏;三年不为乐,乐必崩。旧谷既没,新谷既升,钻燧改火,期可已矣。'子曰:'食夫稻,衣夫锦,于女安乎?'曰:'安。''女安,则为之!夫君子之居丧,食旨不甘,闻乐不乐,居处不安,故不为也。今女安,则为之!'宰我出,子曰:'予之不仁也!子生三年,然后免于父母之怀。夫三年之丧,天下之通丧也,予也有三年之爱于其父母乎!'"

② 《论语·颜渊》:"齐景公问政于孔子,孔子对曰:'君君、臣臣、父父、子子。'"

③ 本文所引《孟子》原文均源自焦循:《孟子正义》,中华书局,1987年。

④ 杨伯峻:《论语译注》,中华书局,1982年,第1页。

之道,通过对礼的"习"与"克己"反省,以及对礼的不断认知与践履,外在的节度秩序在纯化人行为的同时,也逐渐内化为人行为的动力,并渐渐唤醒人本有的价值自觉。如此不息不止地锤炼己之意志,使之逐渐纯化和坚定,仁心(公心亦即本有价值自觉意识)方可日渐挺立。也惟有在此基础上,"己欲立而立人,己欲达而达人"(《论语·雍也》)方能真正落实,方可做到"从心所欲,不踰矩"(《论语·为政》),而这也就是仁心发明之人的仁境。在孔子思想中,仁境并不意谓着世界实然性和必然性的改变,所改变者是"对象性"看待世界的方式以及自处样态。基于自觉心的发明,己不再把他人当对象性存在,而是当作与己一样有着价值自觉的感性存在者,己与他人之间的区分亦不再是主体与对象的区分,而是有着不同"名分"的主体。这些不同"名分"主体在"己欲立而立人,己欲达而达人"(《论语·雍也》)中,由对象性的在世样态走向天人一体的在世样态,亲近地共在于生活世界之中,如此仁境既不同于内不成就德性,外不成就文化的道家境界,也不同于视现实为虚幻,惟求彼岸超脱的佛家境界,而是以主体心性自觉在现实生活世界中,中介着中庸与高明两端,在成己、成人、成物[①]中既在世又超越着。

五、余论

世界由人和天构成。世界无形不可见,有形可见者是具体之人与多样性之天地万物。人和天是"两",世界是"一"。

人与天相对,是构成世界的一端。人既指一种存在者,亦指此特殊存在者之作为。世界蕴含着人,但人又可以整体地去观和思世界,人作为构成世界的存在者,并不能跳出世界来观和思世界,而是通过天地万物去观和思世界。人何以能如此?因为人能言,人通过言去观和思世界。人作为语言性存在者,所观和思之天地万物并非纯粹天然之自在存在者,而是能且已被人在语言中所把握者。

天与人相对,是构成世界的另一端。天即天地,天地是万物之总名,并

---

① 正如杨树达所言:"儒家学说,欲使人本其爱亲敬兄之良知良能而扩大之,由家庭以及其国家,以及全人类,进而至于大同,所谓亲亲而仁民,仁民而爱物也。"(参见杨树达:《论语疏证》,载《四部要籍注疏丛刊·论语》,中华书局,1998 年,第 2490 页)

非苍茫之谓,有形可见之天空和大地同其他万物一样呈现为自然样态,体现着天。自然既指有形可见的多样性的天地万物所显现者,又指多样万物中的统一性。自然并不是自然界这一实体,而是与人为相对的不为而然。由此可知,天既指物,又指物不为而然之物性。没有人,物已存在,只不过物这样的存在者还不能称之为物;人出现后,当人在语言中去称谓物时,物才可以称之为物。而且,人对物的作为又使物进一步分裂为自在之物与为我之物,人的作为在将物对象化的同时,也将人自身工具化和物化。世界之为世界,便在于人与天相对,在于自在之物化为为我之物。与物之不为而然的本然存在样态相比,世界中的物被人化了,人在将自在之物人化的同时,自身也被物化。物的人化与人的物化,是人在世的必然过程,人之思便发生在这个时域中,人之觉悟与超越境界在此基础上方可展开。

荀子道德治理思想的形上之思*

刘桂荣（安徽师范大学政治学院）

社会转型期，受拜金主义、物质享受思想等的影响，社会道德弱化、伦理失序的现象比较严重，党的十八大报告指出要"深入开展道德领域突出问题专项教育和治理"。法律法规固然能对危害社会与个体的行为和结果进行惩罚，但是这种事后的惩处已经无法避免所造成的损害，因此社会秩序的维护与治理应采取预先的道德教育。道德问题首先还是需要在道德领域、道德层面进行"道德治理"。

那么如何开展道德治理呢？这既要直面道德问题，又需要寻求道德治理资源，探讨道德治理理论。中国传统社会与文化重视道德教育，因此从传统文化中发掘道德治理的理论资源不失为一种有益的思考方式。荀子思想中蕴涵着丰富的道德治理内容，本文试图从道德治理的逻辑起点、现实基石、治理路径和价值目标等四个方面发掘荀子的道德治理思想，希望为当下道德建设提供可资借鉴的理论资源。

一、人性恶：道德治理的逻辑起点

人性问题，是道德哲学，乃至人文学科的逻辑起点。对道德问题的思考，中西都设定在人性上，所不同的是，西方无论主张人性善还是恶，对人性的思考和把握大多秉承纯粹理性方式，而中国道德哲学则持守实践理性方式。

在中国先哲们看来，对人的本性的认知不是也不能是一种知识，而是一种信念，是一种情感体验，因此，在论述人性问题上无论主张性善还是性恶，都是一种价值预设，其价值原理和价值指向都是道德问题。在孟子看来，"恻隐之心，人皆有之；羞恶之心，人皆有之；恭敬之心，人皆有之；是非之心，人皆有之。恻隐之心，仁也；羞恶之心，义也；恭敬之心，礼也；是非之

---

* 本文为国家社科基金项目"当前道德领域突出问题及应对研究"（13AZX020）阶段性成果。

心,智也。仁义礼智,非由外铄我也,我固有之也,弗思耳矣"(《孟子·告子上》)。我们可以看出,孟子主张每一个体都有善性,都有成圣成贤的可能,因此,人性善论"与其说是要揭示人性的'真实',不如说是揭示人性的'应然'、人性的'当然'"。① 而且,孟子还主张道德主体的道德人格是平等的,"人皆可以为尧舜"(《孟子·告子下》)。因为人皆性善,道德规范就不是对人性的约束和人的行为的限制,而是人的本性生长和德性呈现。道德问题的治理就不要政治强控,每个人只要呈现本性,自觉履行"由仁义行"的当然之则,致力于心性品格本身的修养和提升,并以此为标准对现实进行比照、批判。因此,孟子的道德治理思想呈现出超越性的理想主义精神和强烈的道德主义趋向,而这种求助于内在超越性的道德主体的道德治理模式,在争霸逐利的战争年代流产了。

　　荀子一改孟子的思路,以"性恶"作为价值预设和其道德问题治理的逻辑起点。荀子认为人是充满物欲的感性存在,人的自然秉性主要是人有类似于动物的情欲,而情欲的满足势必会指向"恶"。"恶"本身并不可怕,可怕的是如果对"恶"不加治理,而是顺性恣情,物欲必将横流,社会必将出现嫉妒憎恨的心理,争抢掠夺甚至残杀陷害的行为,其后果不可设想。荀子说:"今人之性,生而有好利焉,顺是,故争夺生而辞让亡焉;生而有疾恶焉,顺是,故残贼生而忠信亡焉;生而有耳目之欲,有好声色焉,顺是,故淫乱生而礼义文理亡焉。然则从人之性,顺人之情,必出于争夺,合于犯分乱理而归于暴。"(《荀子·性恶》)因为人性本恶,社会必须要基于普遍性和正当性规则来加以约束,古代圣贤先王通过彰明礼义教化等方式进行社会治理的立足点就在此。荀子说:"故古者圣人以人之性恶,以为偏险而不正,悖乱而不治,故为之立君上之势以临之,明礼义以化之,起法正以治之,重刑罚以禁之,使天下皆出于治,合于善也。"(《荀子·性恶》)

　　荀子提出了性恶论与孟子性善论相对抗,试图调节应然与必然之间内在的矛盾与张力。表面上看,性善和性恶大相径庭,其实不然,性善和性恶应该是殊途同归。荀子言性恶,其目的是论证圣人创制礼法以制约和矫治人性,以突显道德问题治理的必然性与合理性;孟子言性善,也是为其道德

---

① 樊浩:《道德形而上学体系的精神哲学基础》,中国社会科学出版社,2006 年,第 12 页。

荀子道德治理思想的形上之思　65

治理提供一个合法的依据，只不过，他把道德责任交给个体而已。因此，孟荀断定人性善恶，看似是中国人性哲学的价值结构的悖论，其实，本质并无多少区别，他们无非为各自道德问题的治理预设了个理论依据而已。从历史唯物主义来看，人性本身无善无恶，更没有永恒不变的抽象的人性，"整个历史也无非是人类本性的不断改变而已"。① 从善恶本身特性来看，它们具有相对性。黑格尔说："自然的东西自在地是天真的，既不善也不恶，但是一旦它与作为自由的和认识自由的意志相关时，它就含有不自由的规定，从而是恶的。"② 从道德治理的逻辑演进来看，性恶强调了道德治理的必要性，它是道德治理的逻辑起点，性善高扬了道德治理的可能性，它是道德治理的价值目标，双重分裂的人性内在地存在着互通和圆融，宋明理学"天命之性"与"气质之性"就是这双重人性逻辑的历史演进。

　　总之，荀子以性恶作为道德治理的逻辑起点，将思考的重心落实到理想社会的现实构建问题上，充分地体现了儒学适应历史发展趋势的能力。尽管受制于思孟以来儒学的主流传统，荀子价值立场上仍有明显的理性主义成分，但其对人性特质的重新定位，开启儒学由德性理性主义走向德性实践主义先河。那么，荀子的德性实践主义的特征又是什么呢？从道德治理的角度来看，荀子的德性实践主义表现在对礼欲关系的重新厘定。

二、以礼养欲：道德治理的现实基石

　　追求富裕舒适的生活，是人性共有的基本追求。孔子就说过："富与贵，是人之所欲也。"（《论语·里仁》）现代社会学三大奠基人之一的马克斯·韦伯说："获利的欲望，对营利、金钱（并且是最大可能数额的金钱）的追求……这样的欲望存在于并且一直存在于所有的人身上……可以说，尘世中一切国家、一切时代的所有的人，不管其实现这种欲望的客观可能性如何，全都具有这种欲望。"③ 但如果人们对财富过分地追逐索取，道德和美德就会失去现实的关联，社会陷入无道德、无规则的无序状态抑或所谓的"潜

---

① 马克思、恩格斯：《马克思恩格斯选集》第 1 卷，人民出版社，1995 年，第 172 页。

② 黑格尔：《法哲学原理》，范扬等译，商务印书馆，1961 年，第 145 页。

③ 马克斯·韦伯：《新教伦理与资本主义精神》，于晓、陈维纲等译，三联书店，1987 年，第 7—8 页。

规则"肆意横行状态之中。

那么,如何对待欲望? 儒家主要持两种主张。第一种以孔孟尤其是孟子为主要代表,他们强调要以义制利、"养心寡欲"。在孟子看来,人性本善,在人性之善的内驱力作用下,人的精神活动有向善的潜质,而在现实生活中,人的善性常常被自己欲望所遮蔽,如何将人的善性加以保存并得以外显,这需要施以"养"的工夫:"故苟得其养,无物不长;苟失其养,无物不消。孔子曰:'操则存,舍则亡;出入无时,莫知其乡。'惟心之谓与?"(《孟子·告子上》)而最好的"养心"的方式又是什么呢? 孟子认为是"寡欲":"养心莫善于寡欲。"(《孟子·尽心下》)

第二种以荀子为代表,他强调以礼养欲。在荀子看来,"欲"需要"礼"的给养。只有"礼"的给养,人心之欲与自然之物才能共生共赢,相持而长。荀子说:"先王恶其乱也,故制礼义以分之,以养人之欲,给人之求,使欲必不穷乎物,物必不屈于欲,两者相持而长。"(《荀子·礼论》)"欲"更需要"礼"的规约,没有"礼"的规约,欲望就会无限地扩大和膨胀,最终导致社会纷争而无法治理:"人生而有欲,欲而不得,则不能无求;求而无度量分界,则不能不争;争则乱,乱则穷。"(《荀子·礼论》)

"以礼养欲"是荀子道德治理思想的现实基石。为什么这样说呢? 辩证唯物主义认为,衣食住行是人类生存的第一需要,所以,趋利避害,追求感官享受是人类共有的特性。当人们只有物质生活得以基本保障的时候,人们才有可能遵守道德礼法,正所谓仓廪实才能知礼节。如果离开基本物质生活,而空谈道德,就像马克思所说的,思想一旦离开利益,就会使自己出丑。道德治理也是如此,如果我们不考虑个人基本物质欲望的满足,而是一味地强调道德,道德就可能陷入空洞说教的困境。所以,荀子以礼养欲思想具有唯物主义的倾向,这个思想具有以下积极意义:

第一,欲望是人们共同的情感需求。在荀子看来,追求物质享受是人们共有的情感特征,具有合情性。荀子说:"目辨白黑美恶,耳辨音声清浊,口辨咸酸甘苦,鼻辨芬芳腥臊,骨体肤理辨寒暑疾养,是又人之所常生而有也,是无待而然者也,是禹桀之所同也。"(《荀子·荣辱》)在荀子看,不管君子还是小人,其欲望都是相同的。他还说:"夫贵为天子,富有天下,名为圣王,兼制人,人莫得而制也,是人情之所同欲也,而王者兼而有是者也。重色而衣之,重味而食之,重财物而制之,合天下而君之;饮食甚厚,声乐甚大,台谢甚高,园囿甚广,臣使诸侯,一天下,是又人情之所同欲也,而天子之礼制如是者也。"(《荀子·王霸》)荀子肯定欲望是人们共同的情感需求,为我们当下经济建设提供了理论支持,也只有肯定欲望是人类共有特性,我们才能找到道德治理的现实基石。

第二,欲望是一种自然实存状态。欲望是人们共有的自然实存的,因此,统治者要想治理好社会,就要因势利导,而不是消除欲望。荀子说:"以所欲以为可得而求之,情之所必不免也。以为可而道之,知所必出也。故虽为守门,欲不可去,性之具也;虽为天子,欲不可尽。"(《荀子·正名》)因此,对于禁欲主义者像陈仲和史鳝,荀子进行猛烈地抨击,认为他们不合乎礼义,他们的言论充其量不过是故作高深、立异离群而已:"忍情性,綦溪利跂,苟以分异人为高,不足以合大众,明大分。……是陈仲、史鳝也。"(《荀子·非十二子》)只有看到欲望是自然实存的,道德治理才不会陷入超验主义。

第三,欲望满足必须要合理。追求物质享受,是人的天性,具有合理性。荀子说:"欲不待可得,而求者从所可。欲不待可得,所受乎天也。"(《荀子·正名》)荀子认为,欲望多寡与社会治理不存在正相关性:"有欲无欲,异类也,生死也,非治乱也。欲之多寡,异类也,情之所也,非治乱也。"(《荀子·正名》)但人们要满足物质欲望的享受要有条件限制,荀子说:"夫人之情,目欲綦色,耳欲綦声,口欲綦味,鼻欲綦臭,心欲綦佚。此五綦者,人情之所必不免也。养五綦者有具。无具,则五綦者不可得而致也。"(《荀子·王霸》)也就是说,满足人们的欲望,并不是任由物欲横流,而要合乎"理",才不会造成社会混乱:"心之所可中理,则欲虽多,奚伤于治?"(《荀子·正名》)对于不合乎"理"的禁欲主义者,荀子持批判的态度,同样,对于不合乎"理"的纵欲主义者,荀子也是持批判的态度的。他说:"纵情性,安姿睢,禽兽之行,不足以合文通治……是它嚣、魏牟也。"(《荀子·非十二子》)欲望满足必须合乎理,这为道德治理提供了现实根基。

我们认为,道德自产生起,它最终都会涉及到个体的利益,一切道德意识、道德情感和道德行为都会在个人自我意识中产生、表达和展现。因此,在道德治理问题上,"需要高度重视利益机制的调节作用,采取多种具体措施,通过协调现实的利益关系来发挥其约束或者导向作用"。①

三、隆礼重法：道德治理的两条进路

道德治理"指的是道德承担'扬善'和'抑恶'两个方面的社会职能,用'应当—必须'和'不应当—不准'的命令方式,发挥调整社会生活和人们行为的社会作用"。② 其中"抑恶"是道德治理的逻辑基点,强制性法律禁止是其目标实现的进路,而最终目的是"扬善"。如何达到"善"的目标,这需要"礼治"来实现。因此,荀子隆礼重法思想是实现道德治理两大功能的两条进路。在社会治理中,荀子非常推崇、推重"礼"对治国安邦的重要功能,同时,他又把"法"引进儒家的礼治治国方略中来,强调国家治理要"隆礼重法"。他说:"隆礼重法,则国有常。"(《荀子·君道》)"治之经,礼与刑,君子以修百姓宁。"(《荀子·成相》)

第一,道德治理就是礼治。道德治理的过程就是对于人的道德存在进行规范设计的过程,道德治理的主要进路就是礼治。荀子说:"请问为人君?曰:以礼分施,均遍而不偏。请问为人臣?曰:以礼待君,忠顺而不懈。请问为人父?曰:宽惠而有礼。请问为人子?曰:敬爱而致文。请问为人兄?曰:慈爱而见友。请问为人弟?曰:敬诎而不苟。请问为人夫?曰:致功而不流,致临而有辨。请问为人妻?曰:夫有礼,则柔从听待,夫无礼,则恐惧而自竦也。"(《荀子·君道》)礼有治理功能,为道德实现提供了有力保障,"故先王案为之制礼义以分之,使有贵贱之等,长幼之差,知贤愚能不能之分,皆使人载其事,而各得其宜。然后使谷禄多少厚薄之称,是夫群居和一之道也"(《荀子·富国》)。只有隆礼,人们才能恪守本分,"君臣上下,贵贱长幼,至于庶人,莫不以是为隆正,然后皆内自省以谨于分"(《荀子·王霸》)。礼治对于道德治理的积极意义在于:对普通民众来说,礼治形成的完善的制度能够起到纯化民情的作用,"起礼义,制法度,以矫饰人之情性而正之,以扰化人之情性而道之也。使皆出于治,合于道者也"(《荀子·性

① 王露璐:《经济和伦理的内在统一：道德治理的范式转换》,《安徽师范大学学报（人文社会科学版）》2014 年第 1 期。

② 钱广荣:《道德治理的学理辨析》,《红旗文稿》2013 年第 13 期。

恶》）；礼治将"软约束力"道德提升为一种规范的制度,将权力关进制度的笼子里,从而约束权力的使用。

第二,道德治理也要借助法。礼对讲道德的人非常有约束力,但是对不讲道德的人来说,礼治是苍白无力的,这就需要法治。荀子说:"礼义者,治之始也。"（《荀子·王制》）"法者,治之端。"（《荀子·君道》）对统治阶级来说,法能够改善礼的柔弱性,所谓"百官则将齐其制度,重其官秩,若是,则百吏莫不畏法而遵绳矣"（《荀子·王霸》）。但是道德治理不能完全依赖于法,他站在儒家的立场上对法家之法给予了严厉批判:"法并非天下之治道,纯粹的法将造成人们谋利不谋道,最终导致国家败亡。"①在荀子看来,如果道德治理完全依赖于法,则"凡人之动也,为赏庆为之,则见害伤焉止矣。故赏庆刑罚势诈不足以尽人之力,致人之死"（《荀子·议兵》）。所以,对于个体来说,礼法是修身之要道,我们都必须学习它们:"学也者,礼法也。"（《荀子·修身》）对统治阶级来说,如果"隆礼尊贤"实现仁政就能称王天下;不能做到"隆礼尊贤",却能做到"重法爱民"也能称霸天下。如果两者都不能做到只能亡国了:"粹而王,驳而霸,无一焉而亡。"（《荀子·王霸》）因此,统治阶级只有隆礼重法,才有四海升平的气象,荀子说:"治之经,礼与刑,君子以修百姓宁,明德慎刑,国家既治四海平。"（《荀子·成相》）

荀子隆礼重法的治理方略,受到儒家后学所推重,《汉书·贾谊传》所说的"礼者禁于将然之前,而法者禁于已然之后"思想就是对荀子隆礼重法治国理念的发挥。礼是用来防范于未起的,而法则是对已经实施的违法犯罪和严重不道德的行为加以制止的,两者相互补充,构成社会稳定的现实基础。

礼治与法治历来被视为促进社会稳定和人的发展不可或缺的因素,从道德治理本身来看,加强道德治理的目的在于建立良好的社会秩序,而良好的社会秩序需要以礼法为核心的制度为其提供保障。道格拉斯·诺思曾经说过:"制度是一系列被制定出来的规则、守法程序和行为的道德伦理规范,它旨在约束追求主体福利或效用最大化利益的个人行为。"②就制度制定本

---

① 郭淑新:《荀子隆礼重法思想的逻辑起点与价值目标》,《法学杂志》2016年第2期。

② 道格拉斯·C.诺思:《制度、制度变迁与经济绩效》,刘守英译,三联书店,1994年,第225—226页。

身而言,它是为了避免人与人之间相互残害,限制主体的行为使之不致妨碍他者的利益而获得人际交往的相容性,这是社会得到延续的前提。对于一个制度来说,如果不具正义性,就像罗尔斯说的,不谈制度性正义只谈个人的道德修养和完善,且对个体提出种种严格的道德要求,就如同充当了一个牧师的角色,即便个人真诚地相信和努力遵奉这些要求,也可能只是一个好牧师而已。①

因此,只有当制度存在和发展的理念符合伦理道德的正义精神,制度才能发挥它应有的功能,为社会治理服务。我们现在进行的以"清权、确权、配权、晒权和制权"为其内容的权力改革,目的就是为权力的行使打造透明的制度笼子,让当权者不能腐,不敢腐。但道德治理的目的是要优化人们的生存空间,提高人们的精神境界,也就是说,让当权者不想腐,自觉地成为道德情操高尚的君主,这才是道德治理想要实现的目标。

四、成为圣人:道德治理的价值目标

道德治理的最终目的是将道德主体培育成为一个有道德的人,荀子道德治理的目标是将人培育成为圣人。在荀子思想中,圣人、君子、君都是理想人格的化身,成为圣人是人们学习和行动的目标,也是道德治理的最高目标。在荀子看来,人刚生下是没有区别的,但后天的教育将让人发生了很大的变化:"干、越、夷、貉之子,生而同声,长而异俗,教使之然也。"(《荀子·劝学》)并且,圣人、凡人甚至小人其本性是没区别的,"凡人之性者,尧、舜之与桀、跖,其性一也;君子之与小人,其性一也"(《荀子·性恶》)。那么为什么有的人成为圣人,而有的人却成为历史的罪人呢?这是道德教育与治理的结果。那么如何成就圣人呢?

第一,"诚"德的培育。"诚"既是天道,也是人的母德。"诚"在荀子那里不只是一种德性,而是世界万物有规律运行的动力源。作为动力源的"诚"的运作,能够沟通天地、人我,达到内外合一,人我合一和天人合一的道德境界。荀子说:"变化代兴,谓之天德。天不言而人推高焉,地不言而人推厚焉,四时不言而百姓期焉:夫此有常以其至诚者也。"(《荀子·不苟》)所以,

① 罗尔斯:《正义论》,何怀宏、何包钢、廖申白译,中国社会科学出版社,1988年,第22页。

天地之间，唯诚而已，如果没有诚就没有天地万物。社会治理也是如此，没有诚，社会将处于无序的状态。荀子说："天地为大矣，不诚则不能化万物；圣人为知矣，不诚则不能化万民；父子为亲矣，不诚则疏；君上为尊矣，不诚则卑。夫诚者，君子之所守也，而政事之本也，唯所居以其类至。操之则得之，舍之则失之。操而得之则轻，轻则独行，独行而不舍，则济矣。济而材尽，长迁而不反其初，则化矣。"（《荀子·不苟》）作为个体来说，对"诚"感的培育更是理想人格培育的最高目标，"君子养心莫善于诚"（《荀子·不苟》）。

其实，以"诚"为核心的诚信问题一直是中西伦理学关注的焦点问题，在西方，传统伦理把诚信作为社会成员的一般义务和要履行的责任。即便到了当代，诚信仍是他们关注的重点，如哈贝马斯就把真诚性看作合理的社会交往过程之所以可能的基本前提。对于现在的我们来说，诚信是一种责任，更是道德治理不可缺少的品质。"在有序的社会交往结构中，以诚相待和言必信，既是这种交往秩序所以可能的条件，也是交往双方应尽的基本责任，一旦个体置身于这种交往关系，则同时意味着承诺了这种责任。"①

那么，在实践的层面上主体又如何践行"诚"呢？这需要"慎独"和"自省"。

第二，"慎独"的功夫。"慎独"是先哲们倡导的一种自我约束方法。《礼记·中庸》中说："道也者，不可须臾离也，可离非道也。是故君子戒慎乎其所不睹，恐惧乎其所不闻。莫见乎隐，莫显乎微，故君子慎其独也。"君子在独处的时候，也要恪守中庸之道、职业操守，不能自欺，更不能欺人，因此，"慎独"与"诚"是直接联系的："诚于中，行于外。故君子必慎其独也。""所谓诚其意，毋自欺也。如恶恶臭，如好好色，此之谓自谦，故君子必慎其独也！"（《大学》）荀子更是认为"善之为道者，不诚则不独"（《荀子·不苟》），因此"慎独"需要个体就是"诚"的功夫，只有德性于内，才有德行于外。

第三，自省的精神。个人的自我约束除了"慎独"之外，还要"自省"，自省是儒家实践学说中的一种基本精神。孔子说："见贤思齐焉，见不贤者而内自省也。"（《论语·里仁》）曾子说："吾日三省吾身：为人谋而不忠乎？与朋友交而不信乎？传不习乎？"（《论语·学而》）常常要自我反省也是荀

---

① 杨国荣：《道论》，北京大学出版社，2011年，第214—215页。

子一贯的主张。荀子说:"见善,修然必以自存也;见不善,愀然必以自省也。善在身,介然必以自好也;不善在身,灾然必以自恶也。"(《荀子·修身》)修身之本在于向善,见到善的品质就要吸纳它,见到不善的恶性就要谨防它。内省的关键是道德主体,而不在他人,"君子苟其在己者,而不慕其在天者"(《荀子·天论》)。"在己者"就是要内省,内省就会使自己知明无过、自觉向善。内省是通过不断的自我学习、反省,达致诚明。道德主体只有经常地自我反省,才能提升和转化自己的修养,从而完善自我人格。这种人格的自我完善是道德主体出于自由意志的自我完善,是对行为规则之内涵、性质和意义等内化的结晶。内省使道德主体在理性和意志主导下,自觉地提升自我,抵御腐败。

目前,对如何反腐问题,许多人都强调要建立健全制度,才能从根本上杜绝腐败问题。的确,制度反腐非常重要。但是,纯粹靠制度反腐有其局限性,这是因为,从制度的确立和运行来看,它都要靠个体的人,正如荀子所说:"法者,治之端也;君子者,法之原也。"(《荀子·君道》)个体的道德品质、行为习惯都会对制度产生影响,尤其是以伦理见长的中国,人际关系、社会风气对制度能否发挥作用有重要的影响。因此,反腐首先要建立好制度,让腐败分子不敢腐、不能腐;更要培育他们道德情操,让他们不想腐,这也是反腐要达到的最高境界。对党员干部来说,培育高尚的道德情操更为重要,因为优秀的品格是党员干部成长之基、事业之本,是个体作风建设的新标杆。

综上所述,荀子道德治理思想在当下非常有研究价值,人性本恶为道德治理逻辑起点,它告诉人们,趋利避害是人类的特性,因此,我们不能杜绝这种恶,而是因势利导。荀子隆礼重法思想告诉我们,道德治理要想成功,需要得到具有正义特征的制度的有效支持,通过秉承正义而惩治不义,倡导美德而反对邪恶,"把权力关进制度的笼子里"等举措,规范权力的行使,让人们的生命、财产和尊严得到保障。但单凭制度进行社会治理,它只能达到"勿作恶"的消极正义,要想良好的社会秩序得以真正地确立,需要培育具有理想人格的圣人,这样才能赋予美德真正的力量,我们每个人才有可能惬意地栖居。

"元亨利贞"中的儒家性命智慧*

余亚斐（安徽师范大学政治学院）

《乾》卦以"龙"喻君子,君子之德晖,以个体修身言之,有始有终,以文明德化而言,无有穷尽,犹如"龙"由"潜龙"入于"亢龙",在《乾》卦中由初九而至上九,故《乾·象》曰:"大明终始,六位时成,时承六龙以御天。"《乾》卦六爻,既象征天道万物运行之轨迹,从萌生、进长、盛壮乃至衰亡;又彰明君子修德行命之过程,尽心而成性,成性而安命。六爻时行,合于"元"、"亨"、"利"、"贞"之四德。"元者,善之长",为万物之源、先天之理、道德本体,人秉受天命,继天成性,故有"初",止于先天,未加修琢,故曰"潜",卦中以初九配"元"。"亨者,嘉之会也",君子习礼积德,时通无碍,故以九二、九三、九四配"亨"。"利者,义之和也",君子"明明德",修己以安人,修己以安百姓,"飞龙在天",天下归仁,以九五配"利"。"贞者,事之干也",干举万事,必要久常,既有"亢龙"之悔,又变"群龙无首",新人辈出,文明传承,周而复始,天道不失,故以上九、用九配"贞"。

一、"元":体天继性,善守仁心

《乾》卦辞首言"元","元"为万物之始,于六爻中对应初九。初九爻辞曰:"潜龙勿用。"从"元"上讲,"潜龙"具有"龙"质,故可为"龙",但一阳初生,虽有先天之心,尚未经过后天修德工夫而扩充成性,实未成"龙"。故君子体察先天道心,继之为善,并善守仁心,渐之以修德成性。

"元"于天道而言,为天地之始、万物本原,正如《周易正义》引《子夏传》曰:"元,始也。"[①]《周易集解》引《九家易》曰:"元者,气之始也。"[②]程颐曰:

---

* 本文为 2018 年度安徽省哲学社会科学规划项目《〈周易〉道德智慧研究》（AHSKF2018D69）阶段性成果。

① 王弼、韩康伯注,孔颖达正义:《周易正义》,中国致公出版社,2009 年,第 9 页。

② 李鼎祚集注,王鹤鸣、殷子和整理:《周易集解》,中央编译出版社,2011 年,第 3 页。

"元者万物之始。"① 杨万里曰："其阴阳未形之初乎肇而一谓之元。"② 所以，"元"为万物始基，体现了天的开创性。于人道来说，"元"又为道德本体、心性之质。《中庸》曰"天命之谓性"，"天命"是天道作为、人性之始，人秉受天命而得其"性"，此"性"即"心"，犹如孟子所谓"恻隐"、"羞恶"、"辞让"、"是非"之心，人皆有之，"几希"易失，隐而未彰，谓之"四端"。所以，"元"是善之本原，是君子修德的先天依据。正如《乾·文言》曰："元者，善之长也。"此"长"为众善之源头，为仁心、良知，犹如一年之始，于时为春。后人解《乾》，无不发挥"元"的道德本体意义，如李鼎祚曰："元为善长，故能体仁。仁主春生，东方木也。"③ 程颐曰："四德之元，犹五常之仁。"④ "体仁，体元也。"⑤ "元"为万物与人性之本原，万物之生灭与文明之盛衰，无不从"元"中而来，又因"元"源源流长而无所穷尽，故"元"为始、为大、为常、为无穷。正如《乾·彖》赞曰："大哉乾元！万物资始，乃统天。"朱熹释曰："'乾元'，天德之大始，故万物之生皆资之以为始也。又为四德之首，而贯乎天德之始终，故曰'统天'。"⑥ "元"虽为一阳复生，但又是宇宙万物生成与发展的原动力，且无有始终，周流不殆，《乾》之九二、九三，直至上九，皆是"元"之发动，用九之所以能使"亢龙"死而复生，冬尽春生，从根本上来说，亦是"元"之动力使然。由此可见，"元"虽为初始，却内涵一切，犹如孟子所谓"万物皆备于我"，故君子体天之本原，继元之始善，以此存心养德。

《乾》之初九与"元"相应。初九一阳初生，与《复》卦为应。孔颖达曰："乾之初九，则与复卦不殊。"⑦《周易集解》引干宝曰："阳在初九，十一月之时，自复来也。"⑧ 把握《复》卦，有助于厘清《乾》卦初九之义。《复》卦下《震》上《坤》，象征一阳初动，正气回复，生机更发。《复·彖》曰："复，其见天

① 程颐撰，王孝鱼点校：《周易程氏传》，中华书局，2011 年，第 1 页。
② 杨万里：《诚斋易传》，九州出版社，2008 年，第 4 页。
③ 李鼎祚集注，王鹤鸣、殷子和整理：《周易集解》，第 6 页。
④ 程颐撰，王孝鱼点校：《周易程氏传》，第 3 页。
⑤ 程颐撰，王孝鱼点校：《周易程氏传》，第 5 页。
⑥ 朱熹撰，廖名春点校：《周易本义》，中华书局，2009 年，第 32 页。
⑦ 王弼、韩康伯注，孔颖达正义：《周易正义》，第 12 页。
⑧ 李鼎祚集注，王鹤鸣、殷子和整理：《周易集解》，第 1 页。

地之心乎？"《复·象》曰："复，先王以至日闭关，商旅不行，后不省方。"由此可见，《乾》卦初九正合"元"之天地之心，爻辞说："潜龙勿用。"其"潜"，也正象征着一阳之初，处心性之微、端，君子以此体天继性，善守仁心。正如尚秉和曰："潜，隐也。阳息初，《复》，一阳伏群阴之下，故曰潜。"[①]朱骏声曰："阳气动于黄泉，既未萌芽，犹是潜伏。"[②]君子重始，重微。始、微者，一心也。一心不失，保守元德。曹交问曰："人皆可以为尧舜，有诸？"孟子曰："然。"（见《孟子·告子下》）正是从"潜"字上来说，"潜"即是心源，人人先天皆是"潜龙"。

心性有得而未成曰"潜"，不能施行，正如《乾·文言》引孔子曰："龙德而隐者也。不易乎世，不成乎名。"尚秉和释曰："易，治也。初潜于下，与世无涉，故曰不易世，不成名。"[③]"潜龙"虽"勿用"，恰是尽心养性之时，犹如君子"先难而后获"，正是由于初九潜心修养，方有九二大人之现。正如孔颖达曰："第一言'初'者，欲明万物积渐，从无入有。"[④]今人姜广辉也说："'潜龙勿用'，不是说潜在那个地方不学习，等待机会。实际上，这是最好的充实自己、完善自己的时候。"[⑤]君子于初九时，安住仁心，潜移默化，"富贵不能淫，贫贱不能移，威武不能屈"（《孟子·滕文公下》），虽潜而未行，却一心不闷，"仁者不忧"，此谓"潜龙"之德、初九之义。

二、"亨"：尽心养德，知命行义

经历初九"潜龙"确然不拔的坚定，方有九二的"大人"气象。《乾》卦的根本精神是"健"，《乾·象》曰："天行健，君子以自强不息。"君子遇《乾》卦，虽具九二之"君德"，却效法天行，自强勉力，无恒安息，故进而有九三之"终日乾乾"、反复其道，更有九四之知命行义、革潜为跃。此三爻既不同于初九秉受天元之德、纯然无伪，亦不同于九五位居尊位、德化天下，而是处处体现了君子的后天修身工夫，是众美会集而成德的过程，故与"亨"相应。

---

① 尚秉和著，张善文点校：《周易尚氏学》，中华书局，2016年，第4页。
② 朱骏声：《六十四卦经解》，中华书局，1953年，第5页。
③ 尚秉和著，张善文点校：《周易尚氏学》，第11页。
④ 王弼、韩康伯注，孔颖达正义：《周易正义》，第10页。
⑤ 姜广辉讲演，吴国龙、普庆玲整理：《易经讲演录》，中华书局，2013年，第10页。

《乾》卦辞曰："元，亨，利，贞。"亨，指亨通，《正义》引《子夏传》曰："亨，通也。"①"亨"是人在秉受先天元德的基础上，进而巩固并扩充至人性，是人性的形成与人生道路（仁）的展开过程，"性"而亨通，表现为德，正如《乾·文言》曰："'乾，元'者，始而亨者也。"所以，"元"者，"健"之源也，"亨"者，"健"之成也；无"元"，则不能有"亨"，无"亨"，则不能成"元"，"本立而道生"。《乾·文言》曰："亨者，嘉之会也。""亨"，是率性修德之义，"会"者，聚合，德性充满之义，犹如"嘉之会"。"亨"，君子继天命而修人德，天人相通，故释"亨"为"通"，如《周易集解》引《九家易》曰："通者，谓阳合而为乾。众善相继，故曰'嘉之会也'。"②众善会聚，必由礼而成。颜渊请问修德之"目"，子曰："非礼勿视，非礼勿听，非礼勿言，非礼勿动。"（《论语·颜渊》）德无礼不成，人非礼不立，故《乾·文言》曰："嘉会足以合礼。""礼"是达于"亨"的必要条件。正如程颐所说曰："得会通之嘉，乃合于礼也。不合礼则非理，岂得为嘉？非理安有亨乎？"③君子依礼而行，养气而尽心，尽心而成性，犹如生命在甘霖的滋养下逐渐发展壮大，万物各得亨通，无所壅蔽，故《乾·象》曰："云行雨施，品物流行。"此番景象，正像夏天，叶繁枝茂，故"亨"配夏时，正如李鼎祚曰："亨为嘉会，足以合礼。礼主夏养，南方火也。"④朱熹曰："亨者，生物之通，物至于此，莫不嘉美，故于时为夏，于人则为礼，而众美之会也。"⑤人性的亨通，是一个渐进的过程，犹如孔子"十有五而志于学，三十而立，四十而不惑，五十而知天命"（《论语·为政》），所以，"亨"又需要在九二、九三与九四中逐步展现，人性亦在此中反复锤炼，臻于完善。

九二继初九而来，初九率性以进，以成九二。九二爻辞曰："见龙在田，利见大人。""见"者，"现"也。"大人"，心之扩充、德之显著者也。所以，"龙"由"渊"升"地"，为成己之道，正如程颐曰："田，地上也。出见于地上，

① 王弼、韩康伯注，孔颖达正义：《周易正义》，第9页。
② 李鼎祚集注，王鹤鸣、殷子和整理：《周易集解》，第5页。
③ 程颐撰，王孝鱼点校：《周易程氏传》，第6页。
④ 李鼎祚集注，王鹤鸣、殷子和整理：《周易集解》，第6页。
⑤ 朱熹撰，廖名春点校：《周易本义》，第35页。

其德已著。"① 初九是"潜",九二是"见",由"潜"入"见",是初九德性蓄养的必然结果,如《乾·文言》曰:"'见龙在田',时舍也。"尚秉和释曰:"舍者,蓄也,养也。"② 因此,德行的养成离不开长时间的积累,犹如颜回,"其心三月不违仁"(《论语·雍也》)。同时,君子之德还离不开学思问辩与道德践履,《乾·文言》曰:"君子学以聚之,问以辩之,宽以居之,仁以行之。"只有在知与行的交互修养之下,方可成就君子之德。

从爻位来看,九二处下卦中爻,得其中,但阳处阴位,不得正位。九二虽不当位,却能诚于中、谨言行、不自伐,老子曰:"上德不德,是以有德。"(《道德经》)此德尤其适宜于初建德基的贤人,以此才能日进无疆,故九二终能得其中正。正如《乾·文言》引孔子曰:"龙德而正中者也。庸言之信,庸行之谨;闲邪存其诚,善世而不伐,德博而化。"尚秉和释曰:"庸言、庸行,中也。中则言必信,行必谨矣。"③《周易集解》引宋衷曰:"闲,防也。防其邪而存诚焉。二在非其位,故以'闲邪'言之。能处中和,故以'存诚'言之。"④《乾》卦九二又与《临》卦相应,孔颖达曰:"乾之九二,又与临卦无别。"⑤ 尚秉和曰:"阳息至二,《临》,阳出地上,由潜而显。"⑥《临》卦下《兑》上《坤》,其《象》曰:"说而顺,刚中而应。大亨以正,天之道也。"此为九二处"亨"能中正之佐证。九二中正,为内圣之道,虽无九五"上治"之位,但体仁正己,而民自化,虽无君位,而能行君王德化之功,故《乾·文言》赞曰:"德博而化"、"天下文明"。王弼曰:"德施周普,居中不偏,虽非君位,君之德也。"⑦ 朱熹曰:"虽不在上位,然天下已被其化。"⑧ 因此,九二有君德,无君位,为无冕之"王"、君子之位。

九二现君子之象,德业大盛,然而君子之道无有止息。曾子曰:"士不

① 程颐撰,王孝鱼点校:《周易程氏传》,第 2 页。

② 尚秉和著,张善文点校:《周易尚氏学》,第 2 页。

③ 尚秉和著,张善文点校:《周易尚氏学》,第 2 页。

④ 李鼎祚集注,王鹤鸣、殷子和整理:《周易集解》,第 7 页。

⑤ 王弼、韩康伯注,孔颖达正义:《周易正义》,第 12 页。

⑥ 尚秉和著,张善文点校:《周易尚氏学》,第 4 页。

⑦ 王弼撰,楼宇烈校释:《周易注》,中华书局,2011 年,第 1 页。

⑧ 朱熹撰,廖名春点校:《周易本义》,第 39 页。

可以不弘毅,任重而道远。仁以为己任,不亦重乎?死而后已,不亦远乎?"
(《论语·泰伯》)所以,继九二之后,君子前行的脚步并未停止,进入九三。

九三爻辞曰:"君子终日乾乾,夕惕若,厉,无咎。"九三继"元"而来,处人道之始,"人心惟危",人道艰辛,又居下卦之上,处凶位,常不安,故爻辞曰"厉"。然而,人皆生于忧患,死于安乐,九三知"厉",并"终日乾乾,夕惕若",犹如曾子"吾日三省吾身"(《论语·学而》),"反复道也",故能补过而无咎。《系辞上》曰:"无咎者,善补过也。"《周易折中》引龚原曰:"三居下体之上,当危惧之时,惟自强不息,戒谨恐惧,可以免咎。"① 尚秉和曰:"三四于三才为人爻,人居天地之中,宜乾惕有为也。"② 君子修省不懈,故能自亨而无咎,否则,懈怠不勤必致于凶。如果说九二君子之德由潜修默化而得,那么九三则是君子磨砺之时。子曰:"岁寒,然后知松柏之后凋也。"(《论语·子罕》)越是在艰难之时,就越能显示出君子的品格,所以,九三突出了乾道"天行健"的根本精神。"道"消"我"惕,"道"息"我"励,"与时偕行",因"时"而"惕",以人参天,亦在其中彰显君子的伟大人格。正如《周易集解》引郑玄曰:"三于三才为人道,有乾德而在人道,君子之象。"③ 朱骏声曰:"以人事成天地之功,在此爻焉。三于三才为人道,有乾德而在人道,君子之象。"④ 王夫之更是极赞九三君子之德,曰:"君子服膺于《易》,执中以自健,舍九三其孰与归!"⑤

所以,君子处九三,应自勤自勉,兢兢业业,坚守仁德,尽人以俟天。正如《乾·文言》引孔子曰:"君子进德修业,忠信,所以进德也;修辞立其诚,所以居业也。知至至之,可与言几也;知终终之,可以存义也。是故居上位而不骄,在下位而不忧。故乾乾因其时而惕,虽危无咎矣。"孔子认为,"进德"、"居业",首先要立其"诚","修辞"要"诚","忠信"亦是"诚"。蕅益曰:"忠信是存心之要。"⑥ 朱熹曰:"忠信,主于心者,无一念之不诚也。修辞,

① 李光地撰,冯雷益、钟友文整理:《御纂周易折中》,中央编译出版社,2011 年,第 27 页。
② 尚秉和著,张善文点校:《周易尚氏学》,第 5 页。
③ 李鼎祚集注,王鹤鸣、殷子和整理:《周易集解》,第 2 页。
④ 朱骏声:《六十四卦经解》,第 7 页。
⑤ 王夫之:《周易外传》,中华书局,1977 年,第 11 页。
⑥ 蕅益著,刘俊堂点校:《周易禅解》,崇文书局,2015 年,第 13 页。

见于事者，无一言之不实也。"①君子安居内心之诚，才能不愿乎外，"终日乾乾"，进而"知至至之"、"知终终之"。"知至"即是"致知"，是尽心的工夫，"知至至之"，犹如孟子所谓"尽其心者，知其性。知其性，则知天矣"（《孟子·尽心上》）。《大学》云："知至而后意诚。"其"诚"正是"修辞立其诚"之"诚"。《中庸》曰："诚者，天之道也；诚之者，人之道也。诚者不勉而中，不思而得，从容中道，圣人也。诚之者，择善而固执之者也。"所以，只有经过人道的努力，才能"诚之"。"诚之"而得"诚"，便能原始返终，知性命之理。"性"与"命"隐而未显，得"诚"，故"可与言几也"。"知终"即"知天命"，犹如夫子"朝闻道"，是知其天有所命。君子安其若命，故"居上位而不骄，在下位而不忧"，成之必于是，败之必于是，修省不懈，"虽危无咎"，故不忧。《乾》九三与《泰》卦相应，《泰·象》曰："内健而外顺。"故君子处九三，外"顺"时，时刻警惕，居上不骄；内"健"时，终日乾乾，进德修业。

　　九三"终日乾乾"，进德不息，故从下卦之上进至上卦之下，而成九四。九四与初九，虽不相应，却能看出九四对初九的飞跃，其原因便是九二与九三的努力，所以初九在"渊"，九四则要"跃"其"渊"，正如爻辞曰："或跃在渊，无咎。"九四飞跃，实现了"乾"道的变革，故《乾·文言》曰："'或跃在渊'，乾道乃革。"对此，杨万里解释道："龙之在渊，革潜而为跃。九四之上进，亦革卑而居尊，故曰'乾道乃革'。"②尚秉和曰："初与四相上下，初潜渊底，故曰或跃在渊。言由初跃四也。时可进故无咎。"③九四虽然由"元"而"亨"，原天命而自性通，并最终实现"卦"道的飞跃，但由于其处上卦之下，仍然充满了畏惧，正如《乾·文言》曰："九四重刚而不中，上不在天，下不在田，中不在人。"其言君子于九四时，不能把握自身境遇，上下沉浮，居无定所，犹如孔子遭乱世，受尽周流之苦，亦是无可奈何。九四之"惧"，于爻辞之"或"字上表露无疑，尽显君子之情志。朱熹曰："'或'者，疑而未定之辞。"④君子有惑，因为面对九四之境，本应顺时以退守，犹如天下无道，贤士归隐；

---

① 朱熹撰，廖名春点校：《周易本义》，第36页。

② 杨万里：《诚斋易传》，第8页。

③ 尚秉和著，张善文点校：《周易尚氏学》，第10页。

④ 朱熹撰，廖名春点校：《周易本义》，第3页。

然而，君子知命以行义，"道之不行，已知之矣"（《论语·微子》），知其不可为而为之，故当仁不让，舍我其谁，杀生成仁，所以，《乾》九四之位，非君子不能"跃"也。正如《周易集解》引干宝曰："守柔顺，则逆天人之应；通权变，则违经常之数。故圣人不得已而为之，故其辞疑也。"① 杨万里曰："命不可逃，则孰若守义以听命。"② 尚秉和曰："欲及时用其学，以济天下，故不避其嫌。四与初相上下，初潜四跃，初退四进。"③ 然而，君子知命行义，亦不能鲁莽冲动，子曰："暴虎冯河，死而无悔者，吾不与也。必也临事而惧，好谋而成者也。"（《论语·述而》）故九四之疑惑，并非迟疑不前，而是理智地判断形势，依时而进，随时行志。故君子有惑，方能无惑。

三、"利"：利为物宜，参天化育

经历初九到初四的努力和进取，"乾"道上至九五，得以大盛，故爻辞曰："飞龙在天，利见大人。"九五为"亲民"之象，上遵天道，下顺民意，德位统一，正如孔子赞美尧帝曰："大哉尧之为君也！巍巍乎！唯天为大，唯尧则之。荡荡乎！民无能名焉。巍巍乎！其有成功也；焕乎，其有文章！"（《论语·泰伯》）如果说九二具备君子内圣之德，九五则显见君子外王之利，德被天下。九五之"利"是依德立功，由内而外，推己及人，是建立在"元"、"亨"之后的"利"，故所"利"者，非私利，而为公利，能以公利行之，谓之义。正如《文言》曰："利者，义之和也。"又曰："利物足以和义。"《文言》以"义"释"利"，可见"义"、"利"本非两立，只因见我而不见人，故见利忘义，如若兼顾人我，甚至"天下怀之"，便能义利统一。利者，人之所欲，如若让天下各得其利，亦不失其宜，则为大义。正如李鼎祚曰："利为物宜，足以和义。义主秋成，西方金也。"④ 时至秋天，百果成熟，万物得利，程颐曰："利者万物之遂。"⑤ 故以秋天象"利"。利以德为基础，义以仁为前提，正如钱穆说："仁偏在宅

---

① 李鼎祚集注，王鹤鸣、殷子和整理：《周易集解》，第2页。

② 杨万里：《诚斋易传》，第3页。

③ 尚秉和著，张善文点校：《周易尚氏学》，第13页。

④ 李鼎祚集注，王鹤鸣、殷子和整理：《周易集解》，第6页。

⑤ 程颐撰，王孝鱼点校：《周易程氏传》，第1页。

心,义偏在应务。"① 由此可见,从初九至九四,为君子坚固仁心、艰行仁德的过程,然后方能有九五之"利"。

九五之所以能德被天下,利为物宜,是因为九五君子既能主动地遵循天道,以德化民,其思想主张又得到了统治者的采纳和任用,居上位以治民,达到了德位统一。正是由于九五合内外两因,所以天人合一,能有参天化育之功。首先,从内因来看,九五从初九一步一步地发展而来,既有先天之"元"体,又有人为之"亨"通,先天与后天于其中相互贯通。正如《乾·文言》曰:"'飞龙在天',乃位乎天德。"其谓九五具备天之德,并能参天而化育,助天以行道。《文言》又曰:"夫'大人'者,与天地合其德,与日月合其明,与四时合其序,与鬼神合其吉凶。先天而天弗违,后天而奉天时。天且弗违,而况于人乎?况于鬼神乎?"九五得先天之"元",故"天弗违";后天率性以修道,故"奉天时",能与天相参。正如《周易集解》引崔憬曰"行人事,合天心也",② 又曰"奉天时布政,圣政也",③ 前言释"先天而天弗违",后言释"后天而奉天时"。九五率天元、合天心,此天元与天心,落实于人,则为仁心、良知,良知人人皆有,善德人人皆有欲求,子曰:"德不孤,必有邻。"(《论语·里仁》)以德感召,心愿从之。

从外因上看,九五有其德,更居其位,以德配位,以位广德。《乾·文言》曰:"'飞龙在天',上治也。"尚秉和释曰:"上治者,居上治民。"④ 九五德位统一,故与九二有所不同,九二有其德,无其位,其德虽然由内而外,其晖可化民,但不如九五借助政治的力量,乘势而行,德被广大。正如孔子曰:"为政以德,譬如北辰,居其所而众星共之。"(《论语·为政》)其言德居北辰之所,方能众星归之。子曰:"政者,正也。子帅以正,孰敢不正?"(《论语·颜渊》)其言能以正帅其民,方能实现天下皆正。子曰:"君子之德风,小人之德草。草上之风,必偃。"(《论语·颜渊》)其言德顺风势,方能以德化民。由此可见,善德的推广,不仅需要人之先天善源和君子表率作用等条件,还离

---

① 钱穆:《论语新解》,三联书店,2012 年,第 86 页。

② 李鼎祚集注,王鹤鸣、殷子和整理:《周易集解》,第 15 页。

③ 李鼎祚集注,王鹤鸣、殷子和整理:《周易集解》,第 16 页。

④ 尚秉和著,张善文点校:《周易尚氏学》,第 15 页。

不开政治至上而下的推动。故《乾·文言》曰:"九五曰:'飞龙在天,利见大人。'何谓也? 子曰:'同声相应,同气相求;水流湿,火就燥;云从龙,风从虎;圣人作而万物睹;本乎天者亲上,本乎地者亲下,则各从其类也。'"方以类聚,物以群分,万物之所以"同声相应,同气相求",皆因"元"同,同此一"元",九五为"元"之"壮","元"之帅,故能统天御物。九五与《乾》卦其他爻之间能"同应"、"同求",实乃发之于先天,不同于后天之阴阳相应、相求,故为《乾》卦九五专属。正是由于九五奉先天之德,创后天之业,内圣而外王,故能利为物宜,参天化育。

四、"贞":德业传承,生生不息

"乾"道有四:"元"、"亨"、"利"、"贞",其中"贞"是"乾"道自强不息、生生不已的重要保证。《乾·文言》曰:"贞者,事之干也。""贞固足以干事","干",犹言树木的主干,根本之义。根本坚固,方能成就大业;根本正直,大业才能不致邪辟。所以,朱熹以"固"释"贞",正如他说:"'贞固'者,知正之所在而固守之。"[①]《周易正义》引《子夏传》曰"贞,正也",[②]以说明其正直、正义的内在要求。顺着正直的道路坚毅前行,德业才能在继承中发展,在发展中广大,循序渐进,流传不息。正如程颐曰:"贞者万物之成。"[③]事物之"成",并非一蹴而就,君子的德业也更非一人,乃至一代人可以完成,所以真正的"成",一定是一个前赴后继、生生不息的过程,是一个将"我"的生命融入于人类乃至天下苍生之中的无限的事业。这正是"乾"道的内在精神,亦是中华民族仁人志士的精神信仰。所以,"贞"还具有传承、流传以及在其中实现生命价值永恒的义理。"贞"可配"智",故具有流传之义。正如李鼎祚曰:"贞为事干,以配于智。智主冬藏,北方水也。故孔子曰'仁者乐山,智者乐水',则智之明证矣。"[④]孔子倡导"仁"、"智"统一,"仁"与"智"在性质和功能上有所不同,"仁者乐山",主君子德性稳固不动;"智者乐水",主君子德行

---

① 朱熹撰,廖名春点校:《周易本义》,第 35 页。
② 王弼、韩康伯注,孔颖达正义:《周易正义》,第 9 页。
③ 程颐撰,王孝鱼点校:《周易程氏传》,第 1 页。
④ 李鼎祚集注,王鹤鸣、殷子和整理:《周易集解》,第 6 页。

变化无端、源远流长。"乾"德如龙,自强上进,犹如颜回"见其进也,未见其止也"(《论语·子罕》),然而,生命终究有限,以个体有限的生命是无法追随天道之永恒运动的,否则必有上九"亢龙"之悔,正如庄子曰:"以有涯随无涯,殆矣。"(《庄子·养生主》)所以"乾"道"自强",又必须适时传承德业,如此才能"既济而未济",使文明相续,正如程颐曰:"乾,健也,健而无息之谓乾。"①"贞",于时应冬,冬尽春来,贞下起元,万物新生,以此循环不已,故"贞"对应于《乾》卦之上九与用九,象征德业传承,生生不息。

上九爻辞曰:"亢龙有悔。"其《象》曰:"'亢龙有悔',盈不可久也。""亢龙"因"盈"而不可长保,故有悔。就一般个体修身而言,君子不可持满,应时刻保持谦逊的态度,不断冲突自我的局限,如荀子曰:"学不可以已。"(《荀子·劝学》)但就"乾"道而言,"亢龙"之势的形成,又非君子自持德满而骄慢,而是自我进取与生命有限之间的矛盾的必然结果,是不可避免的自然之道的表现,犹如老子曰:"持而盈之,不知其已。揣而锐之,不可长保。金玉满堂,莫之能守。富贵而骄,自遗其咎。功成、名遂、身退,天之道也。"(《道德经》)孔颖达解释"上九"说:"上九亢阳之至,大而极盛,故曰'亢龙'。此自然之象。"②上九位于《乾》卦之极,虽卓然独立,却困于己德,难于得到世人的理解,鲜遇同道之人,正如屈原有言:"举世皆浊我独清,众人皆醉我独醒。"君子之孤独源于此。所以,《乾·文言》引孔子曰:"贵而无位,高而无民,贤人在下位而无辅,是以动而'有悔'也。"此喻君子生命之孤,后来者绝,"滔滔者天下皆是也,而谁以易之?"(《论语·微子》)然而,天道无穷,君子处"亢龙"之境,亦有所"悔","有悔",则能"复命","复命"则能自知,自知则明。正如老子曰:"归根曰静,是谓复命。复命曰常,知常曰明。"(《道德经》)故君子虽"与时偕极"而为"穷之灾也",但在"有悔"、自省而参天的过程中,又能做到"知进退存亡,而不失其正",正如王夫之曰:"时之穷,穷则灾矣。然而先天而弗违,则有以消其穷;后天而奉时者,则有以善其灾。"③君子处亢,唯有"用九"才能开辟生命新路,

---

① 程颐撰,王孝鱼点校:《周易程氏传》,第1页。

② 王弼、韩康伯注,孔颖达正义:《周易正义》,第14页。

③ 王夫之:《周易外传》,第8页。

永保"乾"道精神。

如果说上九之"亢龙有悔"是"贞"的反面运用与表现的话，那么用九则是"贞"德的积极转化与推行。《周易》六十四卦，唯《乾》、《坤》两卦有"用"，《乾》卦"用九"，《坤》卦"用六"。天地生物，皆阴阳和合而成，正如老子曰："道生一，一生二，二生三，三生万物。万物负阴而抱阳，冲气以为和。"（《道德经》）而《乾》、《坤》，为纯阳、纯阴之物，本是绝路，唯有"用九"、"用六"，才能刚柔相济，绝地逢生。尚秉和曰："用者，动也，变也。"① 朱骏声曰："以乾通坤曰变。"② 因此，"用九"六爻皆变，正是由阳转阴、由乾入坤之契机。"乾"有由生向死、由无入有之义，而"坤"则是死而更生、化有为无之道，故"用九"继"上九"之后，置之死地而后生。《乾》用九曰："见群龙无首，吉。""群龙"谓《乾》卦六阳。"群龙无首"，谓阴阳转化，变化无穷。尚秉和释曰："阳极则变，不变则刚柔不能相济，凶之道也，故无首吉。"③ 朱骏声曰："乾为龙，为首，见群龙无首，是迎而不见其首也。又无首，犹言循环无端。"④ 有首即有尾，有始即有终，天道无始无终，君子法天，德业相继，代代相传，顺承"坤"道，永恒无亏，故无有始终，此正是"用九"之义。从天人关系来说，上九入乎"亢龙"，知进而不能退，用九"见群龙无首"，积极转化，两者既是君子的仁、智两用的体现，同时也是天道使然。正如《乾·文言》曰："乾元'用九'，乃见天则。"程颐曰："天之法则谓天道也。"⑤ 尚秉和曰："则者，法也，一定之理也。"⑥ 天道不可违背，有如无言之命令，故曰"天命"。用九既为天命，君子知天安命，故主动地穷尽小我而入大我之无穷，推陈出新，传承道业，如此方能实现"天下治也"。

综上所述，《乾》卦道尽君子性命之理，"元，亨，利，贞"，四德相互包含，往来循环，不忒不穷。"元"者，善之本源，君子由此而继性知命；"亨"者，进德修业，君子以此自性通、人我通、天人通；"利"者，修己安人，君子因此修身

① 尚秉和著，张善文点校：《周易尚氏学》，第6页。

② 朱骏声：《六十四卦经解》，第3页。

③ 尚秉和著，张善文点校：《周易尚氏学》，第10页。

④ 朱骏声：《六十四卦经解》，第11页。

⑤ 程颐撰，王孝鱼点校：《周易程氏传》，第10页。

⑥ 尚秉和著，张善文点校：《周易尚氏学》，第15页。

而天下平，利为物宜，参天化育；"贞"者，不蔽成新，君子由此德业传承，文明相继。诚如朱熹曰："元者，物之始生；亨者，物之畅茂；利，则向于实也；贞，则实之成也。实之既成，则其根蒂脱落，可复种而生矣。此四德之所以循环而无端也。"①

---

① 朱熹撰，廖名春点校：《周易本义》，第 33 页。

德性实践与德性之知
——论二程经学诠释的转向

徐洪兴　陈华波（复旦大学哲学学院）

在唐宋儒学转型过程中,河南程颢、程颐兄弟的"洛学"是承上启下的转关,陈来在其主编的《早期道学话语的形成与演变》一书中指出:"在历史的意义上,可以说二程是两宋道学最重要的人物,没有二程,周敦颐、张载、邵雍的影响就建立不起来;没有二程,朱熹的出现也就成为不可能。一句话,没有二程,也就没有两宋的道学。"① 此说切中肯綮。

关于二程的思想学说,学者多从儒学更新的大背景下展开分析,由此出现了"汉宋转向"、"佛道影响"、"先秦固有"、"政治目的"等不同的解释,② 实际上,这四点在二程思想建构中往往是相互交织的。而对二程的经学思想研究,则大多着墨于两个转向:一是在解经方法上,由汉唐章句训诂之学转向义理之学;二是在经典文本重心上,由以五经系统为重转向以四书系统为重。

在经学解释层面,研究者基本沿用《四库全书总目·经部总叙》中汉学、宋学两分的论述来说明唐宋之际经学转向的主要特征。不过也有学者不满意这种分法,进而有三派、四派之说。③ 但无论何种说法,都将二程经学界定为相对于章句训诂的"义理之学"。从经典文本重心的层面看,学者多重视二程的四书学,认为二程是通过四书来建构其理学体系的,这一过程被称之为"经学的理学化"。也就是说,将四书和《易传》作为二程发明"性理

---

① 陈来主编:《早期道学话语的形成与演变》,安徽教育出版社,2007年,第3页。

② 主张"汉宋转向说"的主要有《四库全书总目·经部总叙》、江藩《国朝汉学师承记》、《宋学渊源记》等;主张"佛道影响说"的主要有毛奇龄、陈寅恪、周予同等,参见毛奇龄《辨圣学非道学文》、陈寅恪《冯友兰中国哲学史下册审查报告》、周予同《汉学与宋学》;主张"先秦固有说"的主要有牟宗三,参见牟宗三《宋明理学综述》;主张"政治目的说"的主要有卢国龙、余英时等,参见卢国龙《宋儒微言——多元政治哲学的批判与重建》、余英时《朱熹的历史世界——宋代士大夫政治文化的研究》。

③ 皮锡瑞著,周予同注释:《经学历史》,中华书局,2004年,第3页。

之学"的主要对象,而五经则颇难提供类似的资源。那么经学和理学的关系,就是以理学范畴来统领经学。

可以发现,以往的研究在二程解经方法上有失之笼统之嫌,缺乏对德性层面的考察,以及德性在理解、诠释经典中所发挥的作用,而对"义理"涵义的分疏也比较模糊,并未厘清四书的性质及其与五经的关系。这些都需要对二程经学的性质有一重新判断。本文试图通过对二程经学思想的梳理,揭出其经学诠释中的德性实践和德性之知①两个维度,以说明二程经学思想之于汉唐经学的真正转向之所在。

一、训诂、义理、德性:经学诠释的三个层次

《四库全书总目》将经学传统分为汉学和宋学,周予同则认为应当归纳为三派,即西汉今文学、东汉古文学和宋学。这三派的特点,简明地说,今文学偏重于"微言大义",古文学偏重于"名物训诂",宋学偏重于心性理气。②实际上,如果以经学解释看,古文学是注重文字训诂的,而今文学和宋学都注重义理解经,只是两者的"义理"取向不同。因而,简单地把汉学和宋学之分理解为章句训诂之学与义理之学的区别,失之粗略。汉唐经学中也存在义理之学,如《刘歆传》曰:"及歆治《左传》,引传文以解经,转相发明,由是章句义理备焉。"③章句与训诂也有所分别,马瑞辰在《毛诗训诂传名义考》中说:"诂训与章句有辨。章句者,离章辨句,委曲支派,而语多傅会,繁而不杀;蔡邕所谓'前儒特为章句者皆用其意傅,非其本旨',……诂训则博习古文,通其转注假借,不烦章解句释,而奥义自辟;班固所谓'古文读应尔雅,故解古今语而可知也'。"④因而,章句较之训诂而言更具义理意味。赵岐的《孟子章句》就是采用义理阐释的方法,对此,《四库全书总目·〈孟子正义〉提要》云:"汉儒注疏,多明训诂名物,惟此注笺文句,乃似后世之口义,与古

---

① 本文所称的"德性之知"属成语借用,与宋明儒通常所谓的"德性之知"有别,它主要指从自身德性出发来理解经典,不泛指德性中具有的"知是知非"的"知"。

② 皮锡瑞著,周予同注释:《经学历史》,第3页。

③ 按:刘歆此处是针对"公羊"而言,意为"左氏"至此方有与"公羊"对等的义理系统。如从经学史上讲,"公羊"的义理应更完备。《汉书》,中华书局,1962年,第1967页。

④ 马瑞辰:《毛诗传笺通释》,中华书局,1989年,第4页。

学稍殊。……盖《易》、《书》文皆最古,非通其训诂则不明;《诗》、《礼》语皆征实,非明其名物亦不解。《论语》、《孟子》词旨显明,惟阐其义理而止。"四库馆臣的这种说法,大致不错。但《周易》何尝只是通训诂就可以明了的,《诗经》语固征实,但超出名物之外的发挥同样不少,更何况未提及的《春秋》学中尤重"微言大义"的《公羊》、《穀梁》。所以,汉唐注疏泰半与"义理"难脱干系。

唐宋之际对于前代注疏的批判,较之汉唐训诂之学一派,确实更偏重于义理之学。但与汉唐经学中的义理之学不同,宋儒对于义理之学的偏重,表现在他们特别措意于义理的统一,对汉儒烦琐的章句训诂以及门户相争导致的异说纷见尤为不满。虽然唐初通过官方定本达成经学的统一,但这仅是表面上的形式统一,其中的义理整合仍付阙如。如何才能对经典的义理进行更高层次的统一,寻找出儒家的"大义"之所在,是当时儒者共同的追求。与此相关,批判汉唐注疏的另一方面在于"义理"的内涵,同样是以义理形式来阐释经典,但"义理"的具体内容则可相去很远。在经世致用和佛道思想影响下,北宋思想家大多融合各方面的思想义理,来塑造出自己对传统经典的解释。

处在时代思潮的漩涡中,二程兄弟自不例外。但是,二程的经学转向具有重要的哲学史和学术史的意义,是他们在真正意义上进一步揭示了经学诠释中的"德性"层次。对于二程而言,从章句训诂之学转向义理之学,不仅仅是解经形式上的转向,更为重要的是从德性实践角度来加以看待,即以何种"义理"来理解经典?诠释经典的目的何在?以及怎样才能真正理解经典中所蕴含的义理?

在二程语录中,谈及"义理"一词处有近七十条,二程使用"义理"一词的涵义大体可分为三类:一是泛言普通意义上的"道理",如"然当时以为不宜取者,固无义理,然亦是有议论",[1]"若谓夫从役,妇便怨,成何义理",[2]"便非义理"、"是甚义理"、"大故无义理"、"大无义理"、"全无义理"等;二是特指与其他思想相区别、传承孔孟之道的儒家经义,如"古之学者,皆有传授。

---

① 程颢、程颐:《二程集》,中华书局,2004 年,第 49 页。
② 程颢、程颐:《二程集》,第 357 页。

如圣人作经,本欲明道。今人若不先明义理,不可治经,盖不得传授之意云尔",① "尝语学者,且先读《论语》、《孟子》,更读一经,然后看《春秋》。先识得个义理,方可看《春秋》",② "或读书,讲明义理"③ 等;三是指道德体用意义上的"理义",如"义理与客气常相胜,又看消长分数多少",④ "皆彼自有此义理,我但能觉之而已",⑤ "今之学者,惟有义理以养其心",⑥ "人以不知觉不认义理为不仁",⑦ "只是义理不能胜利欲之心,便至如此也",⑧ "义理所顺处所以行权"⑨ 等。从中我们可以了解到,二程的"义理"不仅仅是指文本诠释意义上的,也包括道德本体、道德实践的意义。

因而,如果将二程的经学思想理解为"义理"之学,那么首先不是指解经形式上的义理诠释,而是指向德性实践的目的,即从经师之学、利禄之学向德性实践转变,这也是二程"道学"的涵义所在。

"道学"一词,宋初柳开就已提出。⑩ 柳开使用的"道学",是相对"禄学"而言的:

> 学而为心,与古异也。古之学者,从师以专其道;今之学者,自习以苟其禄。乌得其与古不异也? 古之以道学为心也,曰:"吾学,其在求仁义礼乐欤!"大之以通其神,小之以守其功,曰:"非师,吾不达矣。"去而是以皆从师焉。今之以禄学为心也,曰:"吾学,其在求王公卿士

---

① 程颢、程颐:《二程集》,第 13 页。
② 程颢、程颐:《二程集》,第 164 页。
③ 程颢、程颐:《二程集》,第 188 页。
④ 程颢、程颐:《二程集》,第 4—5 页。
⑤ 程颢、程颐:《二程集》,第 5 页。
⑥ 程颢、程颐:《二程集》,第 21 页。
⑦ 程颢、程颐:《二程集》,第 33 页。
⑧ 程颢、程颐:《二程集》,第 261 页。
⑨ 程颢、程颐:《二程集》,第 364 页。
⑩ 姜广辉考证认为,北宋儒者首先用"道学"称其学并有文献为见证的,当推王开祖。参见姜广辉:《宋代道学定名缘起》,《中国哲学》第 15 辑,岳麓书社,1992 年。实际上,王开祖较柳开要晚,以目前所见,北宋儒者使用"道学"一词以柳开为最先。而诸人所用"道学"一词,含义各不相同,就二程"道学"意义上而言,还是以二程自己所说"自予兄弟倡明道学"的"道学"为准。

欤!"大之以蕃其族,小之以贵其身,曰:"何师之有焉?"①

柳开的这一说法,与二程的经学思想是一致的,都是反对当时学者追求仕途利禄而不求仁义礼乐。利禄之学表现在经学上就是记诵之学,因为为学的目的在追求利禄,所以就不会真正去体悟经典中所蕴含的德性修养之义,经典只是通往仕途的敲门砖。这样治经的方式一定是强调章句注疏,注重记诵之学和文章之学。

承上所说,二程"义理之学"的一个重点在于实践目的层面,而汉唐经学中除了文本诠释外,似乎也表现出实践指向。汉代经学无论是注重"微言大义"的阐发还是名物制度的训诂,都与其政治上的关联分不开。汉代经学的现实影响在政治层面,这从汉儒以孔子为"素王"、作《春秋》为汉"立法"的流行说法中可窥一斑。钱穆在《孔子与春秋》中说:"孔子在汉人观念中,是内圣而兼外王的,更毋宁是因其具备了外王之道而益证成其内圣之德的。所以孔子在汉代,要和尧、舜、禹、汤、文、武、周公古帝明王并列了。但唐以后的孔子,在人心目中,时时把来和佛陀与老聃并列了。换言之,这是渐渐看重了他的'教',而看轻了他的'治'。"② 实则经学的政治影响又多表现为关于礼制的争论。政治与教化分不开,廖平在《今古学考》中就认为汉代经学今、古文之分在于礼制。因而汉代的政治就是礼教或名教,极为重视"礼"对个人行为的规范,将礼教思想贯彻到实际政治操作层面,影响甚深。这样的情况一直延续到魏晋南北朝乃至唐代。但汉唐礼制对于世道人心的作用,不仅佛教中人常批评是"饰身之教"而无"修身法门",不能了解高深的"道德性命"之义,部分儒家学者对之也颇不以为然,如欧阳修就认为:

> 由三代而上,治出于一,而礼乐达于天下;由三代而下,治出于二,而礼乐为虚名。……及二代已亡,遭秦变古,后之有天下者,自天子百官名号位序、国家制度、宫车服器一切用秦,……至于三代礼乐,具其名物而藏于有司,时出而用之郊庙、朝廷,曰:"此为礼也,所以教民。"此所谓治出于二,而礼乐为虚名。故自汉以来,史官所记事物名数、降登揖

① 柳开:《柳开集》,中华书局,2015 年,第 7 页。
② 钱穆:《两汉经学今古文平议》,商务印书馆,2005 年,第 292 页。

让、拜俛伏兴之节,皆有司之事尔,所谓礼之末节也。①

欧阳修的思路仍是重儒家礼乐制度,不过他指的是三代的王政礼乐,而不是秦汉以后儒生"灾异谶纬"之说以及徒具形式的"礼之末节"。欧阳修认为,"礼义者,胜佛之本也",② 企图通过王政礼乐的教化来实现治道。但欧阳修对礼义的根源并未深究,其观念与汉唐儒生对于政治实践的看法大同小异。礼乐确实可以用来安上治民、移风易俗,可是所以能用来教化的根据则不在礼乐自身。不明白礼乐的义理不在于礼乐,就不可能让人从佛教的"深深之理"转向服膺儒家的"浅浅之教"。

与欧阳修不同,关于汉唐以来的礼教,二程明白指出:"后汉人之名节,成于风俗,未必自得也。"③"东汉士人尚名节,只为不明理。若使明理,却皆是大贤也。"④"明理"才是儒家实现成圣成贤理想的关键所在,如果仅是行为上受礼制约束,而对于其内在根据不能深究,知其然而不知其所以然,则无法真正理解礼乐的意义。也就是说,尽管汉唐经学也强调实践,比如今文经学的通经致用和政治实践,但是这种实践的根据到底在多大程度上是来自孔孟,这种阐释是否符合经典文本所昭示的意义,是有疑问的。二程认为,应当以孔孟之学来统一六经"义理",孔孟之学通过道统论形式主要展现在四书中,四书的义理就是孔孟的义理。因而从经学文本上说,不仅是从五经转向四书,而且应以四书来统领五经。这种统领又是以"德性实践"和"德性之知"为线索的。二程认为,《大学》是入德之门,《中庸》是传授心法,《论语》、《孟子》是要约处。"要约处"的意思是《论》、《孟》是圣人直接传授德性修养方法之书。以四书为五经阶梯,就是指四书乃治五经之方法论,通过学习四书的义理并加以实践,进而使自身德性充其极,才能完全理解五经文本背后的圣人之意。

二程治经的转向主要在于德性,当然政治和礼制的层面也并未缺席,但是从原来的文字训诂、注重典章制度而对德性关注不足一变而为重点关注

---

① 《新唐书》,中华书局,1975 年,第 307—308 页。

② 欧阳修:《欧阳修全集》,中华书局,2001 年,第 288—290 页。

③ 程颢、程颐:《二程集》,第 4 页。

④ 程颢、程颐:《二程集》,第 232 页。

"礼而上"的德性修养,尤其是探讨如何"就身上做工夫"的方法,则是毋庸置疑的。二程《遗书》中有一段话充分体现其经学思想:

> 苏季明尝以治经为传道居业之实,居常讲习,只是空言无益,质之两先生。伯淳先生曰:"'修辞立其诚',不可不子细理会。言能修省言辞,便是要立诚。若只是修饰言辞为心,只是为伪也。若修其言辞,正为立己之诚意,乃是体当自家敬以直内、义以方外之实事。"……正叔先生曰:"治经,实学也。……如《中庸》一卷书,自至理便推之于事。如国家有九经,及历代圣人之迹,莫非实学也。……人患居常讲习空言无实者,盖不自得也。为学,治经最好。苟不自得,则尽治五经,亦是空言。今有人心得识达,所得多矣。有虽好读书,却患在空虚者,未免此弊。"①

这段材料同时记载了明道和伊川对于治经的看法,从内容看,二程的经学理念大致相同。他们都认为,治经是"实学",讲习也是"实学",看学者如何对待。明道认为,不管是治经还是讲习,主要目的是"进德",修其言辞要立己之诚意,"进德"以"忠信"为下手处。伊川则认为治经是领会经中之"道",通过圣人所作之经,不仅可理解历代圣人治国理政的事迹,而且也可下学而上达。从经文中可了解古圣贤的行为处事,从中探求圣人的用心,目的都是自身的德性修养。程颐在解释《大畜卦》时说:"人之蕴畜,由学而大,在多闻前古圣贤之言与行,考迹以观其用,察言以求其心,识而得之,以畜成其德,乃大畜之义也。"② 同时,伊川更强调治经要"自得",如果不是"心得识达"之人,没有相应的德性能力去领会圣人作经的用意,只是盲目读书,以训诂注疏为重,是无法和圣人契合的,对经典所蕴含的义理也不能心领神会,结果是治经没有实得,不免空虚。

治经以德性为目的,这实际就是回归孔子的本义。孔子面对三代圣王留下来的典籍文献,从德性的角度来整理删定六经,统一了六经义理,形成儒家的"六艺之教"。退一步说,即使六经并非由孔子删定而成,也是明显笼

---

① 程颢、程颐:《二程集》,第 2 页。
② 程颢、程颐:《二程集》,第 828—829 页。

罩在孔子所创儒家学派思想之下的。这是六经的义理源头。虽然对于"六艺之教"的具体施行，不同的弟子和后学有不同的理解，但这个德性实践目的是先秦儒家所共有的。而汉唐经学被批判为是章句注疏之学、记诵之学、利禄之学，则与儒学成为国家意识形态有很大关系。二程实际上想重回先秦儒家的经学传统，以道德体用意义上的"理义"来理解经典，"学者必求其师。记诵文章不足以为人师，以所学者外也。故求师不可不慎。所谓师者何也？曰：理也，义也"。①

因此，如果用"义理"之学来概括二程的经学思想，那么对于"义理"的涵义必须作出分疏。"义理"的涵义可以从形式、内容和目的三个方面来理解，形式上说，"义理"是相对于注重名物训诂来注解经文的另一种解经形式，其特征是阐发经文所蕴含的道理。从内容上说，"义理"有不同的意义，一是指汉代今文学所阐释的"微言大义"；二是指在佛道思想影响下以老庄、佛学的"义理"来阐释经文；三是指回到圣人之道，以孔孟思想为依归所作的"义理"，这个"义理"不仅仅是文本所有的字义和道理，而且指向本体意义的天地之理。从目的上说，"义理"指的是相对于讲授注疏、记忆文句的讲师、经师之学，向"就身上做工夫"的儒者之学转变，儒者之学的目的就是修养自身德性，注重道德践履。在这个意义上的"义理"就不只是解经层次上的，而是实践意义上的"德性"。

二、"德性之知"的奠基性作用

二程对于汉唐经学的批判，一方面是认为汉唐儒生没能真正理解圣人作经的用意。另一方面，也是更重要的，之所以不能真正理解圣人用心，是因为他们并未从自身德性出发来理解圣人的经典。或者说，由于他们本身的德性涵养不足，无法完全领会经文中所蕴含的圣人用心。

"六经"的文本有两层来源，一是尧舜禹汤文武周公等圣王的行事著录，二是经过了圣人的删定，《尚书正义》中说，孔子"睹史籍之烦文，惧览者之不一，遂乃定《礼》、《乐》，明旧章，删《诗》为三百篇，约史记而修《春秋》，赞

---

① 程颢、程颐：《二程集》，第 323 页。

《易》道以黜《八索》，述《职方》以除《九丘》"。^①这两层来源奠定了六经文本中蕴含的德性义理，六经文本的义理不仅为了学者的德性修养，同时也需要具有相应的德性才能得以真正理解。

隋代王通就认为六经的义理有深浅层次，因而学习经典的次序也有先后，其先后的依据在于人的德性程度，《中说·立命篇》说：

> 姚义曰："尝闻诸夫子矣：《春秋》断物，志定而后及也；《乐》以和，德全而后及也；《书》以制法，从事而后及也；《易》以穷理，知命而后及也。"……或曰："然则《诗》、《礼》何为而先也？"义曰："夫教之以《诗》，则出辞气，斯远暴慢矣；约之以《礼》，则动容貌，斯立威严矣。度其言，察其志，考其行，辩其德。志定则发之以《春秋》，于是乎断而能变；德全则导之以《乐》，于是乎和而知节；可从事则达之以《书》，于是乎可以立制；知命则申之以《易》，于是乎可与尽性。"……子闻之，曰："姚子得之矣。"^②

六经的学习次序以《诗》、《礼》为先，然后再学《春秋》、《乐》、《书》、《易》，原因在于每部经典对于人的德性培养起不同的作用，先学《诗》、《礼》可以使人的言行德志有较好的基础，在德行上达到一定的程度再来学习其他经典，才能充分理解经典所蕴含的义理，使经典的作用真正发挥。

德性修养的不同导致了学者在理解圣人作经意义的程度上的差距，这是重要的起点。以《论语》的"性与天道"章为例，子贡说："夫子之文章可得而闻也。夫子之言性与天道不可得而闻也。"如何解释"性与天道不可得而闻"，传统上大致有三种说法，一是圣人不说天道性命这种玄虚之事，所以子贡这些弟子都不能听闻。如桓谭《上光武疏》云："观先王之记述，咸以仁义正道为本，非有奇怪虚诞之事，盖天道性命圣人所难言也。自子贡以下不得而闻，而况后世浅儒能通之乎？"^③二是圣人关于天道性命的学问非其人则不传，如《史记·天官书》云："孔子论六经，纪异而说不书。至天道命，不传；

---

① 孔安国传，孔颖达疏：《尚书正义》，上海古籍出版社，2007年，第10页。

② 张沛：《中说校注》，中华书局，2013年，第232—233页。

③ 《后汉书》，中华书局，1965年，第959页。

传其人,不待告;告非其人,虽言不著。"① 三是认为孔子所说的性与天道的学问太深奥,子贡无法理解。如《论语注疏》:"子贡言,若夫子言天命之性,及元亨日新之道,其理深微,故不可得而闻。"②

对此,二程有不同看法,认为:"性与天道,此子贡初时未达,此后能达之,故发此叹辞,非谓孔子不言。"③ 按此解,"性与天道"章所要表达的,并不是圣人不说"性与天道",也不是不传子贡"性与天道",而在于子贡本身德性能力的高低。子贡一开始德性不足,难以理解圣人,即"初时未达"状态,后德性精进,能理解孔子"性与天道"涵义了,所以发出叹美之辞,这就是"达"与"未达"的区别。实际上,在二程之前的皇侃在《论语义疏》中的说法就颇可玩味。皇氏在"夫子之言"处断句,即"夫子之言,性与天道,不可得而闻",认为"夫子之言即谓文章之所言也。……言孔子六籍乃是人之所见,而六籍所言之旨,不可得而闻也。所以尔者,夫子之性,与天地元亨之道合其德,致此处深远,非凡人所知,故其言不可得闻也"。④ 这是从孔子的"德性"出发,有德然后有言,要理解有德之言,就需要自身德性与其匹配。

这里还可通过颜渊与子贡对比,更直观地感受这种状态。与子贡不同,颜渊一开始就能领会圣人之意,"不违如愚","亦足以发"。颜渊之所以能"不违如愚",是因为完全跟得上孔子思想;之所以能"发",是因为真正懂得孔子思想而加以应用。前者是理解,后者是实践,这是"学"的真正境界。子贡自己很了解这种差距,认为自己是"闻一以知二",而颜渊则"闻一以知十","十"较之"二",并不仅是数量上的差距,更是质的不同,因为"十"代表"数之终"。所以,在知性层面,以子贡的聪颖,未必不如颜渊;但在德性层面,两者就有不小的差距。如果以"闻见之知"和"德性之知"来比方,子贡的"闻一以知二"之"知"是"闻见之知",那颜渊"闻一以知十"之"知"则就是"德性之知"了。

传统的解释主要从孔子角度看,二程是转移到子贡的角度来看。由于

---

① 《史记》,中华书局,2014 年,第 1600 页。

② 何晏注,邢昺疏:《论语注疏》,北京大学出版社,2000 年,第 110 页。

③ 程颢、程颐:《二程集》,第 353 页。

④ 皇侃:《论语义疏》,中华书局,2013 年,第 110 页。

解释者理解程度的差异,导致对圣人思想的领会不同,"这个义理,仁者又看做仁了也,知者又看做知了也,百姓又日用而不知,此所以'君子之道鲜矣'。此个亦不少,亦不剩,只是人看他不见"。①道是同样一个道,不多不少,但仁者、知者和百姓对于道的认识就完全不同,这就说明问题不在于对象或者作者,而在于理解者自身。

二程弟子谢良佐在《论语解序》说:

> 余昔者供洒扫于河南夫子之门,仅得毫厘于句读文义之间,而益信此书之难读也。……唯近似者易入也。……方其物我太深,胸中矛戟者读之,谓终身可行之恕诚何味。方其胁肩谄笑,以言餂人者读之,谓巧言令色宁病仁。未能素贫贱而耻恶衣恶食者读之,岂知饭疏食、饮水、曲肱而枕之未妨吾乐。注心于利,未得而已,有颠冥之患者读之,孰信不义之富贵真如浮云……唯同声然后相应,唯同气然后相求。是心与是书,声气同乎? 不同乎? ②

上蔡的说法颇得二程经学要义,《论语》不像老庄那样谈天语命,伟词雄辩,也不像司马迁、班固那样文辞雄深雅健,更不像《黄帝内经》、《神农百草》愈疾引年,但是如果从这些角度去理解圣人所作的经典,则根本无法领会圣人用心。因为圣人作经用意本不在此。只有自身德性能力不断接近圣人境界,才能了解经典中蕴含的真义,这也就是"唯近似者易入"。同时,经典也具有某种印证的作用,经典本身具有的权威性和固定性,可以范导德性修养方向,使之不至于汗漫流荡。通过治经来修养自身德性,又以德性之知来增进对经典的理解,"书与人互相发也",问学与德性是相须为用的。

三、德性之知的涵义

从自身德性出发去理解经典,可称为"德性之知"。"德性之知",既不同于"见闻之知",也不同于一般意义的"认知"。"德性之知"的认知对象是"性与天道",一方面它不局限于耳目所及,另一方面它具有道德意义。"德性之

---

① 程颢、程颐:《二程集》,第 42 页。
② 黄宗羲原著,全祖望补修:《宋元学案》,中华书局,1986 年,第 927 页。

知"不是固定而是发展形成的,是通过自身道德实践和自我反思,逐渐达到理想状态。对于一般人而言,"德性之知"是未完成状态,通过不断修养,接近圣人的境界。通过"德性之知"才能真正理解经典的意义。

首先,"德性之知"具有自得性。二程非常重视为学要"自得",在语录中就有二十多条谈及"自得"。其"自得"大致有三层意思:一与"德"相关。"有德者,得天理而用之,既有诸己,所用莫非中理。知巧之士,虽不自得,然才知稍高,亦能窥测见其一二,得而用之,乃自谓泄天机。"①"德者,得也,须是实到这里须得。"②"自得"就是自身的实实在在的德性,通过读书明理不断修养而成的,"学莫贵于自得,得非外也,故曰自得"。③ 德性是由内而外而发的,就是要自己能够信得及、自己受用,对于经书中所说的道理能够实实在在地体会,而不是虽然认知到有这个意思,但自己却还没有完全认同。"实理者,实见得是,实见得非。凡实理,得之于心自别。若耳闻口道者,心实不见。若见得,必不肯安于所不安。……得之于心,是谓有德,不待勉强,然学者则须勉强。"④明道说的"修其言辞,正为立己之诚意",也是这个意思。一与"道"相关。"自得"的对象往往是"性与天道"而不是一般耳目所及的事物,"性与天道,非自得之则不知,故曰'不可得而闻'"。⑤"如此等,则放傚前人所为耳,于道鲜自得也。"⑥"易也,此也,密也,是甚物?人能至此深思,当自得之。"⑦就是说"性与天道"这种"形而上者"必须是德性"自得"才能认识的。因为"形而上者"不像形下之器,非具体可见,耳目之官无法听闻,也无法通过他人的言说而获得,所以需自身内在德性不断修养才能体贴。而且也只有认识到这种天理,才算是真正的"自得"。第三是"学"的根本方法。"同伯温见先生,先生曰:'从来觉有所得否?学者要自得。六经浩渺,乍来难尽晓,且见得路迳后,各自立得一个门庭,归而求之可矣。'伯温

---

① 程颢、程颐:《二程集》,第 14 页。
② 程颢、程颐:《二程集》,第 42 页。
③ 程颢、程颐:《二程集》,第 316 页。
④ 程颢、程颐:《二程集》,第 147 页。
⑤ 程颢、程颐:《二程集》,第 361 页。
⑥ 程颢、程颐:《二程集》,第 194 页。
⑦ 程颢、程颐:《二程集》,第 136 页。

问:'如何可以自得?'曰:'思。"思曰睿,睿作圣",须是于思虑间得之,大抵只是一个明理。'"① 治经问学要"自得",就是指"各自立得一个门庭",门庭主要是指心有主见,这个主见不是随心所欲地解释,而是与天理相通,"自得"要"思",就是要自立吾理。德性的对象是"天理",自家真正体贴到"天理"后,使"德性"不断充实,心得识达,"自得"然后治五经,才能实有所得。

其次,"德性之知"具有实践性。一方面,通过亲身经历、实践、体验后,对所认知的事物的真切认识,增进自身德性修养,才能对经典之言有真正的理解。为学要知之,又要体之。"学为易,知之为难。知之非难也,体而得之为难。"② 随着自身德性的增进,对于经典的理解也逐渐加深,"某年二十,解释经义,与今无异,然思今日,觉得意味与少时自别"。③ "某自十七八读《论语》,当时已晓文义,读之愈久,但觉意味深长。《论语》,有读了后全无事者,有读了后其中得一两句喜者,有读了后知好之者,有读了后不知手之舞之足之蹈之者。"④ 这种加深显然不是指文本字句上的理解,而是对于经典所要真正指示的超越文本之上的理义的体贴。

这里的实践还突出强调德性的践履。二程曾批评王安石:"公之谈道,正如说十三级塔上相轮,对望而谈曰,相轮者如此如此,极是分明。……(二程)直入塔中,上寻相轮,辛勤登攀,……至相轮中坐时,依旧见公对塔谈说此相轮如何如何。"⑤ 二程与王安石的区别就在于同样谈经论道,但是二程是真真实实深入到儒家之道的内部,去实实在在践履圣人所说的道德工夫。这样得来的感受是完全不同于在外自私用智,仅得依稀仿佛,只有经过实践的知才是真知。

另一方面,也通过落实到平常实践中的行为来检验是否真的理解经典的意义。"今人不会读书。……须是未读《诗》时,授以政不达,使四方不能专对;既读《诗》后,便达于政,能专对四方,始是读《诗》。……须是未读《周南》、《召南》,一似面墙;到读了后,便不面墙,方是有验。大抵读书,只

---

① 程颢、程颐:《二程集》,第 296 页。

② 程颢、程颐:《二程集》,第 321 页。

③ 程颢、程颐:《二程集》,第 187 页。

④ 程颢、程颐:《二程集》,第 261 页。

⑤ 程颢、程颐:《二程集》,第 5 页。

此便是法。如读《论语》，旧时未读是这个人，及读了后又只是这个人，便是不曾读也。"① 治经问学目的在于自身德性修养，德性不只是道德规范的遵守，也是处事得宜的能力，在人伦日用中展现德性的力量才是治经问学之根本所在。

再次，德性之知是理解性而非建构性的。"德性之知"对于解释经典文本来说，是从理解的角度来进行的，将经典文本作为意义的承载者，以理解其中蕴含的意义为目的；还是从自身可以赋予文本以新的意义，即建构性，来看待经典文本的。这是"德性之知"的性质中非常重要的部分。温伟耀在其《成圣之道》一书中，尝试运用伽达默尔的哲学诠释学去整理和消化二程的哲学思想，强调亚里士多德关于科技知识（technical knowledge）与道德知识（moral knowledge）之间的界分，"对于伊川，我们将会用哲学诠释学的角度去理解他的格物致知工夫"，② 认为"每份文献的背后都有一份生命体验，而文献就是这人类心灵所展开的世界和这生命体验外在化的呈现。故此诠释者与文献的相遇，并非只是主体与无意识存在物的相遇，而是主体心灵（诠释者）与另一主体心灵（文献的原作者）之间'视域的融摄'"。③ 因而，"一方面，道德修养的工夫必然地连起主体生命的体验，故主体在理解过程中的主观参与性一定较其他题材为高。另一方面，宋明儒学者自己对诠释经籍的立场和方法，也是视文献为提升自我道德生命体验的一种指点和启迪，诠释的目的并非旨在抽出文献原作者的本意而已，而是将自己的体验结合在诠释的历程之中，结果就是透过对典籍的诠释去把捉更丰富的道德生命体验"。④

借鉴西方诠释学来研究二程思想，进而有意识地把握道德修养工夫和主体生命体验对理解经典文本的意义，对二程思想的把握有一定帮助。不过其中也不可避免地有囿于西方诠释学框架处，温氏对于二程经学思想的理解同二程的本旨是有出入的。首先，由于受到伽达默尔诠释学的影响，认

---

① 程颢、程颐：《二程集》，第 261 页。
② 温伟耀：《成圣之道——北宋二程修养功夫论之研究》，河南大学出版社，2004 年，第 19 页。
③ 温伟耀：《成圣之道——北宋二程修养功夫论之研究》，第 16—17 页
④ 温伟耀：《成圣之道——北宋二程修养功夫论之研究》，第 18 页。

为解释者的理解可以丰富文本的意义,或者说文本的意义恰恰在与解释者的互动中逐渐完成。这一观点与中国传统经学是不合的。在二程而言,读经的意义在于领会圣人作经之意以及经中所蕴含的圣人之道,这一圣人之道本身是完满的,是不待解释者的理解就自身具足的。学者和圣人的德性就本然状态来说,是相同的。之所以不能完全理解经典的意义,主要在于学者自身德性不足。一旦学者的德性能够完善,达到圣人的境界,就能领悟圣人所作经典的意义,而领悟到的意义并非超出圣人之意以外的义理。其次,同样地,学者的主体生命体验对于经典的诠释也并非是增加、丰富其义理,而是不断接近其原有的涵义。学者的生命体验应该同圣人格物、明理、作经的实践相靠拢,以此才能完全把握到圣人的用心。

需要注意的是,二程对于经典的看法以及在解释经典过程中所持有的主观态度,与其最后导致的客观效果,并不能混为一谈。二程对于圣人所作经典的看法,在现代学者看来可能是过于肯定的,但这对于传统儒者而言却是理所当然的。① 另外,二程在解释经典时是以传承圣人之道自任,而并非在圣人之道以外有其他创新。至于从研究者来看,二程所诠释的思想不同于孔孟的思想,对于二程思想的这种解读也可以是见仁见智的,如有学者就认为二程发明的义理之学乃先秦固有的,最符合孔孟之道。

最后,德性之知的根据在于"天理"。对于汉唐经师的注疏,二程认为其并没有真正理解经文意义,由于"秦火"之后,经籍散佚,汉唐儒生对于先秦经典的理解多有错谬。可是到二程的时代也没有重新发现先秦文献的原本,就文本而言,二程与汉唐儒生基本是一样的。那么如何断定经文的原意和圣人的用意,这里的标准是什么,又在哪里呢?汉代今文经学的可靠性主要在于自身的师说传承,因而严守师法、家法是他们解释经文的根据。古文经学则依赖后来发现的古文献,如孔壁古文,这是他们拥有经文解释权的根据。刘歆在《移让太常博士书》中说:"礼坏乐崩,书缺简脱……时汉兴已七八十年,离于全经固以远矣。及鲁恭王坏孔子宅,欲以为宫,而得古文于坏壁之中,……孝成皇帝愍学残文缺,稍离其真,乃陈发秘藏,校理旧文,得

---

① 二程的部分"疑经"思想,是对现存经典中后世所散乱、窜入的文字加以改正,目的是更接近孔子删定六经的原意,而并非对于圣人所作经典的意义加以否定。

此三事,以考学官所传经,或脱简,或脱编。……往者缀学之士,不思废绝之阙,苟因陋就寡,分文析字,烦言碎辞,学者罢老,且不能究其一艺,信口说而背传记,是末师而非往古。"① 可以看到,对于经典文本解释权的争夺,最终须有一个令人信服的根据。

二程的解经根据是哲学的,既不是师传家教,也不是出土文献,而是"理"的一致性。六经的形成,一是三代圣王的行事著录,一是经过孔子整理删定。前者是圣王治理国家、教化人民的事迹,呈现出圣王对天地万物、人事变迁之理的理解,后者是圣人从德性角度对先代文献进行整理,其中包涵了圣人之道的真正意义。由于"性即是理",后学通过格物明理,修养德性,进而理解圣人作经的意义。如果自身德性不足,就不能真正领会圣人作经的意义,如不能通达"天理",就无法完全理解经典中的义理。后学理解经典文本涵义的可能性与"圣人可学而至"的理念是统一的,圣人可以通过努力修养而达到,那么圣人作经的用心自然也可以通过学问思辨而理解。

因此,理解经典就需要从自身德性出发,德性之知的根据是"天理"。一方面,圣人作经是有德者有言的自然作为,治经应当从自身德性出发来理解经典,人的德性来自天理,天理是一致而稳定的。因而理解圣人所作之经的根据在于天理。另一方面,圣人作经的本意是"明理",在经典中蕴含天地万物之理,治经的目的是因经典之言而求圣人之意,因圣人之意而达天地之理。只有通过"德性之知"才能理解经典之言,领会圣人之意,通达天地之理,"道之大原在于经,经为道,其发明天地之秘,形容圣人之心,一也"。②

四、结语

一般而言,诠释关涉作者、文本、读者三个方面。传统的经学诠释分为章句训诂和义理解经,无论是训诂还是义理,所注重的对象是作者和文本,即着重理解文本的字句意思以及领会作者透过文本所要表达的道理。而读者的意义则往往难以确定,一方面,读者是作者和文本的传达对象,读者通过不同的方法尽可能地理解作者的原意和文本的本义;另一方面,读者同

---

① 《汉书》,第 1969—1970 页。
② 程颢、程颐:《二程集》,第 463 页。

时又参与了义理的诠释,甚至是文本新义的建构。就前者而言,读者作为接受者,其重心于作者和文本,而存在的问题是真正完全理解作者和文本如何可能? 如果是后者,读者不再被动,而是文本意义的塑造者,重心就转移到了读者,读者所获得的不只是知识的累积,同时是与作者对话,更进一步地将其应用于实践之中,使得自身的理解不断发展。

然而对于传统儒者而言,经的意义并不仅限于文本,而作经的圣人也不是普通的作者。一般意义上的理解作者和文本诠释不完全适用于中国传统经学。如果将经典作为普遍的文本,一来在诠释文本时只注重对文字章句、名物制度的训诂而没有体会圣人的用心所在,二来尽管脱离了烦琐的训诂而转向义理解经,也往往可能自私用智、附会穿凿,用其他不合的义理来诠释经典,如二程认为像王弼那样以老庄解《易》即是。这些都是二程所要批判的,也是二程经学诠释思想之于汉唐经学的转向所在。二程经学思想不只是义理之学,更是德性之学,它包涵了德性实践和德性之知两个维度。二程将诠释的重点从作者和文本转向读者,将治经问学的目的从知性理解转向德性实践,这是脱离了形式上的训诂之学。同时,又指出要以德性之知来接近圣人的境界,进而理解圣人所作经典中所蕴含的理义,这就超越了普通意义上的义理之学。可以说,注重德性实践并且从德性出发去理解经典和圣人,最后通达"天理",是二程经学思想的核心,也是两宋"道学"或"宋明理学"不同于传统儒家经学的关键所在。当然,更是中国儒家经典诠释思想和西方诠释学思想的差异所在。

不过,依上述理路,二程经学诠释思想就面临一个疑难。二程提倡由经穷理,又提出格物穷理的工夫。这样,穷理明德工夫就有两种途径,由经穷理和格物穷理,两者并不排斥,因为在二程而言,格物中也包含着读书治经这样的实践。但如前所述,如果治经问学的目的是德性修养,而德性修养除了治经外还有其他的途径,或者说是更好的更直接的方法,如对天地万物、人伦日用中所蕴含之理的穷究,那就会导致治经问学在德性修养中的地位的减弱甚至被抹杀。这一点恰恰是后来经学与理学之间紧张关系的滥觞。朱熹、陆九渊关于"尊德性"、"道问学"之争,在王阳明那里"良知"不仅是理解经典的出发点更是判断经典的权衡,这都是二程经学诠释思想疑难在不同背景下的新表现。

牟宗三论"践仁知天"

孔令宜（淡江大学中文系）

一、前言

中国哲学以生命为核心,相较于西方哲学以认识论为中心,中国哲学是一门生命的学问。人的生命存在日臻圆满的理想,发展出儒家道德之学的两个主要关怀:道德实践如何可能的根据,道德实践的最高境界,以达致体用一如。牟宗三先生于《先秦儒学大义》[①]（以下简称"牟文"）中,以《论语》、《孟子》、《中庸》、《易传》四部原始儒家经典,建构出先秦儒学"道德的形而上学"（moral metaphysics ）说法,中国哲学为一种实践的智慧学。

牟文从《论语》中"夫子之言性与天道,不可得而闻也"作为切入进路,进而提出"践仁知天"的说法,并以传统的"仁是生道"说法作为论点,遂形成本文的问题意识。笔者自幼尝想过:"我是谁"、"被生来做什么"、"为何为此姓"诸问题。"仁"是儒家创始人孔子的中心思想,到了宋明儒提升至"生生之仁"的高度。本文析评之提出,孔子五十知天命,践仁知天,"我欲仁,斯仁至矣"的"仁",不唯具有主体义的创造动力,更隐涵"仁是生道"的本体义,期以对先秦儒学道德的形而上学有一厘析。

二、实践的智慧学

牟文共分为七讲,以中国哲学为一生命的学问,而非西方哲学以认识论为中心,由此判为中西哲学的分水岭。借用康德的用语,中国哲学为一"实践的智慧学",[②] 相当于中国"生命的学问"（"生命的学问"现在容易和生物

---

① 牟宗三主讲,卢雪昆整理:《先秦儒学大义（一）—（七）》,《鹅湖月刊》第三十二卷第一一期（总号第三八三）—第三十三卷第五期（总号第三八九）,2007 年 5 月—2007 年 11 月。

② 牟先生说:"因为西方哲学从希腊开始,是爱智慧,照康德的解释,哲学的原义是实践的智慧学。这个意义的哲学,现在西方没有了,正好保存在中国。古希腊原义的哲学正好保存在中国,这是中国人所谓教,哲学的古义原来是这样。"（牟宗三:《四因说演讲录》,鹅湖出版社,1997 年,第 53 页）

科学有所混淆,可以用"生活哲学"而言)。牟先生以为中国此一类型的学问,最后会关涉到"道德的形而上学"(moral metaphysics)。牟文中,视《论语》、《孟子》、《中庸》、《易传》为一根而发,逐步建立先秦儒家道德的形而上学。易言之,道德的形而上学,肇基于孔子的思想,牟先生以一句"践仁知天"来总结孔子的智慧,然而《论语》中却有一句甚难解释的话:"性与天道不可得而闻也。"

不是所有的形上学(metaphysics)都不能讲。康德以为西方传统的形上学至少有三项:上帝存在、灵魂不灭、自由,超出科学知识以外,无法用知识进行理性的逻辑推理。西方哲学自柏拉图以降重视认识论,然而此三项并不是"思辨理性"(speculative reason)或"理论理性"(theoretical reason)所能证明的,所以康德提出实践理性批判,"知解的"这个词就是对着"实践的"讲,唯有靠实践(practice)方能证明。所谓思辨理性或知解理性,能适用于经验科学范围内的东西,能够成为知识所能达到的对象。但是西方人把上帝存在、灵魂不灭看成是客观的存在,就是事实,目前西方讲究实证的学问,所以目前西方不讲形上学。《易传》曰:"形而上者谓之道,形而下者谓之器。"中国就是以"形而上"来翻译"metaphysics"一词,中国道德的形上学为一实践智能学型态。

理解孔子的思想,必须通过《论语》。牟文将《论语》分为三个方面的问题:第一,春秋时代一般人的教养问题。第二,个人道德实践凭借的根据,个人发展道德人格的根据。第三,道德实践的最高造诣,就是道德实践的最高造诣往哪个地方通的问题。

首先,所谓"周文",指周朝的文化,一条人文化成之路,"周监于二代,郁郁乎文哉,吾从周"(《论语·八佾》),周朝的礼乐制度灿然明备。孔子以六艺、六经等来教育学生。一般人的教养问题就是一般人日常生活的仪轨。其次,公认《论语》的中心思想为"仁"。西周周公制礼作乐,依与周王室血缘亲近分封诸侯国,降及东汉,内在动力面的血缘亲情已无法维系外在结构面的宗法封建制度,礼坏乐崩,诸子百家面对周文疲弊的时代问题各自提出解决之道。子曰:"人而不仁,如礼何?人而不仁,如乐何?"(《论语·八佾》)孔子对僵化了的周文不是采取否定的态度,而是提出礼之本在仁,以真实情感加以活化周文。所以现代学者有"摄礼归仁"①的说法,由礼学进入仁学。"仁"是道德实践可能的根据,有这个根据做道德实践,"仁"代表道德实践。道德实践就是人格的完成,这种实践之所以为实践,一定是道德的实践;如果是根据科学知识而来的实践,譬如手术、运算等的实践,只是技术方面的实践,而非道德的实践。最后,君子致力于道德实践,道德实践的最高境界,就主观方面而言,成圣;就客观方面而言,还会往上牵涉,牵涉到"天","天"代表超越面,这是儒家的基本预设。通过圆融的人生实践,让善圆满的实现。

《论语》中,凡言"天"十次,"命"六次,"天命"二次,"性"二次,"天道"仅一次。《论语·公冶长》:"子贡曰:夫子之文章,可得而闻也,夫子之言性与天道,不可得而闻也。"牟先生以为这是《论语》里最玄的一个问题。"文章"指《诗》、《书》、《易》、《礼》、《乐》、《春秋》等典籍。至于孔子罕言"性"与"天道",究竟是孔子没这方面的观念,抑或是子贡没听见孔子说过,还是听了不明白,自古以来莫衷一是。为什么牟先生以为"夫子之言性与天道,不可得而闻也"这句话可以得到我们这个时代的一个新的解释?还有为什么孔子要用这么曲折的方式表达?

首先必须厘清"性"与"天道"是属于哪一个层次的问题。用西方形上学的词语讲,"性"与"天道"是属于存有论(ontology)的问题。"天道"就是天地万物总起来说的,天地万物之所以成为天地万物的最后根据,是绝对的存有、最高的存有,模拟于西方的上帝,是大写的 Being;"性"就是散开对着个体讲,个体之所以成为个体的最后根据,是小写的 being。从不可得而闻也,可知夫子心中有这个观念,但为什么夫子不常讲"性"与"天道"?因为这不是讲的事情,不是用说的就能够证明,"性"与"天道"不是思辨理性或理论理性的事情,势必另辟溪径,而是实践理性的事情。

实践什么呢?就是实践"仁",牟先生以"践仁知天"一句话来诠释孔子的智慧,这就是最高的智慧。据此了解,在孔子的生命中,暂时把"性"与

---

① "摄礼归义"、"摄礼归仁"二词,系劳思光先生所提出,见氏所著《新编中国哲学史(一)》,三民书局,2000 年,第 112—122 页。蔡仁厚先生亦藉之以说明孔子理论形成的关节,见氏著《孔孟荀哲学》第三章"孔子理论的形成与引申",学生书局,1999 年,第 55—64 页。

"天道"的问题放下,因为"性"与"天道"属于客观的存有问题,存有属于形而上学的问题,不是经验所能把握到的,不可凭空而说。关键的地方在"仁",从可以通过自己尽力就能把握的关键点入手,把仁道实现出来,实践出来就是体现出来,不是凭空就能知天的,而是从实践的工夫进路而来,通过实践仁道,方能知天。"性"与"天道"遂可以通过实践,体证而知。牟文由《论语》的"践仁知天",逐渐发展出《孟子》的"尽心知性知天",以及《中庸》的"天命之谓性"和《易传》的"穷神知化",由实践的智慧学展开先秦儒学道德的形而上学。

三、"仁"与"天"生生之道的关系

牟先生提出"践仁知天"来归结孔子生命的智慧,实践仁道就可以知天。其中的问题包括:孔子所言的"仁"最后归结往哪里走?为什么能够"践仁知天"?更重要的问题是:"践仁"与"知天"有什么关系呢?为什么"仁"与"天"能够发生关系呢?本节试图从中国传统思想中,先分别理解"仁"与"天"的说法,再由此检视牟先生对"践仁知天"论证的正确性与否。

(一)"仁"是真实生命的情感

牟文进一步引孟子的话来言"仁"的实践性,"仁者,人也。合而言之道也"(《孟子·尽心下》)。这句话不是对"仁"下定义,不能说仁者就是人;也不是对"道"下定义,不能说"仁"与"人"合在一起就是"道"。"仁者,人也",是使人能成为一个人的道,不是下定义。若是下定义,人的本质也要包括进去,根据"生之谓性",人心理的情绪、生理的欲望、生物的本能,还有理性,所以亚里士多德谓"人是理性的动物",才是下定义(definition)。人之所以为人之义(humanity),这个人不是与生俱来现成的,是要通过道德实践而达到的人(human being),不是当成一个知识概念来下定义。"仁者,人也。合而言之道也。"就是通过道德实践仁道,把"仁"在你自己的生命中体现出来的人,方能为人,成为一个真实存在的人。这是儒家孔、孟所说的道,这条路是经由道德实践而来的道。牟先生以为"夫子之言性与天道,不可得而闻也",以及"合而言之道也"所说的"道",就是"天道"。

"仁"究竟是何涵义?《论语》里,孔子答复"仁"的话有很多,但都不是根据考据学来训诂,亦不是根据逻辑学下定义。"仁"是全德,是诸德之源,不仅是一个德目，不偏于一德。一切德从"仁"开出，一切德也归于"仁"，分别说的每一个德目都可以指点到"仁"，"仁"是孔子依每个当下真实情境而言的指点语，所以不能下定义。迄乎孟子，把仁、义、理、智四端并列，"仁"才成为一个德目，四端之心有恻隐之心、羞恶之心、辞让之心、是非之心四面，总起来孟子曰"本心"，孟子的"本心"相当于孔子的"仁"。"仁者，人也。合而言之道也。"仁是全德，就是人之所以为人的道理，实践仁道，方能成就人之为人之义。

"仁者爱人"，是《论语》里论"仁"的一个基本意思，积极地说："己欲立而立人，己欲达而达人。"消极地说："己所不欲，勿施于人。"牟文透过古人对于"仁"有一个最高的想法"仁是生道"，加以论述孔子言"仁"最后的归向，即可明了何以能够"践仁知天"。

"仁是生道"，这是古德共许的智慧。人之所以为人，主要是靠生命，然而这种生命，不是指生物学上的生命，生物学上的生命是属于科学的。生死是自然现象，任何人都无法避免，这个问题不能解决，所能解决的是把人为的力量参与赞助进去，就把生死问题转成另一个问题，转成一个道德实践的问题。儒家讲成德之教，把一生自作是一个成德的历程，成德的过程即是道德实践的过程，实践的过程是就理想的境界而言，永无止境地趋近理想，儒家是一种道德的理想主义（Idealism），所以儒家喜欢说"生生不息"。这种生命，是以道德实践为进路的价值生命，价值生命也是生命。所谓"生道"，就是从道德实践引发的生道，不是从生物学而言的生道，"生道"乃生命之所以为生命的一个最高的道理。

《论语》里，孔子还有一个地方指点"仁"。《论语·阳货》载宰我问："三年之丧，期已久矣。君子三年不为礼，礼必坏；三年不为乐，乐必崩。旧谷既没，新谷既升，钻燧改火，期可已矣。"子曰："食夫稻，衣夫锦，于女安乎？"曰："安。""女安则为之！夫君子之居丧，食旨不甘，闻乐不乐，居处不安，故不为也。今女安，则为之！"宰我出。子曰："予之不仁也！子生三年，然后免于父母之怀。夫三年之丧，天下之通丧也。予也，有三年之爱于其父母乎？"宰我以为通行的守丧三年为期太久，改为一年即可。孔子以为父母襁抱提携子女三年，守丧三年是一种追思之情的具体表现。反问宰我守丧期间锦衣玉食，没有哀思之情，这样做心安吗？宰我则回说："安。"孔子当下对这一个机缘作出一个判断，就是宰我"不仁"，可见"安"就是"不仁"，易言之，"不安"就是"仁"。到了孟子，就从孔子所说的"不安"，转成"不忍人之心"，^①正面说就是"恻隐之心"。一切德都是从这不忍人之心发展出来，从这怵惕恻隐的仁心发展出来。

这不安不忍之心就代表生命有跃动，生命不僵化、不呆滞；若生命僵固、僵死，生命就结束了。宰我由于功利化，生命僵化，孔子指点仁，就是指点生命的跃动。连孔子教学时都说："不愤不启，不悱不发。"（《论语·述而》）能愤悱生命有跃动，才能启迪智慧。生命有跃动、有感觉，一切的聪明智慧就从这里出。生命的跃动，代表活活泼泼的真实生命情感，这不是下定义。牟文指出，生命活泼，随时有感觉，这个"觉"，不是西方认识论所说的感觉。举熊十力先生所说："古今以来，感触最大者莫过于释迦与孔子。"这个"觉"就是从《论语》宰我问三年之丧，孔子说"予之不仁也"这句话转出来的。

吾人常言道"麻木不仁"。程明道最能体会孔子所说的"仁"，以中医作譬喻，血脉不通就是萎痹，麻木就是"不仁"，不麻木有感觉就是"仁"。牟文接着指出，在北宋程明道以前，还有更直接说"觉"的，就是三国的诸葛亮说："恻然有所觉，揭然有所存。"（《与外甥书》）这是根据孔子的"安不安"、孟子的"不忍人之心"而来的。牟先生说："我们拿这两句话来说仁体。'仁体'不是说仁的体。'仁'就是体，仁做你生命中的常体（constant），这就是道，把人之为人的道启发出来。……人生常常要'恻然有所觉'。因为你有所觉，所以'揭然有所存'。'有所存'就是有所存主，以你所觉的东西作你的主。所以，从这两句话可以把仁看成是常体、仁体。……我从生命不麻木、不呆滞，说到觉，使你的生命'恻然有所觉，揭然有所存'。从这个意思把你生命中的常体，常突出来作你的本体。别的东西不能作本体，你有这个常体，你才能有所守、有所定，你生命才有所贞定。"^②

---

① 《孟子·梁惠王上》王曰："舍也！吾不忍其觳觫，若无罪而就死地。"对曰："然则废衅钟与？"曰："何可废也？以羊易之！不识有诸？"曰："有之。"曰："是心足以王矣。百姓皆以王为爱也，臣固知王之不忍也。"《孟子·公孙丑上》孟子曰："人皆有不忍人之心。先王有不忍人之心，斯有不忍人之政矣。"

② 牟宗三主讲，卢雪昆整理：《先秦儒学大义（四）》，《鹅湖月刊》第三十三卷第二期（总号第三八六），2007 年 8 月，第 10—11 页。

根据牟先生的说法，来看《论语》里"仁"的例句。子曰："不仁者不可以久处约，不可以长处乐。仁者安仁，智者利仁。"（《论语·里仁》）"安仁"是安于生命中的仁体，也可以说，生命能够安于生命的常体、本体之中，才能安住"仁"，把"仁"守住。所以说，子曰："知及之，仁不能守之；虽得之，必失之。……"（《论语·卫灵公》）至于"利"，不是利益的利，而是锋利的利，相当于《易传》元亨利贞的"利"，往外通的意思。智者可以把仁体、仁道往外顺利地通出去，却不一定能守得住，生命要有"仁"作为本体，才能贞定得住。所以，不仁者生命中没有常体作主宰，无法长期忍受困顿及处乐，进退失据。其他例句，子曰："唯仁者能好人，能恶人。"（《论语·里仁》）生命中有"仁"作常体，才能好善恶恶，得其正。

　　综言之，孔子创辟了"仁"，建立"仁"的主体性。一生成德的历程，就是不断地实践仁道。这是人之所以为人的道理。降及宋明儒，以先秦的《论语》、《孟子》、《中庸》、《易传》、《大学》为主要经典，并以前四部建构形而上学，以回应佛老。譬如程明道曰："发而与天地万物同体之仁。"发孔子之所未发。王阳明的"一体之仁"等，提升至本体论的高度。牟先生通过"仁是生道"的传统说法，生命之所以为生命的道理，从道德实践引发的生道，这是道德价值的生命。从孔子的"安不安仁"，生命不僵化才是活活泼泼的生命，说到生命不麻木才能有所觉，所以牟文提出"仁"就是体的说法，仁做生命中的常体、常道，生命就能守住加以贞定，由此建构"仁体"的说法。孔子言"仁"具有主体能动性的主体义，经由"仁是生道"的论点，亦隐涵"仁"是"仁体"的本体义。

　　（二）"天"是创生性的原则

　　中国古代历经一条长远的"宗教人文化"过程，[①]儒家的创始人孔子集大成，创辟的中心思想为"仁"，提出"我欲仁，斯仁至矣"的说法，将价值系统由天逐渐转为人，为建立中国哲学主体性（subjectivity）的第一人。

　　在孔子之前的《尚书》、《诗经》里，有"帝"、"上帝"的人格天信仰。《尚书·召诰》："今天其命哲，命吉凶，命历年。"夏、商、周三代是重视天命转移的王朝，天之降命或撤命与人的行动有一种感应，"命"是命令的意思，可以

---

① 徐复观：《中国人性论史》，台湾商务印书馆，1999年，第51页。

命此、命彼,可以列举出来,这个天之所命的"天",彷佛冥冥之中有人格神的意思,只是这种意义的人格神,不同于西方上帝是个实体的人格神（Personal God）。儒家有所谓的三祭之礼:祭天地代表儒家的超越精神,等同于西方的上帝,但不是人格神的意思,祭祖宗代表不忘本,祭圣贤代表文化。

　　到了《诗经·周颂·维天之命》:"维天之命,於穆不已。""於穆"是副词,深邃的天之所命不停止,不可以列举出来,而是扩大到就一切来说,天地万物都是天之所命而来,变成一个创生性的原则,或称为创造性的原则。牟文以为,这个天命的观念是一个"创生性实体",或称为"创造性实体"（creative reality）。[①]

　　《论语》里,孔子对"天"的意思没有表明得很清楚,简言之,愈来愈不重视人格天的信仰,而转成道德规则的天。《论语》有一则论及孔子言"天"与"生"的话。子曰:"天生德于予,桓魋其如予何?"（《论语·述而》）孔子在周游列国时遇到宋国司马大夫桓魋的迫害,表现对道德人格的自信,说出"天生德于予"的话,道德意义的价值天,创生出人内在的德。所以在《论语》里,隐涵"天"有"生道"的意思,这种创生,是意义价值的创生（creative）。《孟子》顺着《论语》,把"仁"收到"心"上,言四端之心,开出"尽心知性知天"的说法。

　　孔子之后的《中庸》、《易传》,"天"表现出创造性的原则。《中庸》引《诗经》"维天之命,於穆不已"这两句,下面再加上赞语,"盖曰,天之所以为天也"。天之所以为天之义,就是不断地降命起作用,使天地万物存在,"天"显现出其创造性。《中庸》还说:"天地之道,可一言而尽也:其为物不贰,则其生物不测。"天地之道总起来说就是天道,天地万物之所以存在背后的道理,就是天道,"天"以"生"为道,"天"就是"生道"。

　　《易传》解释占卜用的《易经》,表达深刻的哲学性。首卦《乾卦·彖辞》曰:"大哉乾元,万物资始,乃统天。……乾道变化,各正性命。"《彖辞》用来解释《卦辞》,乾元就是道,乾道变化就是乾道创生天地万物的过程,宇

――――――――――

　　① 牟宗三先生在《中国哲学的特质》里,对《诗经》等的形上天,不是称为"创生性实体"或"创造性实体"一词,而是使用"创生不已之真几"或"形而上的实体"一词。见氏著《中国哲学的特质》,学生书局,1994年,第31、35页。

宙论（cosmology）的讲法。"化"是从气上讲的，气之所以能产生变化，生生不息，天地万物化生背后的道理是乾道，牟先生名曰"本体宇宙论"（Onto-cosmology）。牟文称乾道为"创生性实体"，或称为"创造性实体"，而且还是一个形而上的创生性实体或创造性实体（metaphysical creative reality）。

《易经》最重要的是乾、坤两卦，乾坤并建，乾元是"创生性原则"（principle of creativity），坤元是"终成性原则"（principle of finality）。《乾卦》卦辞为"元亨利贞"，"元"为始，就代表创生之始；"贞"为定，就代表创生之终。牟先生于《四因说演讲录》^①里，以为乾元这个创生性的原则，相当于亚里士多德的"动力因"（efficient cause），天地万物创生背后有一个动力所在；坤元这个终成性的原则，相当于亚里士多德的"目的因"（final cause），天地万物创生前面有一个目的所在。

儒家不讲生死问题，而是讲生成、终始问题。生藏着成，始藏着终。成根据生来，终根据始来。华人说："小人曰终，君子曰死。"生死是自然现象，无可避免，儒家讲成德之教，看生命的过程有没有做道德实践。没有做道德实践曰死，有做道德实践停止之时曰终，非浪生浪死之人，人生才有价值意义。生死是生物学的观点，形而下的观点；生成、终始是价值的观点，形而上的观点。儒家根据道德实践的观点来看天地万物，《乾卦·象辞》就是根据道德实践的观点来看天地万物。《乾卦·卦辞》"元亨利贞"的过程就是生成的过程、终始的过程。这个"生"不是"生死"的生，而是"创生"的生。《易传》用乾元来表示"生道"，就是创生之道。

"仁"与"天"何以可关联？《象传》分为《大象传》和《小象传》，《大象传》是象《象辞》所表示该卦的总特性，《小象传》解释《爻辞》。《乾卦·大象传》曰："天行健，君子以自强不息。"《诗经·周颂·维天之命》："维天之命，於穆不已。於乎不显，文王之德之纯。"文王有德代表君子，天行健象征天命创生不已，两句异曲同工。牟文指出，"仁"有两大特性：一个是"觉"；另一个是"健"，从"天行健，君子以自强不息"而来。"觉"是不麻木，生命活泼跃动；"健"是不呆滞，也是生命活泼跃动。牟先生常以两句话来言"仁"："仁以感通为性，以润物为用。""仁"是"觉"，才能感通而无隔，所以说"亲亲

---

① 牟宗三：《四因说演讲录》，第 22 页。

而仁民,仁民而爱物"。落实到具体生活之中,从亲上感通,从民上感通,从物上感通,原则上,天地万物都涵盖在仁心的润泽之中。牟文以仁心为"创生性实体"(creative reality),靠仁心创生天地万物。[1]

综言之,《尚书》、《诗经》的"帝"、"上帝"具有人格神的意味,《诗经》同时也有"天命"的观念,就是"维天之命,於穆不已"。经过孔子、孟子的发展,到了《中庸》、《易传》,"天命"、"天道"表现出天地万物存在的创生性实体义,将不太明显的人格神义完全化除。为何能"践仁知天"?"仁"与"天"之间有何关系?"仁"是"生道","天"也是"生道","仁"与"天"之间透过"生道"为中介嵌结关系。若"仁"是"生道",若"生道"是"天",所以"仁"等于"天",证成牟先生以"践仁知天"一句来总结孔子生命的智慧。

四、生活化的儒学

牟文以康德所提出的实践智慧学作为开端,来论述先秦儒学的实践性格,再探讨先秦儒学道德的形上学。牟先生运用其老师熊十力先生"体用一如"的方法论观点,[2]"本体论"是天地万物存在的根源问题,"工夫论"是如何达致的修养工夫问题。牟文在探讨"践仁知天"时,有分别从"仁"和"天"提出本体的说法,"仁体"、"道体"、"创生性实体"或"创造性实体",也从道德实践的进路,就是践仁,来探讨修养工夫。"体用论"适合诠释中国哲学重生命、重实践的特点,但是牟文似乎较呈现下学而上达单向达致的工夫,较无法表现出双向的互动,"即用见体"与"承体起用",是一种诠释的循环。

道、德、仁、艺四目为一体之循环(circle):

$$\quad\quad \leftarrow \quad\quad \leftarrow \quad\quad \leftarrow$$

志于道　据于德　依于仁　游于艺

$$\quad\quad \rightarrow \quad\quad \rightarrow \quad\quad \rightarrow$$

---

① 吴启超:《仁心何以能生出事物来?——从唐君毅的鬼神论求解,并略说牟宗三的"道德的形上学"》,《中国哲学与文化》第八辑,广西师范大学出版社,2010年,第143—163页。

② 熊十力:《新唯识论》,明文书局,2000年。

在礼文世界中开启仁心，人存在的真实感具有主体自觉的能动力，触之即动，动之即觉，因觉而悟，因而通之，调适而上遂于道，生命本身回到宇宙的本源而交融不二，下学而上达以"即用见体"；人的生命与总体的存有根源合而为一，与天合德，内在化为吾人的德性，人依着真实情感的感通能力，具体开显于广大的礼文世界，由大本而达道以"承体达用"，但不是开显完就结束，而是循环相生不已，用后设学术话语而言，孔子思想实已隐涵"体用一如"的哲学观。由修养的工夫，"用"这个层次就是"方法论的层次"（methodological level）；而回溯到本源，"体"这个层次就是"本体论的层次"、"存有论的层次"（ontological level）。①

孔子以"志于道，据于德，依于仁，游于艺"一章，表现了提纲挈领的思想进程，虽然孔子并不常言于性与天道的本体，亦曾云："天何言哉？四时行焉，百物生焉，天何言哉？"（《论语·阳货》）熊十力先生说："孔子答门下问仁者，只令在实事上致力，易言之，即唯与之谈工夫，令其由工夫而自悟仁体，却不曾克就仁体上形容如何如何。一则此非言说所及，二则强形容之，亦恐人作光景玩弄。"②在实事上唤醒仁心，也就是说，从日常生活中唤醒怵惕恻隐的仁心，回溯总体的根源，存有的根源开显于生活世界，在生活世界的事物之中，当机指点仁心，换言之，"仁"放诸于生存场域，即是"礼"的落实，"游于艺"呈显了道德实践的面向，由存有哲学开启场域哲学。用后设的学术话语而言，相较于宋明儒的见体之学，孔子仁学一方面由艺入道，即用见体；另一方面由道成艺，承体达用，熊先生常言"即体而言，用在体；即用而言，体在用"，体是流行大用之体，用是本体开显之用，道与艺之间，如此体用一源，显微无间。

在生活经验之中，逐渐调适而上遂于道体，验之以体；一旦上遂于道体，道体又开显于生活世界，以体验之，孔子仁学包含天道天理、道德主体、历史文化三个面向，三者之间并非单向式的思维方式，隐涵着诠释学上的循环与实践上的循环，所谓的"体验"、"体会"，即是一种诠释（interpretation），而不唯是解释（explanation），乃是吾人根据主观的个别生命，通过客观的

---

① 孔令宜：《从"孔颜乐处"到程明道天人一本论》，台湾东华大学硕士学位论文，2005 年，第 61 页。

② 萧萐父、郭齐勇编：《玄圃论学集：熊十力生平与学术》，三联书店，1990 年，第 569 页。

方法操作,而对诠释对象加以认识与理解,并进而给予批评与建构。人作为活生生实存而有的存在,迎向生活世界,开启"生活化的儒学"(lively Confucianism),①人的主体心灵意识对客观对象的执着,如何处理人的扭曲与异化,以及寻求其复归之道,成为圣人之道的重要问题,而所谓"生活化的儒学","道"只是如实地开显,生命只是自然地朗现,解除对外在知识系统的执着,寻求内在生命的确定,提倡一个自得之学。

牟文以古德"仁是生道"的论点,探究"践仁知天",将一个牵涉到形上学而有难度的命题,运用一个极佳的论点来加以证成。牟先生在先秦儒学即建构出本体,到了宋明儒提升至本体论的高度,宋明儒提出"生生之仁"的说法。然而牟先生站在当代新儒学的位阶上,惜未尝以"仁是生道"来讨论生态伦理。

孔子的"仁心",孟子的"良心"、"恻隐之心",陆象山、程明道的"本心",王阳明的"良知",都是道德创造性的自己,感通之无隔,觉润之无方。自启蒙运动以来,人类中心主义造成侵略性的发展,尤其是二十世纪迄今,地球生态环境遭到严重破坏,是所有存在物面临的浩劫。儒家思想虽然在某种程度上,人居于中心地位,"人者,天地之心也"(《礼记·礼运》),但并不是从优越的角度而把自然界当成可任意掠夺、征服的对象,在"一体之仁"的价值中,天地万物不外于己身,人与自然的关系,不是"我与它"的关系,而是马丁·布伯(Martin Buber)所言"我与你"(I and Thou)的关系,儒家的人文精神蕴涵与自然和谐相处之道,建构环境生态伦理。②

---

① 林安梧先生近年最关心"人存在的异化及其复归之可能",其说:"宰制(domination)及异化(alienation)是晚近社会哲学最常出现的两个概念。大体而言,异化指的是 not at home(亡其宅),此多由宰制所引起。宰制指的是为一客体物所控,而此所控之客体物是外于人的,它生出一强大的势力(force)而使人区服于其下。社会哲学省察之所以会有这些问题,大体是将人视为一个 social being 来处理。但'生活化的儒学'由于通过一种'生活的工夫'(工夫即是生活,生活即是工夫;即此工夫便见了本体)而涵化了天地万物,故无所谓的宰制与异化。社会学家将人视为 social being,而采取一外在的,制度的解决;而儒学则认为人乃是一个 moral being(或者说是一 creative being),由于人的 moral being(参赞化育),此是一主体、内在的解决。"(见氏著《中国宗教与意义治疗》,明文书局,2001 年,第 59 页)

② 孔令宜:《儒家仁道思想的普世价值》,收入《第四届世界儒学大会学术论文集》,文化艺术出版社,2012 年,此处的讨论参见第 526 页。

五、结论

西方的上帝说有光就有光,是道成肉身;中国实践的智慧哲学,是肉身成道。牟文透过《论语》里一句甚难解释的"性与天道不可得闻",提出"践仁知天"的说法,实践仁道就可以知天,经由主观的道德实践把客观的存有体现、朗现(full realize)出来,实践人之所以为人的价值意义,天地万物涵盖在仁心的润泽之中。儒家讲一生的成德之教,从实践的智慧学,建立道德的形而上学,透过道德实践的观点来看天地万物的化生,这种"生"是"创生"的生。《易传》曰:"显诸仁,藏诸用。"道就藏在用中,在"仁"这个地方才能显现出作用,生生之谓易,没有"仁"作为根源就没有生化大道,道体即仁体。

没有"仁体"作为根源就没有生化大道,道体即仁体。"践仁知天":通过主体性的仁的实践,达到创生性的天道之体会,此一创生性的天道乃是生生不息的仁体,故"践仁"之主体性的道德实践,通达于天道仁体的生生不已,"性与天道不可得闻"之实义乃在于力行实践方能"践仁知天",天道作为生生不息的仁体实乃"天何言哉",不可说当然也不可得闻,只在离言的力行之中,"逝者如斯夫,不舍昼夜",孔子"践仁知天"从主体性的仁通达本体的仁体,实乃"洋洋乎发育万物,峻极于天"者也。

惟德动天:《书》教的天人合一

黄靖雅(天人文化院)

一、"天"、"人"的定义

汉代董仲舒倡言"天人之际,合而为一"(《春秋繁露·深察名号》),司马迁亦以"究天人之际"为写作《史记》的动机之一(见《报任少卿书》),到张载"得天而未始遗人"(《正蒙·乾称》),历代关于天人关系的表述始终不绝于书。天人合一是中国传统思想——不论是宗教或哲学——的基本假设,已是当今学界的共识,[1] 但对于天人合一的定义,则未必有相同的认知。如果采取最为宽松的界定,从中西文化比较的角度切入,中国传统认定天与人存在相即不离的关系,"天人合一"的对立面实即西方的"天人两分"。[2] 再进一步说,天人合一的"天",所指涉者究竟为何,始终众说纷纭。

冯友兰先生曾在《中国哲学史》归纳出"天"的五种定义,[3] 一般学者更倾向于去除其中的物质天与命运天,简化成三种定义,亦即自然天、主宰天与义理天。19世纪80年代,在西方深层生态伦理学兴起之后,自然天一跃而为学界主流。业师汤一介先生的《论天人合一》,[4] 即以"自然"解读"天",试图从中国传统的天人合一找寻对治全球生态恶化的解方。

余英时晚近出版的《论天人之际——中国古代思想起源试探》,则竭力主张,以鬼神释"天"当在轴心期之前,轴心期以后"天"已转向道德规律,[5] 亦即冯先生所谓的义理天。如此提法并非余英时首创,多位大家皆有近似的提法。张岱年先生1937年完成的《中国哲学大纲》即有此说,徐复观

---

① 余英时:《论天人之际——中国古代思想起源试探》,联经出版事业股份有限公司,2014年,第71页。

② 唐君毅:《中西哲学思想比较论文集》,学生书局,1988年,第128页。

③ 冯友兰:《中国哲学史》,中华书局,2014年,第54页。

④ 汤一介:《论天人合一》,《中国哲学史》2005年第2期。

⑤ 余英时:《论天人之际——中国古代思想起源试探》。

1969 年问世的《中国人性论史》同样主张"天"即"天道",为"道德根源"。①
此外还有牟宗三《中国哲学的特质》即以"天"为道德秩序;②蒙培元直指
天人之学为孔学开端,以"天"为价值根源;③王志跃《先秦儒学史概论》指
"天"为"价值意义上的天",④措词略有小异,但本质雷同。

　　至于主宰天,此一定义实即"上帝"的学术包装。五四以后"赛先生"
挂帅,宗教色彩浓厚的主宰天几乎上不了台面。然而征诸传统典籍,主宰天
的地位绝不容轻忽,冯友兰就很明确地承认:"孔子之所谓天,乃一有意志之
上帝,乃一主宰之天也。"⑤即如《诗》、《书》、《左传》、《国语》等典籍,其中的
"天",除了与"地"相对的物质天,同样指涉"主宰之天",亦即"皇天上帝"
(典出《尚书·召诰》),易言之,即"有人格的上帝"。⑥本文既以《书》教为主,
其余经典无暇论及,但证诸《尚书》全书,可以肯认冯先生的看法,与人间关
系密切,经常对应的,确是"主宰天"。这个主宰天不只涵摄上帝,更包括诸
天神祇与山川百神,统言之,即上帝管辖的帝廷。

　　《尚书》的上帝尽管高居天界顶端,拥有至高无上的大权,未必尽如卜辞
所见,只是喜怒无常,无从揣摩意向的宇宙主宰。"钦崇天道,永保天命"(《仲
虺之诰》),⑦虽是仲虺用以归纳天道与天命内在联系的表述,从中却不难看
出上帝的号令所出,必与天道结合。换言之,西方的上帝是创世者,中国的
上帝却是天道的执行者,虽然对人间执掌赏罚大权,却有一定的规律可循。
这个规律,实即"天道",亦即义理天。前述诸家以义理天诠释"天",正因为
正宗的主宰天必依义理天而行,二者有时混同为一,是理之必然,无足为怪。

　　主宰天的定义确立之后,其次必须解决"人"的问题。学界通常不在
"人"的定义纠结,是因为认定其中的"人"必然是圆颅方趾的人类,绝无争
议。如此解释并无大错,但严格来说,仍须作出较为精准的界定。天人合

---

①　徐复观:《中国人性论史先秦篇》,台湾商务印书馆,1969 年。

②　牟宗三:《中国哲学的特质》,学生书局,1994 年。

③　蒙培元:《蒙培元讲孔子》,北京大学出版社,2005 年。

④　王志跃:《先秦儒学史概论》,文津出版社,1994 年。

⑤　冯友兰:《中国哲学史》,第 77 页。

⑥　冯友兰:《中国哲学史》,第 54 页。

⑦　以下凡引《尚书》,只注篇名。

一的"人"在《尚书》主要称为"民",分作两种。一种是遍布中土大地的庶民,另一种则是领有天命代理牧民的人间帝廷。前者的人数远大于后者,但实际肩荷"合一"任务者,则为后者。二者之"同"在俱为天所生,生命的大本同样远源于天,周武王道是"惟天地,万物父母,惟人,万物之灵"(《泰誓上》)。至于二者之"异",虽说"天聪明,自我民聪明;天明畏,自我民明威"(《皋陶谟》),庶民作为天界普遍关注的对象,等同上帝的耳目,可以影响天命的予夺,但除非民生涂炭,仰首对着苍天高呼救命,因此惊动天廷,否则寻常时日与天并不直接发生联系。换言之,能与"天"合的"人",是担负教民养民重任的人间帝廷,必须面向天界,对天负责。此中得以通过修德,切实担负天命,与天冥契的,则是《书》中载记的圣王与贤相。

就《尚书》所见,上帝与圣王的联系似乎不如《诗经》来得直接。"帝谓文王,无然畔援,无然歆羡,诞先登于岸。……帝谓文王,询尔仇方,同尔兄弟,以尔钩援,与尔临冲,以伐崇墉。"(《诗·大雅·皇矣》)诗中的上帝俨然为周文王的战略指导,不断耳提面命,鼓励文王积极采取行动,结合盟军以抢得先机,乃至对讨伐的对象也一一予以指点。不仅军事行动如此,即连配偶(《诗·大雅·皇矣》)与辅弼团体(《诗·大雅·文王》)的安排,全在关注之内。

相较于《诗经》的具体细密,《尚书》的天人交通方式,是通过等级不一的方式为之。人间欲知天意,可以通过灾祥、卜筮、梦境,乃至前朝兴灭的历史教训得知,[①] 其中的灾祥与历史教训更是《尚书》记载的重点。灾祥反映在天象与天候,前者如日食、月食,后者如晴雨寒暖。小者只是警诫,可人间对天界连续示以异象而无动于衷的时候,天界祭出的杀手锏是改易天命,更换王朝。

无可讳言,《尚书》中言及天意赏罚,最大者,或说最终者,往往与天命的予夺联结,亦即政权的兴替。王朝的兴亡,成为后世圣哲念兹在兹的历史教训,衍成忧患意识,既是用以自警,同时也用以教诫后世子孙与在位的百官。但五四以后一来民主、科学当道,在古代呼风唤雨的上帝沦为造神运动的产

---

① 详说请参拙著《极高明而道中庸——〈尚书〉天人观研究》第二章第二节"天与人的交通",北京大学博士学位论文,2016 年。

物,神圣意义不再;二来疑古之风大兴,学界推定古书中神性远大于人性的三代圣王全属子虚乌有,"天命"之说纯系新朝取代旧朝的口实,只是威吓前朝的工具。但就学术研究的角度来看,以今溯古的时空错置,推测得出的结论未必可以还原历史的真相。后世如何假借天命以遂一己之私是一回事,《尚书》所载的圣王贤相如何理解天命又是一回事。二者绝不可混为一谈。事实上,后世天子如果真能理解《尚书》的天命意识,从而如实践履,韩愈、朱熹等开列的道统世系,就不至于让帝王在周公以后缺席,全数以孔、孟等非帝王系谱的贤哲赓续。

二、天人合一的范式

不论后世如何理解天人关系,如何诠释上帝,《尚书》显然肯定人为天生这一前提,至于天"如何"生人,则归作"六合之外,存而不论"的课题。就天与人的垂直关系来说,如果人皆由天所生,天界对人间的关注自然合情,也合理;若就人与人的水平关系来说,既然同为天生,作为远源的血亲,"民吾同胞,物吾与也"(张载《西铭》),从而悲天悯人,仁民爱物,也只是顺理成章的推论。

先圣先贤既以"天"为实有,天子视一己为"天之元子"(《召诰》),以上帝的长子自居,以长兄的身分为天父司牧,照料同出于天的"同胞手足",自属理所当然。深具天命意识的圣天子既能感受天命的神圣意义,因此慨然肩担天下治乱的重责大任,如殷代盘庚,"邦之不臧,惟予一人有逸罚"(《盘庚上》),不幸搞到民不聊生,活该我盘庚一个人领受天罚。或如周武王,"百姓有过,在予一人"(《泰誓中》),都是把百姓生死当作一己无可旁贷的重责大任。

统领王朝的天子承负天命的予夺,可以视作常识,无足为奇。值得我们着意关注的,其实是圣王左右的股肱大臣,其天命意识显然不在圣王之下。此中形象最为鲜明,声名最为响亮的一位,正是以人臣身分首先跻身道统世系的周公。周公曾开列一张名单,其中涵括殷商及本朝的大贤,对同为周室股肱的召公提起:

君奭,我闻在昔,成汤既受命,时则有若伊尹,格于皇天。在太甲,时则有若保衡。在太戊，时则有若伊陟、臣扈，格于上帝；巫咸，乂王家。在祖乙，时则有若巫贤。在武丁，时则有若甘盘。率惟兹有陈，保乂有殷。……在昔，上帝割申劝宁王之德，其集大命于厥躬。惟文王尚克修和我有夏，亦惟有若虢叔，有若闳夭，有若散宜生，有若泰颠，有若南宫括。(《君奭》)

从商代成汤受命伊始，周公逐一盘点追随圣王降生的贤佐。成汤至太甲皆有伊尹辅佐，太戊有伊陟、臣扈、巫咸，祖乙有巫贤，武丁有甘盘。至于我周室，虢叔、闳夭、散宜生、泰颠、南宫括，都是赫赫有名的大贤，亦即《文王》诗中的"济济多士"。周公接着又说，不是这群贤佐齐心用命，文王的德教不可能普惠西土众民，从而上达天听，因此领得上帝的大命，取大殷而代之。

皋陶曾以"天命有德"(《皋陶谟》)涵括天人之间的联系，同时代的伯益称扬帝舜"惟德动天"(《大禹谟》)，凭借有德感格天听；"天监厥德，用集大命"(《太甲上》)，则是殷商大贤伊尹对圣王获取天命的归纳之语。天人之间的联系，必然建立在有德。三家逻辑全然一致。新王朝之所以能够取代已然崩坏的旧王朝，必然有圣王的盛德在起关键作用。但《尚书》也很明白地指出，赢得天命加身的不仅止于圣王，还有贤佐。周公赞叹盛德足以"格于皇天"、"格于上帝"者，不只圣王，更有圣王左右的贤佐。辅弼圣王成就安民大业，足以成就盛德。而盛德必然可以感格皇天上帝，领得天命，从而与天相通。对此知之甚明的伊尹因此非常肯定地说："惟尹躬暨汤，咸有一德，克享天心，受天明命，以有九有之师，爰革夏正。"(《咸有一德》)正因成汤与我伊尹都能与天合德，因而领有大命，得以率领九州岛的义师革掉夏命。

三、天人合一的途径

天人合一的观念具见于《尚书》，但《尚书》从来不曾出现同样的文字表述。天与人得以建立亲密的亲和联系，乃透过"天命"的有无进行；而天命的有无，则建立在"德"之有无。天命在先哲心中，虽是无形无状，却是可感的实体，外在于天，内在于心。先贤所探究的，从来不在天命究竟是真是假，而是如何赢得天命，回归天人合一的境界。

"天命"作为一个肯定的实体,它更值得我们追问的,其实是"天命"究竟是先天还是后天?天命如果纯属先天,天意所钟,只是一家一姓,商纣大咧咧的提法"我生不有命在天?"(《西伯戡黎》)无疑是个中的经典代表,完全展现了大权在握,因此有恃无恐的狂傲。如果再加上商初大贤仲虺的"天生聪明时乂"(《仲虺之诰》)——掌有治理天下大权的,必然是天生聪明的人物,先天宿命论的色彩会更为浓厚。但如此一来,必然与全书视有德与否决定天命转移的逻辑严重冲突。"天监厥德,用集大命",才是更为符合全书体系的叙述,必须有大德在先,而后有大命在后,全属后天立论。综观《尚书》全书,如此叙述一而再,再而三地出现,《虞夏书》有之,《商书》有之,《周书》有之,显系先哲共有的认知,与时代先后全然无关。

圣王贤相得以成就天人合一的境界,关键即在有德。至于如何始可称之为有德?"德惟善政,政在养民"(《大禹谟》),以养民的善政作为有德的体现。《尚书》之所以被归类为政治哲学的著作,与全书几乎集中在养民保民的叙述脱不了关系。《洪范》篇固然是政治哲学的经典之作,为大众耳熟能详,其他各篇也不遑多让,只是重点转作实际的操作而已。皋陶早在帝舜当政时就已提出的二大政治纲领,以"知人"为手段,以"安民"为目标(《皋陶谟》)的相关论述或实践,在全书中更是盖地铺天,让人难以视而不见。保民安民确系"德"的实质内涵,且系领有天命的根据,由此逻辑,不难推导出传统文化具足人间性的结论。但如此推论只是就视而可见的部分立论,终难免除以偏概全的缺憾。

回归《尚书》,先哲的双眼所关注的不仅是人间,更有天界。从正面着眼,是"予惟用闵于天越民"(《君奭》);就反面陈述,则是"罔顾于天显民祗"(《多士》),同样出自周公之口,文字也同样古奥,但立意极简,主要面向不外乎天与人:上对天,下对人。上对天,不负皇天上帝保民的托付;下对人,无怠于教民养民的天命。外在的保民易见,也容易记录,《尚书》通篇历历可见,内在的敬天却得通过有限的蛛丝马迹觑见。

帝舜正式践阼,人事派令结束,郑重其事地对众人宣告:"惟时亮天功"(《舜典》),切记这是为天代劳,千万敬谨从事。相同的概念,同时代的大贤皋陶以"天工人其代之"(《皋陶谟》)表述。大禹为弭平滔天洪水,在外跋涉十三年,但帝舜禅位予大禹之际,殷殷教诫的,仍然是"慎乃有位,敬修其可愿。四海困穷,天禄永终"(《大禹谟》),登上大位之后尤须戒慎恐惧,敬事上天,百姓困穷的结果,必然引动天罚,天赐的荣宠一并收回。伊尹对新君太甲追述成汤的事天,反映的全在人事:"昧爽丕显,坐以待旦",天光未现就已起床梳洗完毕,等待天色大亮后开始一天的工作。如此兢兢业业,只因为先王"顾��天之明命"(《太甲上》),勤政爱民正是敬天命的外显。

　　天固然无形无象,对于极少数能与天相通的秀异之士却是内在于心的冥契对象。保民即所以敬天,敬天因此保民,《尚书》将之涵括为"敬德"二字。"敬德"的具体诠释,正是一心以保民为事。"作民父母"(《洪范》),"作之君,作之师"(同上),以父母君师的角色自居,为养育教导小民而无所不用其极。"惟我周王,灵承于旅,克堪用德,惟典神天"(《多方》),"灵承于旅"即善尽保民之责,以此美德,作为敬天与法祖的具体实践。这是周公回溯历史的追述,以文王为示现的典范。也有以此勉励嗣天子的:"皇天既付中国民,越厥疆土于先王,嗣王惟德用,和怿先后迷民。"(《梓材》)皇天上帝既然已将国中的广土众民交付我有周,万望天子以德政担荷大命,爱护百姓,善尽引导之责。

　　保民说来容易,落实则不易。莫说当代民主政治,假为民服务的口号餍足个人的私欲,乃至剥削民脂民膏的事件不是新闻,即连古代,苛政虐民也所在多有。《尚书》所载的圣王贤相,相对于现实的龌龊,反成超现实的稀罕之物。五四疑古风起,一吹吹到《尚书》,绝非无的放矢。但回归历史的现实,先哲对于人性其实有非常务实的认知,从不作过于乐观的想象。虽然肯定人性中有向善的"恒性"(《汤诰》),可也不否认可能为恶的"欲"(《仲虺之诰》)。如此认知,既适用于广大的生民,同样可以套用在有此觉知的个人。经世济民如果是千头万绪的大业,必然是极大极重的负荷,先哲之所以甘愿扛起,乃至乐意扛起,必然需要异于常人的坚持。如何克制可能蠢动的"欲",尤其是尾随富贵而来的种种欲望,回归天赋的"恒性",显然需要极大的工夫,以非凡的尺度严格自律,方能莫失莫忘。来自民间的周公对此感受殊深,因此以"克己"为核心,选定商、周两代圣哲为典范,发展为两篇大论,收在《无逸》与《酒诰》。前者大肆论述自我节制的至关紧要,后者严禁百姓,尤其百官群聚酗酒。眼见商纣因酒池肉林亡国,周公推定"我民用大乱丧德,亦罔非酒惟行"(《酒诰》),视酒为败德的罪魁祸首,实是良有以也。以制礼作乐留名青史的周公,会对群臣聚饮大动肝火,声色俱厉地表示将动用死刑伺候,不难想见其防微杜渐的深谋远虑。

"其嗜欲深者,其天机浅"(《庄子·大宗师》),如酒如畋猎这种嗜欲越大,放逸日久,必然倒向追逐欲望的人间,与天的联系逐渐消泯。《尚书》并不主张"绝欲",却历记先哲呼吁当适度"节性"(《召诰》),以期不为嗜欲所困。我们可以合理推测此种认知是建立在天人关系的视角,以节制人欲来保有天赋的恒性。尽管远源于天,人与天的关系曾经亲如父子,但子辈成年之后,与父辈分道扬镳,从此两不相干,本来不无可能。如何重建彼此的联系,找回内在于心的冥契感,显然不是光凭借外在的祭祀仪式,行礼如仪就可以轻易感知的。尧、舜、禹、汤、文王、武王都是开一代哲风的圣王,敬德保民的伟业不仅流芳青史,也高悬庙堂,但后世子孙能继其志、述其事者几何?历史已经给出答案。周公以"无逸"作为中心主题教诫儿孙辈,以周公为典范的孔子亦以等义的"克己复礼"(《论语·颜渊》)教导高足颜渊,同样是透过节制一己私欲,免于过度向人间倾斜,从而保有与天的联系。如此联系,即后世所称的"天人合一",而联系的途径,也逐渐发展成为愈益细致的"工夫论"。

四、孔子《书》教的意义

尽管司马迁已断言"孔子以《诗》、《书》教"(《史记·孔子世家》),视《尚书》为孔子传道授业的教材,但当代对孔学的解读,与《尚书》的联结远远不如与仁学的联结。孔学即仁学,仁学即内圣,与《尚书》在外王的大肆着墨大相径庭。果如司马迁所言,《尚书》为孔子教育士子的重要材料,那么孔子在接收《尚书》时似乎有意偏重敬德的内圣,而撇开保民的外王?

儒家原本以内圣与外王双轨并行,至少《尚书》的建制如此。通过内圣外王,崇高的天因此常在我心。但外王实乃须以在内圣为基础,无有实在的内圣工夫,外王最后必然沦为口号。"生于深宫,长于妇人之手",是春秋时代鲁昭公个人深刻的自觉,锦衣玉食必然腐蚀平治天下的承担与抱负。"一代不如一代",不只是寻常人家的慨叹,置诸历史现实,朝代的发展亦然。《尚书》所见,似乎尽在外王的政治施为着墨,内圣仅在其次,但与现实人性比对后进一步追索,书中的圣王贤相,如果不是内圣工夫远过于一般人,其克自抑畏的坚持,还真像是后世儒者涂脂抹粉的结果。

孔子以《尚书》作为士子的教材之后,出仕虽然仍是生涯的第一优先选项。"如有用我者,吾其为东周乎?"(《论语·阳货》)夫子自道,果能为世所用,重建周的盛世当有实现之日。或者如"苟有用我者,期月而已可也,三年有成"(《论语·子路》),施政一年可以看出变化,三年当有大成。由此不难看出孔子始终难忘外王的理想。但就现实环境而言,仕以行义并非人人可以如愿。可能是怀才不遇,全无出仕的机会,只能被迫埋没在穷乡僻野;也可能是闯进官场之后,发现所事非人,除非愿意出卖良知,为虎作伥,否则官场只能是聚宝盆,安邦保民的理想全无实现的可能。再就学术思想的发展来说,重内圣而轻外王更近于宋明理学大盛之后的新诠释,尤其是心学一派。但平心而论,朱熹、陆九渊尽管取向不同,对内圣的修养工夫也同样高度推崇,心心念念所系,仍然在经世济民的外王。熊十力极早就已在《读经示要》指出,《尚书》才是儒家如假包换的真源头。朱熹的四子书拜科考加持大为风行之后,士子奉四书为圣经,传统五经的神圣地位不再。但切除五经源头的四书,终只是无头的四书,既无法觇见其思想源流,光从断了头的身躯也不易推测本来面目。后世儒者苦于无有出仕的机会,愈益往内圣靠拢,有现实的因素作祟,质诸现实,却不是《书》教的初衷。

《尚书》以内圣与外王作为天人合一的手段,复以内圣为手段,成就外王的理想。内建圣德,外立圣功,因此与天相即不离。过程的艰辛困顿,也因为与天合一的冥契感,不但可以无所挂怀,乃至义无反顾,继续勇往直前。明白此一背景,方能真正理解孔子"不怨天,不尤人。下学而上达,知我者,其天乎"(《论语·宪问》)的情怀。下学人事,上达于天,但问心安与否,事不成,人不谐,面对诸多讥评而可以无计于心,最根本的原由,乃在与天相知。既有至高无上的皇天上帝知我,夫复何求?

当代惯以孔子为人文主义的先锋,撷取孔子"未能事人,焉能事鬼"(《论语·先进》),"敬鬼神而远之"(《论语·雍也》)的叙述加以断章取义,就是孔教所聚焦者全在人间世,天在孔子心中的崇高性早已荡然无存,与《尚书》的敬事上天南辕北辙。如此解读是见树不见林,果然是"断头"——砍掉《尚书》源头——的必然结果。子贡的确说过:"夫子之言性与天道,不可得而闻也。"(《论语·公冶长》)罕言天道,不在天道纠结,并不意味心中无天,因此悖离先圣先哲对天的信仰。如周公事天至诚，见诸《尚书》的大半记录却全在人事着墨。《论语》虽是简单扼要的语录，并不难从其中觅得《尚书》的线索。

前文曾归纳《尚书》的天人交通方式，乃透过灾祥、卜筮、梦境、历史教训为之。读透《尚书》，接收《书》教的孔子心中仍有灾祥，"凤鸟不至，河不出图，吾已矣夫！"（《论语·子罕》）黄河出图，凤鸟现身，都是《尚书》推许的祥瑞之象，二者杳然，反映的正是反其道而行的乱世，孔子因此慨叹，其道不行必然可知。再说卜筮。《尚书》多有卜以问天的记录，那么孔子究竟是卜或不卜？出土文献解决了后世对孔子"加我数年，五十以学《易》"（《论语·述而》）的疑问，帛书《要》篇给的答案是孔子占卜，而且水平还不差，因为孔子自述"吾百占而七十当"，准确率高达七成。至于梦境，"甚矣吾衰也，久矣吾不复梦见周公"（《论语·述而》），更是众所周知的常识。孔子尽管不断强调在人事用力，却并不否定天的神圣性，敬天而不轻人，原是《书》教天人合一的基本精神。试看孔子回敬卫国权臣王孙贾"获罪于天，无所祷也"（《论语·八佾》），"子见南子。子路不说。孔子矢之曰：予所否者，天厌之！天厌之！"（《论语·雍也》）背后不只有天的崇高性，更有《尚书》无德必受天罚的逻辑。如此等等，在在都透出了天在孔子心中的神圣地位。

通过孔子转手传播的《书》教，最大的意义不在消泯天的崇高性，而在开启士子的自觉，扩大天命意识的队伍行列。朱熹在《中庸章句序》赞扬孔子"继往圣，开来学，其功反有贤于尧舜者"，可谓一语中的。"自行束脩以上，吾未尝无诲焉"（《论语·述而》），只要有心向学，缴上象征性的束脩，就可以昂首走进孔子"有教无类"（《论语·卫灵公》）的讲学大门，《尚书》这类从前专属贵族所有的教材成为士人可以亲炙的经典。孔子在世时化育三千弟子，身故之后，"七十子之徒散游诸侯，大者为师傅卿相，小者友教士大夫"（《史记·儒林列传》），《书》教随着孔门弟子的脚步，从洙泗之间拓展至九州大地。

《尚书》的理想楷模，原是有德者必有位，有位者必有德。夏禹传子之后，禅让已成遥远的绝响，除非非常态的改朝换代，帝王世系的传承从此取决于先天血缘。孔子之前，"君子"一词原为有位者的专称，孔子之后，"君子"的诠释逐渐转向有德者。有位取决于先天血缘，有德却可以由后天的修为决定。孔子喟叹:"为仁由己,而由人乎哉?"(《论语·颜渊》)生命的走向,是向上成善,或是向下沈沦,端在一己,个人拥有最大的自主权。

个人向上的自觉一旦建立,与天联系的管道逐渐打通,随天命意识踵至的不外乎有二,一是勇于承担,二是不改其乐。诸子百家受《书》教濡染最深的,当为战国时代并称显学的儒家与墨家,两家于此表现极其近似。"孔席不暇暖,墨突不暇黔",孔子被时人讥为"栖栖"(《论语·宪问》),墨子则被巫马子视为"有狂疾"(《墨子·耕柱》)。汲汲为生民之命奔走的动机,正是来自《书》教与天合一的承担,因此无惧外在险峻,始终不改其志,背后当有"知我者,其天乎"的支持。

孔子受困于匡地,情势危急,门人恐惧之至,孔子却可以自在地说出:"文王既没,文不在兹乎?天之将丧斯文也,后死者,不得与于斯文也,匡人其如予何?"(《论语·子罕》)自视天命所钟,乃踵继周文王大道的传人。不仅孔子自视如此,仪封人亦谓:"天下之无道也久矣,天将以夫子为木铎。"(《论语·八佾》)孔子之后,颜渊自道:"舜何人也?予何人也?有为者亦若是。"(《孟子·滕文公上》)以前圣为楷模,慨然承担,正是焦循所谓的"圣人以天下之命任诸己,以一己之命听诸天"。

孟子的名言:"天将降大任于是人也,必先苦其心志,劳其筋骨,饿其体肤,空乏其身,行拂乱其所为,所以动心忍性,曾益其所不能。"(《孟子·告子下》)之所以能够对现实的种种困顿无系于心,是因为内在有清楚的觉知,重重考验,只是为了大命加身作准备。"天"的背景框架一旦建立,我们就可以更清楚地了解,孔子"天生德于予,桓魋其如予何"(《论语·雍也》)的自信从何而来。即使"饭疏食饮水,曲肱而枕之"(《论语·述而》),也依然乐在其中,正是通过种种心性修炼之后,与天相知,因此可以乐天知命而不忧,坦然面对现实的困厄。

五、结语

中国从五四运动之后,热烈拥抱西方的科学与民主,德先生与赛先生乃时代潮流所趋,也的确符合当代中国的需要。然而看重科学与民主的同时,并不意味着就必须摆脱对超越性存在的肯定。把宗教安置在科学的对立面,推定不是你死就是我活,是只知其一不知其二。

西方近代文化的确是从解放中古基督教权威而来,曾经令中国心向往之的民主与科学便脱胎于这个过程。然而西方的世俗化并非彻底铲除基督教,视科学与宗教为势不两立的敌对体。西方倾向外在超越的文化背景,终需在现实世界之外另辟精神世界以为价值来源。与近代中国努力去除宗教元素的倾向相反,基督教在宗教改革之后,并未从西方的精神生活消失,反而转化为现代化的重要精神动力之一。伏尔泰便曾说过:传道师只能告诉孩子有上帝存在,牛顿则向他们证明宇宙的确是上帝的杰作。牛顿探求宇宙秩序的动力,正是来自他对上帝的笃信不疑;而16世纪英国医学的发展,也与上帝信仰息息相关,因为治病救人正是上帝的旨意。①

如果要正确评估宗教对于西方文化的影响,首要之务当是将基督精神与腐化的教会脱勾。启蒙运动真正攻击的目标是教会,是部分基督徒的虚伪,远非基督教的基本价值。宗教仍然是西方文化最重要的灵感源泉。② 反观中国,在民主化与科学化的现代化过程中,真正需要打倒的是愚昧的迷信,而非宗教信仰,乃至更为广义的宗教情操。纯以学术面切入传统典籍,把其中的宗教情操抛开,等于是架空了先哲的思想基础。

《书》教的重点始终不离体现天道,以敬天的宗教意识为起点,在人间埋首耕耘,不计成败毁誉,所谓知其不可而为,其中自有宗教情操的沾溉。宗教之所以可贵,就在启发人精神向上之机,引导人由精神的提升,免于在诱惑重重的现实沈沦。对主宰天的敬畏,可以延伸到自然世界,发展出惜物、贵物的精神。天生万物,天神亦遍在万物,因而对自然世界存有普遍的敬意。又因大自然生养万物为我所用,对自然当能生起类同于父母的感恩之情。因此中国人用物,但贵物、惜物而不贱物,不仅与万物和谐共存,乃至对万物有情。③"万物并育而不相害,道并行而不相悖"(《礼记·中庸》)的说法绝非单纯哲学思辨的产物,而是来自与天地万物感通,乃至感恩的情感面。

---

① 余英时:《从价值系统看中国文化的现代意义》,时报文化出版事业有限公司,1997 年,第39—40 页。

② 牟宗三:《中国哲学的特质》,第 122 页。

③ 唐君毅:《中国文化之精神价值》,正中书局,1989 年,第185—189 页。

放眼当代,受西方文化影响所致,把"成功"的定义聚焦在物质层面,"进步"则圈限在经济领域,以更大的消费能力作为更高的追求目标。当拜金主义、功利主义以及毫不遮掩的贪欲在社会弥漫,年轻一代面对逐渐虚无的价值只能更加无所措其手足。《书》教以敬天为开端,在人间世以履道行德作为实践,发展出精神与天合一的最高愉悦,或可稍稍导正今日偏斜向以物质感官、虚无为乐的流行文化。

不可思议与真实不虚

——试对《地藏菩萨本愿经》的解读并略论地藏信仰

罗　颢（上海古籍出版社）

序　言

　　信、解、行、证，这四个字可以说是涵盖了一切之佛教，而信，无疑是进入佛法堂奥之第一道坎；全部佛学，三藏十二部，无非就是这四个范畴下所摄的内容，而信之一字，则又贯穿于整个学佛过程。学佛，由信、解、行、证趣入佛道，此"信"实乃可视为向导，由此引入，学佛者在一个充满艰辛又能时见精彩、时有法喜的路径中行进，而最终得以使生命别开境界并得以提升。

　　佛教是生命的学问，佛学的价值在于学佛，学佛就是在整个佛学框架内摸索探究；佛教研究若游离于这个系统外别生解意，那一定是与佛法之本质无关的学问，或更确切说只是一类狭义的学术而已。学问之道，当入于所学（研究）对象的逻辑内部，浸淫其中，细细体会，慢慢感受，悟契其道，求得实在。即使退一步作所谓的纯学术的研究，自也需了解并尊重所研究对象的自身逻辑结构，如此，方能深入其中，得其所以。世间的学问如此，佛学研究当更是如此。当代佛教高僧印顺导师生前倡导佛学研究要"以佛法研究佛法"，老人家曾被教学两界尊为玄奘以来第一人，其佛学成就正是在这样一个原则下呈现出洋洋大观的丰满，举世瞩目。

　　印顺导师的研究范式及其因之而展现的生命形态无疑可以作为教学两界的典范。反之，任何以"他者"的立场与视角研究佛学，都不脱近人王国维先生所说的那种"隔"的境地，岂能探骊得珠，得其真谛；即使偶尔似乎能有所见，也只是依稀彷佛，在门外窥测而已，实难真能与佛教之精神相应相契，当然也无法得佛学之所以然。本文正是试图在"以佛法研究佛法"这个原则下，尽可能地在佛教话语体系下讨论问题。

　　笔者认为，在一个佛教语境中对《地藏菩萨本愿经》的本义与地藏信仰的特点予以说明,其效果是直接的,不会受到那些世俗话语所遮蔽或牵引。当然,笔者深知语言在公共交往及对公共理性建设中的意义,就像伽达默尔所指出的,语言不仅是一种传达工具,"而且也与在交往活动中实现自身的理性的潜在性的公共性有一种特别的关系"。[①] 但正由于此,我认为佛教在世间的开展,要使佛教的生命智慧与价值观能对世间人生发生正面的作用,更应坚持建立一个既有自身稳定的话语系统,又能容受世间其他一切正面文化之话语的语言体系。职是之故,笔者并非一概排斥世间其他学问的价值,所以行文过程中也会间或借用世间的学问来与佛学相发明,特别是如西方阐释学中的一些原理与方法,与佛教解经学的路数多有暗合,若互用得当,确有妙处,但那也只是为表述的方便与说理的效果而已,绝非在于追求为学而学那种所谓纯学术的意趣,甚至有时每每还会借机指摘一下世间学问的缺失,以实践笔者所一贯坚持的为文之道的理想:文章的意义必有对现实人生的关怀与对治提供正面信息。这乃是本文开篇伊始必须要交代的一些想法。

一、开题

以不可思议为题,是因为这是我们在读佛经时经常会遇到的一个词,也是世人对佛教所谈之事常用的一种言说;而真实不虚,则是佛教对"不可思议"所作的定性。

所谓不可思议,泛指超出一般经验之外,想象之外的事。佛教多有不可思议之事,但世人因凡情识见无法揆度,闻之或惊诧莫名,或起希慕之情,或生不切之浮想,或以为虚妄不实,诸如此类,往往不是被自以为具有正常理性者所拒斥,就是易使一类自信心不足却存有侥幸者妄生臆想。而读佛经,多见有不可思议的内容,非信佛者往往视之为荒诞不经,然经说者(非仅佛说)却以为此"不可思议"正显一切贤圣(证解脱者)功德之非常,果报之非常,言之切切;只是世间之常识难以容受,故再三敷陈后,复强调"真实不虚",信誓旦旦,劝请听者(读者)尽可信受。

"信"之一字,在佛教中有丰富的内涵,本文仅以"信"的一般义而论。

---

① 转引自潘德荣:《诠释学导论》,广西师范大学出版社,2015 年,第 109 页。

"信"者受,一个"信"字,揭示了学佛进路之切入口,也道出了进入佛教价值系统的逻辑起点之所在。佛教价值系统,就是佛教的内在逻辑。何为佛教的内在逻辑,对于学佛者来说是信、解、行、证,而相对应的佛法(教)系统则是教、理、行、果。佛教体系庞大,这四个字(或八个字)则无疑涵盖了佛教(佛学)的方方面面;而就佛学之本质来说,舍此,皆非学问之本身。对此,本文暂无意作太多的展开,仅就结合"信"这一着稍予说明。

佛教在世间的开展,不外乎由施教者与受教者来完成,或者说全部佛教的内容是由教者与信者的宗教实践活动所构成。教者包括一切贤圣非仅限于言说的示现法及其所开设的法门,信者是受教者,是正在依(佛)法而行的实践者。佛说《华严经》谓:"信为道元功德母。"佛教如果不讲信仰,则一切的言说、阐释都是外在的,不相应的。真正的信教(理)者,当然应该是实践(行)者,最终也必定是证果者。而"信"在佛教实证过程中,又非孤立地存在并作用。因信而生解,能解始有行,有行才有证,证得正果是为圆满。这一进路,看似线性的,实则在整个推进、落实过程中,这几个方面是在正向协同、互为增上的相待状态下,互动互长,交互式地递进的。因本文主要是谈论理解与信仰问题,就仅以信解之关系稍予展开说明。

正信佛教,这一向是古来的高僧大德所提倡的,近人也多有佛教乃智信非迷信之说(如欧阳竟无、梁启超),这样的定性,应该说是合于佛法之精神与佛教之特质的。(当然,近人则还多少带有为避宗教属迷信说的嫌疑与压力而特予强调的,心态较复杂,暂不论。)同时,佛门中又强调学佛者须有正知正见,所谓有知见者就是有真解(真知),而惟有真解方属正信。这就是说,佛教的信仰与真解(正知正见)是互相关联的。因信仰而生亲近之情、了解之想,这本是人心之常态。同样,因信佛而要去了解什么是佛,了解佛之所言与所行究竟如何,凡此等等,信是最初的起因、推动者,解实乃由信所生,因信而促解。同时,有了"解",才知所信为何,才会使"信"更加坚定、明确,因正(真)解而得正信,解对信又有了加强、充实作用。总之,正信的佛教,起信必求胜解;智信的佛教,因解而增正信。凡正信者必求正解,有正解者方为正信。信无解则不成正信,解若没有信则非真解,信不离解,解支撑信,两者互为增上,相待有得。

如果说信与解相合而成整体的话,那么,其中任何一方都必须置于此整体之中才能得到递进,并成就佛教所说的真实与意义。将理解放在一个信仰系统(信解互动)的大框架下来处理,这一原理(也是原则)似与诠释学的理解之循环相似。有所不同的是,佛教的"解"并非为现代学术意义上的阐释,不是在阐释范畴下的一个纯理性活动,不是为阐释而去理解,以成就一种理论的建构。佛教的阐释倒过来是为了帮助理解,帮助说明,是藉"解"而得以进入——引领到一个完整的生命学问体系中去,从而引导实践,摄受众生,即通过理解、认识来自度化他。总之,无论是"信"还是"解",其目的是为进一步的"行",是为实践佛法真理,并最后得到体证,使生命得到超越。这也就是龙树菩萨在《大智度论》里说的"佛法大海,唯信能入,唯智能度"的最基本道理。

二、前见

在佛门谱系中,佛—菩萨—罗汉(缘觉、声闻),其序列次第是相当分明的,一佛一世界,作为这个世界的佛教教主,本师释迦牟尼佛是唯一的,至高无上,被尊称为"世尊"。在大乘佛教中,十方世界皆有佛,如西方阿弥陀佛,东方药师佛等。但如无特殊因缘,他方世界的佛与此世间的众生关联度较小。菩萨就不一样了,他们不仅群体庞大,出现的频次高,且又各具特征,与世间众生的因缘也特别殊胜,民间所谓的拜佛求菩萨,也多少可以从这句话所折射出的一种社会心理中透出一种直观现象。当然,这只是表象,或只是方便之说。其实,佛菩萨在本质上无二无别,我们万万不能作分别想。所谓"二尊不并立"(《菩萨处胎经》),一佛出世,众佛扶持,许多大菩萨本身就是古佛再来。像名头极大的观世音菩萨就是一典型,据《千手千眼大悲心陀罗尼经》说,观音菩萨"已与过去无量劫中,已作佛竟,号正法明如来,大慈愿力,安系众生故,现作菩萨"。再如释迦牟尼佛的胁侍菩萨文殊还是七佛之师,被尊为诸佛之母呢(见《法华经·因由品》)。释迦牟尼佛另一位胁侍菩萨普贤也是"早成正觉",为辅助释迦牟尼佛在此世间救度众生,特"隐本垂迹,现菩萨相"(《第二菩萨经迹》)的。即使像弥勒菩萨,乃释迦牟尼佛的接班人,虽说是未来佛,待龙华三会,才在这个世界成佛,然"一生补处",是谓等觉,其实与佛已没有什么分别了。同样,地藏菩萨受佛咐嘱,在释迦摩尼佛涅槃后、弥勒菩萨下生前,在此娑婆世界主持大法,化度众生,功德无量,堪与佛比；这好似世俗的摄政王，其地位与作用与正式的国王没有区别。诸如此类，诸大菩萨，德与佛齐，只是各以不同的因缘，不同的方式（法门），乃至不同的形象示现于世而已。对此，佛弟子唯有将佛菩萨等量齐观，才能树立起对诸大菩萨完全的信仰。

大菩萨们在以不同的形态（包括法门、形象等）垂范于世，助佛行济世利生的菩萨道事业时，既依于佛法之根本，又以种种之方便，应机、摄受度化各类有情，乃是随顺众生之因缘而令众生开佛知见，趣入佛道，所谓契理契机，导归究竟，这与佛陀应世示现，度化众生无有任何区别。《妙法莲华经·观世音菩萨普门品》说观世音菩萨，在"游此娑婆世界"为众生说法时，能随类现身，应以何身得度，即现何身为其说法。其中有一句"应以佛身得度者，观世音菩萨即现佛身而为说法"，无疑道出了观世音菩萨有与佛相等的德性。如再进而言之，岂仅观世音菩萨如此，诸大菩萨都是与佛一体的。换言之，菩萨应世，其种种的示现，种种的性相，无非就是佛的理体之某一类的展现。尤其是那些大菩萨，无不彰显了佛德的一个重要方面。如文殊菩萨表佛的智德，另一位释迦牟尼佛的胁侍菩萨普贤表行（理）德，所以通常称为"大智文殊菩萨"、"大行普贤菩萨"，象征佛教行与证的统一、理与智的圆融。而观世音菩萨具称"大慈大悲救苦救难观世音菩萨"，能随类现身，"观音"寻声救苦，充分体现（表）了佛的慈（悲）德。至于本文所要介绍的地藏菩萨，因其愿力的深厚，全称"大愿地藏菩萨"。大智、大行、大慈、大愿，此"四大"，确足以代表诸佛如来的智慧德相，同时，这也是学佛者行菩萨道，成就佛德（果）之必须。

还得指出的是，说某一菩萨的行相表佛的某一类德性，并非意味不具其他或在某些德行上有所不足，其实只是他在行菩萨道时，某一方面的特德相对明显，并藉此与世间众生所建立其起特殊的因缘也特别地殊胜，或更确切地说，世间众生对此的感受比较突出罢了。如佛教常说，众生难调，佛道无上，但行菩萨道者却始终念兹在兹，不忘初心，以一切功德回向众生，回向佛国，若无至大至坚的愿力，至深至切的大悲心，乃至一切的智慧方便，那又何以成就此无上事业。再就"愿"而言，哪一个佛菩萨没有坚定深切的愿力，如普贤菩萨总十大愿王，引领大行，铸就了其大菩萨的品格，因此被尊称为"十大愿主"，其广大行愿也称之为"普贤愿海"（见《华严经·普贤菩萨行愿品》）；药师佛，依十二大愿，善巧摄众，令诸有情，所求皆得，最终导归究竟（见《药师经》）；阿弥陀佛以非常之愿力，集四十八大愿成就西方国土，开方便门，利益众生，令其横超三界，早登极乐（见《无量寿经》）；释迦牟尼佛在行菩萨道时更有五百大愿，以无量之悲心，至诚恳切，愿愿无不是为众生脱离苦难，早日圆成佛果而发。诸如此类，已足以说明佛菩萨的一切功德，都是等持等量的，一切的差别只是在因缘的所成上，或者说只是在众生感机（感应、对机）上的不同，这也就是《金刚经》那句名言"一切贤圣皆以无为法而有差别"所包涵的主要的一层道理。

需要说明的是，以上这些内容，在佛教中即是一种知识，又属于学佛者（包括佛学者）需具有的一般原理性质的知见。笔者之所以开篇伊始不惜笔墨来作一番介绍，是因为认为，对这方面的了解与把握，实乃进入佛经文本及理解佛法的"前理解"。需要强调的是，这个"前理解"，它对每一位学佛者来说，都应该是一样的，确定的。换言之，那些在佛教经本上被记录下来的人物、事件或故事等，其作为一种佛教知识系统，是明确的，稳定的，即只有被理解与否的可能，而没有被阐释的空间。因为一切都来自释迦牟尼佛的教说，经典的权威性是毋容置疑的。而这一点，显然是与伽达默尔的"效果历史"和"视界融合"理论异趣的。

三、尊经

当然，对佛经的信受、理解与把握，还需对佛经的性质有所了解。经是佛教经、律、论三藏之一，唐窥基大师《大乘法苑义林章》曰："以教贯义，以教摄生，名为之经。"（卷二）经是对受众宣说佛法理义的文本。从定义可知，佛法义理是经的内容，经文的形成，不仅要有说者，还得有听者的配合才会产生。说法需依理，义得究竟；传教应对机，目的在于受众能生解、能得益。所以《瑜伽师地论》说："能贯穿缝缀种种，能引义利，能引梵行，真善妙义，是名契经。"（卷二十五）契经是梵文修多罗（sūtra）的意译，意思是"契谓契理契机，经谓贯穿摄化，即契理契机之经"（唐澄观法师《华严经疏·世主妙严品第一》）。

佛经，通常由佛所说，也有虽非为佛亲口说，但能契合法理而为佛所印可的。如《华严经》中提到"五类说法"：一佛说，二菩萨说，三声闻说，四众生说,五器界说(见《华严经疏·世主妙严品第一》)。《大智度论·第二》也说:"佛有五种人说,一佛自口说,二佛弟子说,三仙人说,四诸天说,五化人说。"在现存的经藏文本中有不少经在开篇伊始或在经名上就交待清楚本经非佛亲说,如有大弟子舍利弗代佛所说,有帝释天所说,如《维摩诘所说经》的核心法义即为维摩诘大居士所说,诸如此类。但无论怎样,在整个佛教系统中,凡历史上已成定论的佛经(通常以入藏为准),其在佛教中的权威性、神圣性地位是不容置疑的。此所以古来大德指示读经,首先当怀有一份虔诚之心,恭敬之心,如此方能进入经说的系统并受益。这就是说,佛经并非不可以解读,而从传播方法与传播效果上讲,阐释有它正面价值与意义,但无论用世间什么方法,首先承认经典所具有的权威性与神圣性,这是一个前提。佛教中常批评那些以我见我慢的态度研究佛经者,喻为入宝山而空手回,这个批评与比喻非常到位。当代大哲熊十力先生对当代新儒家徐复观先生那个"起死回生"一骂的公案,透出的也是这个道理。

对学佛者而言,只有信佛所说,才会依佛(法)而行,并最终再有可能与佛一样地得到清静解脱。学佛者如对佛陀没有一个最起码的崇信,对佛法都没有一个基本的了解,那当然一切都无从谈起了。相对于学佛者,佛是得道者,是已证得实法(实相)的觉悟者,所以佛弟子对佛的一切言行无需心存怀疑,理当全盘接受。作为已经达到清静解脱的佛,他的智慧德性是绝对的,佛不打妄语,佛之所说,都是如法如理的,故其中虽或多有不可思议之事,但依然尽可信受不疑,确信其真实不虚。惟如此,读经方能受益。当然,由于凡夫智慧福报都有限,即使得闻佛法,往往也难以起信,所以佛教有"佛法难闻,人生难得"一语。此话尚需解释。

三世因果,六道轮回,这是佛教所说的凡夫生命的时空范域。凡夫一念无明,贪嗔痴"三毒"相侵,因果业力,不由自主,生死海中,头出头没,能得人生,实属不易,此谓"人生难得"。释迦牟尼佛示现于世,一样地呈现生、老、病、死,以表人生之无常。而佛陀应世,所开出的一代时教,佛法在世间的流传,也一样地是在一定时空的范围下展开的。而最能说明这个因缘变化的,那就是佛教正法、像法、末法三期说。正法一千年,像法一千年,末法一万年。当然,关于三期的具体时间还有许多说法,但都只是一个概数,无需深究。末法之后,则进入到无佛时代,这对于一个以亿计算(无论是按佛教还是世间的说法）的人类世界来说，佛教存世的时间无疑是十分短暂的；更何况这个世界上还有许多地方连"佛"之一字至今尚未得闻呢，所以叫"佛法难闻"。如再申论，世人即便能遭遇到佛教，往往也会有种种的计较，会有各类的意见障蔽，未必就能坦然地信受，有的甚至还会"妄生讥毁"（《地藏经·如来赞叹品》）。所以佛教认为，凡能接触到佛教并能完全信受者，那一定是福报智慧双有的人。如《地藏经》所记，是经的启请者之一文殊菩萨说他对佛说地藏菩萨的"不思议事"，无所怀疑，确信真实不虚，这是因为"我（文殊菩萨）已过去久修善根，证无碍智，闻佛所言，即当信受"。而那些"小果声闻"以下，因智慧不够，福德不足，则"虽闻如来诚实之语"，还是"必怀疑惑"（见《忉利天宫神通品》）。这个道理，只要放在整个佛教信仰系统下去理解、阐释，那就相当清晰明了了。这就是为什么本文开篇伊始就强调"信为道元功德母"，"佛法大海，唯信能入，唯智能度"，特别突出信的重要性的缘故。

佛教认为，世间万事，必须因缘具足、众缘和合，方能成就。佛教应世，传教弘法，讲的是时节因缘，依然不出缘起法。任何一部佛经的诞生，也需要有一系列综合性的条件来保证，这些条件就是"六成就"。佛陀说法，一定是在条件成熟的前提下开讲的；时机适合，是谓"契经"。"成就"即是因缘具足，"六成就"是信成就、闻成就、时成就、主成就、处成就、众成就。六成就中第一个就是信成就，闻法者的信心成熟了，说法的效果就有了。不然，一切都是白搭。有关佛教"信"的问题上来已经谈了不少，下面仅通过对闻成就与众成就这两则的阐发再简单说说佛经的"不可思议"与"真实不虚"的内涵与特性。

闻成就是指与会闻法者没有障碍，已经具备闻法受法的基础，用佛教的话说就是已有了相应的福德资粮，此如《地藏经》所提到的那些"利根"者，"闻即信受"，而"业重"者则障碍重重，万难生出"敬仰"之心（见《分身集会品》），可见闻成就也是听经学佛的一个难得而又重要的因缘。现再引证《法华经》中的一段故事作一个更具体的说明。释迦牟尼佛在开讲是经前，已经有各种不可思议的景象预示佛要说大法了，大弟子舍利弗也是"殷勤三请"，但佛陀却迟迟不说，似有一种欲说还休的意味。这时，"会中有比丘、比丘尼、优婆塞、优婆夷五千人等，即从座起，礼佛而退"，见此，"世尊默然而不制止",听从他们离场。并说:"我今此众无复枝叶,纯有贞实。舍利弗,如是增上慢人,退亦佳矣。"佛陀慈悲,是真正的有教无类,怎么会弃部分与会者而不顾呢?这是因为"此辈罪根深重及增上慢,未得谓得,未证谓证。有如此失,是以不住",原来是那些退场者福德不够,智慧不够,因缘不具,时机还没成熟。如听了佛陀所讲的不可思议之法,非但不能起信,甚至还会起疑生谤,那不仅无功,反要遭罪,后果就严重了。如《地藏经》所记,地藏菩萨前生曾为婆罗门女时,其母就是因为"常轻三宝(佛法僧)"而堕恶道的。这也可视为"佛法难闻"的一个反例。如果再对《法华经》这则故事给予一番阐释的话,可以说佛陀对此的强调,足以支持笔者在本文"序言"中提出的观点,即那种不尊重佛教自身的特点(逻辑),未能把握佛教的内在结构,只是从外面的角度研究佛教,是与佛法精神不相应的,也都是有偏失的。显然,佛陀当时对此现象是有足够之警惕的,而那些偏失在佛教看来都属我见我慢一类。

再说众成就,《地藏经》所记,释迦牟尼佛讲经时,有"十方无量世界"一切诸佛菩萨,乃至"他方国土""无量亿天龙鬼神"等"皆来集会"(见《分身集会品》),为什么如此地兴师动众,声势浩大,外人或以为这是虚夸,或说这是佛经的文学笔法,但站在佛教的立场,这类看法就有谤法之过了。按佛教的解经传统,因佛说地藏菩萨的功德因缘虽真实不虚,但也实在不可思议,这些与会者,是见证者、受法者,他们既能信受,又能护持。

最后,笔者想用传为唐武则天所作的"开经偈"作为本节的结尾。偈云:"无上甚深微妙法,百千万劫难遭遇,我今见闻得受持,愿解如来真实义。"此偈印在汉传佛教的经文前,为诵经者开篇前所必念,以表达信众对佛所说一切法"不可思议"与"真实不虚"的信受,当然,也包括对佛说地藏菩萨在因地的行愿所"成就(的)不思议事",及信奉地藏菩萨所能得道的种种利益的信受。

四、说本愿

地藏菩萨作为中国佛教四大菩萨之一,其信仰的流传在唐以后开始发达。四大菩萨各有象征性的道场,地藏菩萨的道场在安徽九华山,这是因为唐代有新罗国王子地藏比丘在九华山修行弘法,圆寂后肉身不坏,时人根据他生前的种种迹象,认定是乃地藏菩萨的化身;又因其出家前的身份,故又称地藏王菩萨,此尊称又表多重的敬意。与地藏菩萨直接相关的经典不多,通常有地藏三经之说,最著名的是由唐代时译出的《地藏菩萨本愿经》(实叉难陀译,简称《地藏经》),又名《地藏本行经》、《地藏本誓力经》;其余两部为《占察善恶业报经》、《地藏十轮经》。本经(《地藏经》)乃释迦牟尼佛在涅槃前上升忉利天宫(欲界六天的第二层天)为母亲摩耶夫人说法时而出。经中主要叙说地藏菩萨本生之誓愿与功德;强调地藏菩萨大愿力及其功德之不可思议,并介绍了地藏菩萨在因地修行过程中的典型事例以为印证、说明。很显然,本经的关键词就是一个"愿"字;或者说,地藏菩萨不可思议的功德主要就是体现在这个"愿"上。

愿,也就是愿望,乃人人皆有的一种心理活动,是生命的一种意志力的表现。作为一个具有意志力的有情生命(主要是人),任谁都不可能、也无法纯本能地生活着,所谓安身而立命,活在当下,朝向未来。这就是说,凡人生,必是有所期许,有所追求,以成就其生命的价值。无愿者一事无成,目标明确,志求所成,愿力充沛,勇往直前,才能成就事业。世间之一切事业,若无志愿,即不能成办;愿大则成大事,愿小则事亦小。

存在生命的安顿,藉由方向感的明确与意义的有无;而生命意义的大小高低,则全看价值观的内涵了。人在与外界相接时所生发的感受、情怀等各种心理活动,与他的习性、修养、学识包括整个人生观、世界观乃至当下一刻心绪的微妙状态相关密切。也就是说,人在一念之间的心理变化往往是相当复杂的,随之而来的,什么理想、愿望等也常常是游移不定,甚至有时会性质截然相反的。但菩萨一旦发心,其遭遇无论悲喜苦乐,则始终不改初心,以上求(佛道)下化(众生)为根本,所谓"不忘初心,方得始终",这既是佛门中的激励语,同时也是对行菩萨道因缘果报之原理的揭示。所谓初心,是最初一刻的向佛之心,对大乘行者而言,也就是发菩提心,即不带功利的济世利生之心。此心真切,因无我执我慢故,而能不受干扰,不屈挫折,彻始彻终,一发之后,不再忘失,也不会遭遇变故时,乱了方寸。因其发心不可思议,成就当也不可思议,所谓"心如工画师,能画诸世间";又曰:"诸佛与众生,唯是一心造。"这个道理,依佛教逻辑,自圆自恰,信则立,真实不虚。而对于凡俗无信仰者,也感到不可思议,但却是无法信受、甚至是坚决拒斥的不可思议；至于一类自私用智的学舌之辈，因其缺乏相应的正知正见与真诚无妄之心，那更是难相仿佛，无法真受用的。

理想而有志者，能以无上之意义，贞定其人生，使生命充实而关辉。佛教志求人生的根本解脱，行大乘道者则更以利乐众生，庄严净土为宏大目标，其生命意义的丰沛，自非庸常可比。但漫漫菩提路，艰辛无比，其愿力当然非常，也是非一般所能想象。佛教常以牛力挽车为喻，以为牛能挽车，力虽大，亦须御者；愿即是挽牛的御者，愿行具足，方能所至。这也就是龙树菩萨所谓的"庄严佛界事大，独行功德，不能成，故要须愿力"(《大智度论·七》)。学佛三要信、愿、行，愿的作用与意义可谓大矣。

佛教以"愿"为学佛必有的基本要素之一，强调凡学佛者无不须立志发愿。正由于此，才有总摄一切志愿的"四弘愿"。汉地佛教日课时都要念"四弘愿"，四弘愿的具体内容是：众生无边誓愿度，烦恼无数誓愿断，法门无量誓愿学，佛道无上誓愿成。(密教是五大愿：众生无边誓愿度，福智无边誓愿集，法门无边誓愿学，如来无边誓愿事，无上菩提誓愿成。精神与内涵与四弘愿大体相同。)发四弘愿是每一位学佛者的必须，是因为它体现了佛教的根本精神。四弘愿所对应的正是佛教的四圣谛——苦、集、灭、道。

佛教有关生命问题的理论总体可分成两个方面：一是揭示生命现象的本质——苦，及此苦之起因与类型——集；二是指明如何解脱，如何使生命在此沉沦的世界中超越出来，走向理想的境界，达到究竟——灭与道。佛教认为，虽然就具体的个体生命而言，在形态上各有不同，所求解脱的方法也应人(泛指)而异，至于所达到的境界也有高低大小之差别，但本质不变。也就是说，此四谛法所摄，涵盖一切有情生命，真实不虚，是终极真理。而四弘愿被定性为学佛者的"总愿"，它不仅横摄了四谛之理，又纵贯了菩萨行者的道德生命，或者说它总括了一切贤圣的内在德性，体现了大乘佛教的真实品格。此德性(或品格)的内涵就是上求下化的菩萨道精神，这个精神铸就了菩萨行者的生命境界。

如果说四弘愿是学佛实践的总原则，确定(或说指引)了大乘行者生命趣向的总目标的话，那么，学佛者在具体的实践过程中，则因其各别的因缘与相应的愿景，必然会另有具体的方针与原则来开展与落实这一总原则与总目标的。而这个愿景，虽总体上不出佛教上求下化的精神之外，但其因缘与内涵还是各有自身的特色的，从而形成了与这个"总愿"相应的"别愿"。

既然说发心菩萨在因地时的遭遇各异，别生意乐，那么他的别愿也一定是十分对机的，用今天流行的话说是特别地"接地气"。此处之所以要借用一句流行语，是为了提请读者，菩萨发心（愿），一定是受刺激于自己或周遭有情的际遇（更确切地说是苦难），而激发出一种脱苦之想、怜悯之情，更提升到佛教的慈悲之心，并由小及大，由亲及疏，最后发展到同体大悲，无缘大慈。具体地讲，就是由一己的苦难见到众生的苦难，由一己的解脱扩展到为众生求解脱。这个特点，与儒家的忠恕之道、性善论有其相同的原理（这里不作价值高低的分判）。对此，地藏菩萨的本愿（别愿）故事就是最好的例证。

据《地藏经》载，地藏菩萨在很久很久"不可说不可说劫前"，因见佛（师子奋迅具足万行如来）相好而生希慕之情，遂礼佛而问："作何行愿，而得此相？"当被告知"欲证此身，当须久远度脱一切众生"后，即发愿曰："我今尽未来际，不可计劫，为是罪苦六道众生，广设方便，尽令解脱，而我自身方成佛道。"又过了很长很长时间，"于过去不可思议阿僧祇劫"时，地藏菩萨复为婆罗门女，因"其母信邪"，命终后"魂神堕在无间地狱"，时婆罗门女已深信佛法，"知母在世，不信因果。计当随业，必生恶趣"，于是又于佛（觉华定自在王如来）像前礼瞻泣求，指示"母之去处"，因至诚恳切而得感应，于定中历游地狱，途中见种种生前造恶罪人在地狱受报的苦难景象，复生哀悯慈悲之心，所以虽当得知亡母因女儿的供佛修福的功德已然超脱地狱时，依然不改初心，在佛德佛力的感召下，由亲及疏，悲心拓展，并在佛像前立下弘誓："愿我尽未来劫，应有罪苦众生，广设方便，使令解脱。"（《分身集会品》）自此之后，地藏菩萨以愿摄行，以度生事业为己任，并一再发出类似的重愿，直至释迦牟尼佛时代，"犹未毕愿"（《阎浮众生业感品》），始终以"度脱众生"为唯一要务。这在《占察善恶业报经》、《地藏十轮经》等经典中同样都有地藏菩萨类似的弘愿与相应的菩萨行记载。于是，后人根据地藏菩萨长劫以来的愿行，概括成"地狱未空，誓不成佛；众生度尽，方证菩提"这四句话。

世界无穷，众生无尽，地狱又是世间最苦的地方，地狱众生罪业深重，难度难化，但地藏菩萨却始终不起厌倦，无有懈怠，历劫久长，不改初心，以"大愿"表地藏菩萨之德,可谓名实相副。地藏菩萨的大愿行,既体现大乘佛教的精神,又确确实实是学佛者的楷模了。即此,我们对释迦牟尼佛之所以临涅槃前将此世界的度生事业托付给地藏菩萨,以待未来佛弥勒交接,① 也可知其所由了。

五、论功德

功德,按字面上一般的意思就是功业与德行,而佛教功德一词则有更丰富的内涵。在佛门中,功德是使用频率很高的一个词,就连平时敲敲打打,到寺院里做场佛事习惯上也叫"做功德"。当然,佛教真正的功德义则是指信佛修行之人凡能与增进道业有关的一切事业。至于本文所谓的"不可思议"与"真实不虚",主要也是特指地藏菩萨的功德及信奉地藏菩萨的功德,而这两个方面的功德,又是相交相融,一体统一的。

一切功德,无不是由修行工夫而来;功德的大小,在于行持工夫的深浅及所涉范围的宽窄。地藏菩萨以大愿导大行,累劫修行,度生无数,用释迦牟尼佛对文殊菩萨所说的话就是,地藏菩萨"久远劫来",坚持不懈,"已度、当度、未度,已成就、当成就、未成就"的众生,"吾以佛眼观故,犹不尽数"(《地藏经·忉利天宫神通品》,以下仅注品名),如此规模的利生事业,其功德自然不可思议,且超过一般。对此,佛在另一部经中用更为感性的话说:"大士(指地藏菩萨)为欲成就诸有情故,久修坚固大愿大悲,勇猛精进,过诸菩萨。"(《地藏十轮经》)如此地超出一般,也可谓不可思议;当然,这话也必得由释迦牟尼佛说出才能使人感到"真实不虚"。又,因"阎浮提众生业感差别"(《阎浮众生业感品》),刚强难化,地藏菩萨以不可思议之"神力"、"智慧"、"慈悲"等(见《嘱累人天品》),以"百千方便而教化之"(《阎浮众生业感品》),以"百千方便而度(脱之)","不辞疲倦"(《阎罗王众赞叹品》),可述之功德自是举不胜举、不可校量。毋庸置疑,释迦牟尼佛具一切智、无碍智,

---

① 按:《地藏经》是释迦牟尼佛在忉利天为母说法时所出,根据天台教判,佛在忉利天的时段是在讲《法华》之后《涅盘》之前,而佛为三事故,上升忉利天。三事者,一乃为母说法,此所以报鞠育之恩、酬劬劳之德,将以励后世无恩之人也。二为慰别天神,所以报一期拥护,并嘱末世比丘,托令卫之无魔事也。三为六道辛苦,求出无期,付嘱地藏教护,以待弥勒下生也(参见青莲法师《地藏菩萨本愿经科·纶贯》)。

当能悉见悉知世间一切不可思议之事,但在《地藏经》中无法也不必一一罗列,故仅摘要性地简述地藏菩萨在因地向佛之由与一些具有典型性的功德因缘,以作为学佛行菩萨道的示要。佛所说法,皆有的放矢,但毕竟语言仅为方便,且语言作为一种表达的方式,也难免有其局限;又受者或由于相应的"前理解"不够,或可能稍欠如第三节中所提到过的那些因缘,读经时往往不得要领,所以后世大德又有不少讲经著作问世,以帮助我们理解。笔者受前贤的启发,结合自己的认识,对经文所记地藏菩萨的功德因缘作一些提挈归纳,有时或借用一些世间的学问来帮助说明,阐发经意,以期能豁显佛教之根本精神。

论到地藏菩萨的前生因缘,通常首先都会举他作为婆罗门女身份大行孝道的故事,同时又将这个故事结合中国传统孝文化的特点,认为这是地藏信仰得以在中国流行的文化背景,并大多从这个角度谈论地藏信仰的意义。这当然有一定的道理。因教学两界有关地藏信仰与孝文化的论述已有很多,如再重复这个话题,笔者自认没有更多的新意可贡献,兹不赘。只是需要强调一点的是,学界常有把孝道说成乃中国文化所特有,似有点夸大。对此,我想说明的是,世间各大各派的宗教、文化,能在人间传衍千百年,如果完全是反人伦的话(历史上有一分儒家人士对佛教就有此论断),会有这个可能吗? 其实,孝是人类的天性之一,行孝是人的本分,也是天性的自然流露,孝道是文明社会基于人性的特点而形成的一种文化。中国文化固然有其自身的特色,但人类毕竟有其共同的价值基础,所谓人同此心,心同此理。我想,古今中外的各类优秀文化,都不可能有悖天理人道而成的吧。就以佛教来说,佛教"五逆罪"中,将杀父、杀母列在首位,"逆"者,乃"罪大恶极,极逆于常理"之谓也,犯此罪者,那是要下"无间地狱"的。《地藏经》中也说:"若有众生不孝父母,或至杀害,当堕无间地狱。"所以我认为,与其把地藏菩萨的孝行故事置于中国文化背景下去发挥,还不如从人的本性上去发扬来得更为直接、到位。孝道,应该属于具有人类社会普世价值的性质,只是各类文化论到孝的具体内涵各有不同,表达的方式也有种种的差别罢了,但其本质精神是完全一致的。如佛教,是在三世因果,六道轮回,及生死解脱的维度下去行孝,确信在如此的大框架下才能真正地落实孝道、实现孝道,就像《地藏经》中的婆罗门女故事(见《忉利天宫神通品》)、光目女故事

（见《阎浮众生业感品》）所透出的精神那样,如站在佛教的立场,从究竟解脱的角度,那才算得上是最彻底、到位的行孝呢。

提到《地藏经》中两则婆罗门女与光目女故事,在此还有必要谈谈佛教对女性问题的看法。因教学两界对这个问题至今存在困惑,而这种困惑多少会影响佛教在世间的容受度,也就是说它关联到世人对地藏功德大小与地藏信仰范围宽窄的认识,所以我认为也更值得一究。

通常以为,佛教对女性存有偏见,因佛教经典中确常提到女性学佛的障碍很多,有许多保留的看法。如当初佛陀不接受俗家女性弟子出家,即使后来开许,比丘尼的戒律也要比比丘多了许多;比丘尼如修道成功,也得先由女身转男身;不要说凡得圣果(阿罗汉以上)者无有女身,即使梵天、帝释天等都非女身,诸如此类。表面上看确是男女不平等得厉害,尤其是那些持女权主义立场者,在这个问题上对佛教很不满。对此,仅谈三点。首先,佛教的确认为女性学佛比男性的障碍要多得多,这是基于女性生理与个性上的特点而发的,而不是像一类女权主义者所认为的女性与男性的不同是由社会塑造的观念产物。佛教经典中对女性弱点的揭示是描述性的,即都是基于经验的事实而谈的,不存在什么平等不平等的问题。而根据对象的不同,相应地处理不同的问题,这是尊重事实,恰恰是理性也是人性化的体现,这就像体育比赛,男女有别,设置不同的竞技标准,这哪里论得上是不平等的歧视。其实,女权主义者所诉诸的要求,往往都是以男性的标准来定的,这才是真正不平等的虚妄的预设呢。因本文并非专门讨论佛教女性观与女权主义的问题,在此不作具体文献的征引与展开。

其次,事实的描述不等于价值判断,这一点不能混淆。佛教提倡众生平等,有情生命都是所要化度的对象。但众生因业力所牵,导致有不同的生命形态;不同类型的生命有不同的特点,有高低善恶之分,这是必然的现象,并不是给以一个什么态度就可以改变的事实。佛教讲六道众生,大致可分三善道与三恶道,这也是一个事实判断。像释迦牟尼佛累劫都在五浊恶世中行道,显然不存在对弱小众生轻视的问题。而地藏菩萨以释迦牟尼佛为榜样,发出"我今学世尊发如是愿,当于此秽土的无上菩提"(《地藏十轮经》)的大愿,也生生世世在地狱中救度众生。地狱众生罪业深重,难度难化,但菩萨却以"地狱未空,誓不成佛"这样的重愿始终无所厌弃。地狱众生为六道中最低劣者,佛菩萨尚且如此,更何况属三善道的人间男女?一句"众生度尽,方证菩提",已足以说明一切。不然的话,哪里还谈得上大慈大悲,大愿大行呢。

再次,回到文本,《地藏经》中,婆罗门女与光目女这两对母女结合而构成的一正一反事例,其所给出的象征意义,恰恰折射出了佛教对女性学佛的理性认识与特有的重视:一方面佛教清醒地看到女性在个性与知见上有种种的不足与局限,同时又充分肯定女性的韧劲、执著对学佛所具有的正面意义。只要信仰坚定,目标明确,女性一样地能够得到超凡的成就,这种正面的事例,在佛教中还有不少,最著名的案例就是《法华经》中所记小龙女顿悟成佛故事(见《提婆达多品》)。佛陀讲经说法,注重对机,既能根据不同的受众,又会考虑到以后在不同的时空中的流传效果(这往往会在各类佛经的流通分中予以指示),所以常常会有显说,有密说;有究竟说,也有方便说,等等,形式多样,意味无穷。这是我们在解经时需要明白的。如相对于《地藏经》中直说的婆罗门女(包括光目女)行孝度母及进一步普度众生的故事,那个婆罗门母女(包括光目母女)一正一反的事例,就具有密意说的性质。对于佛经文本中这类经意的阐释,倒是可以像阐释学那样重视对文本中所具有的象征义、隐喻义的开掘。事实上,女性佛教信众多有专修地藏法门者,应该说与是经中这类故事所内含的多重意义有很大的关系。因这些故事所衍生的,不仅产生了中国佛教所特有的那些超荐祖先,救度亡灵祭事法会,及为祈佑孕妇健康顺产、母子(女)太平等各种宗教行为,同时,故事还蕴涵佛教对女性(所存在某些缺点)的警示义与提示义。故事中喻含如此丰富的意蕴,实实在在地反映了地藏功德与地藏信仰的统一。

有关《地藏经》中的象征性意义,笔者认为更有必要提挈一则一般不被人所注意的事例。根据文本所示,地藏菩萨最初向佛之心的生发,乃是在婆罗门女之前的"长者子"身份;起由是"见佛相好,千福庄严",而生欣羡向慕之心,于是受佛(师子奋迅具足万行如来)点化,开启了之后漫漫的学佛度生的菩提之路。这段故事出之于佛陀之口,置于经文最前,是不可能没有深(密)意的。由经文可知,还是婆罗门女时的地藏菩萨,对佛教应该说已经有相当的认识了,否则的话就不可能会知道其母生前有罪,死后定将受报的因果。换言之,在这之前,婆罗门女对佛教已经起信并有相应的"前理解"了。

其起信之时就在长者子时,起信之由则是因见佛相好而生敬慕之心。应该说,没有这个因缘,没有那一次的起信,就没有以后的地藏菩萨! 这也应该是释迦牟尼佛在向闻法者介绍地藏菩萨功德因缘时,首先讲这段经历所包含的深深的法理吧。此所以我们在经文中又反复能读到像长者子见佛相好这一类景象的文字,如婆罗门女"瞻礼(佛像)尊容,倍生敬仰"(《忉利天宫神通品》),光目女受罗汉指点,"即舍所爱,寻画佛像而供养之"(《阎浮众生业感品》),还包括释迦牟尼佛在讲经时不时地大显瑞相、大放祥光等种种的描述,这些像电影特写镜头般的意象,似乎也很"不可思议",但其摄受力无疑很强。其实,这何尝不是佛菩萨的一种弘法方便呢,而其所带来的效果,却又是那样的明显。

还需指出的是,正因为地藏菩萨最初这一段特殊的学佛因缘,所以成就了他"身相端严,威德殊胜;惟除如来,无能过者"(《占察善恶业报经》),也因此,地藏菩萨示现于世的法相,与其他菩萨不同,是以出家声闻菩萨相出现的。并因地藏菩萨所集功德的不可思议,其法相同样也是由"无量无数不可思议殊胜功德值所庄严"(《地藏十轮经》),众生能"见地藏菩萨像"而心生敬仰,即可"常得端正"(《如来赞叹品》),"塑画形像,供养赞叹,其人或福无量无边"(《称佛名号品》),如此等等,也向我们揭示了地藏法门又一个重要特色。而这种庄严感、威严感,从宗教心理学的角度,对于众生的摄受力与感召力,无疑是极大的。

有关地藏功德与地藏信仰还有很多方面介绍,如深信因果,礼敬三宝,常念佛(菩萨)号,慈愍众生,勇猛精进,回向法界等,这些内容所涉及的都是佛教(学佛)的大问题,然因凡讲《地藏经》或地藏法门者一般都会谈,一则提交论文的最后期限已过,二则笔者一时间也没有太多的新看法可贡献,也就暂且不谈。如再有好的角度,也只有期待以后的因缘了。

余 论

《地藏经》作为一本大乘佛教的经典,它的影响力主要是在社会的基层,换言之,地藏信仰代表着中国佛教的一种基本形态。本文最初构思时曾拟用副标题"以诠释学为方法",因诠释学的不少方法与佛教解经学确有其互相发明处,又见有学界的朋友已多次提到要在东方的学问中为诠释学找出路，以期从佛教解经学、儒家解经学中寻找资源。笔者有感于这一具有探索性、建设性的理想，也会不时地关注、思考着这方面的课题。恰巧接到这次会议的邀请，见会议方提供的论题中既有关于地藏信仰的，也有讨论经典诠释问题的，于是就想尝试着将两方面结合起来作些讨论。但写着写着，总感到有点不太顺，尤其是西方现代诠释哲学或哲学诠释学，与佛教解经学的原则在本质上其实是异趣的（当然，与西方诠释学的起始精神也是偏离的）。在佛教，佛经的神圣性毋容置疑，经文所示，绝对具有指导性、权威性的意义，而支撑这个神圣性、权威性的，当然是已经证法体道的"作者"佛陀了。即便是以后宗门的祖师常常提醒真正的学佛者不要受经句文字所限，要活读经书，甚至可以不读经书，其背后的精神不是否定佛法的根本，而恰恰是提醒要你能自我体证，契入佛法的真实。所透出的，正是佛教常说的心、佛、众生三无差别的道理。而西方现代诠释哲学所主张的那种以诠释者为中心，将作者（自然也连带其著作）边缘化，甚至被逐出诠释视野之外的诠释方法（或原则），这与现代西方那种不断地解构、消解人类长期以来的价值核心的思潮，在本质上完全是一路的。这里所存在的问题实在太大，又将涉及中西文化各自的走向与价值的大判断，本人见识有限，学力不逮，对这样的大问题一时间无法予以太多的剖析论究，当然也只能有所回避了。

既然佛经解读与西方诠释学在根本上有出入，那在互用中涉及的异同就得有所简别，甚至难免要有判教性质的论断。通常，本人在价值问题上一向不回避，也从不含糊，立场明确，喜欢给出自己的看法，这也是笔者一贯坚持的文章之道。而在这样一个会议上，似又感到不太适合这样的表达。这倒不是怕因此而引起碰撞甚至质疑。以文会友，学问的交流互动本是愉快事，互相切磋、商榷才会深入，才会得到启发并有所提高，乃至还会加深朋友间真正的情谊，何不乐而为之。惟自感学养不够，许多思考尚待细化、深入，贸贸然将不成熟的想法提出，贻笑大方还只是个人面子上的事，重要的是这种浮夸的表现正是当今学界的常见病。自认为还算得上是个读书人，怎能不警惕也被染上这种流行病，而如果自己也成为一个病菌携带者，那可真的是良知有亏，要说声罪过罪过了。至于简单的比附、格义，在今天这个信息（知识）发达的时代下，似有点浅薄。虽然从传播学的角度看,格义也有其传播效果的价值,也就是有它的文化意义,如历史上的格义佛教对中国佛教的发展即有其相当的正面意义,笔者对中国佛教史上这个现象也曾有过正面的说明。但文化的背景变了,今人喜欢做的那种将一些不同的知识(甚至只是概念)杂糅在一起展示一番的表现,往往是卖弄、噱头。退一步说,即便是有其学术上的价值,但如果纯是为学术而学术,那也非我之所爱。

佛教作为一种学问,是关乎于生命的,是要有益于世道人心的增上的,所谓自利利他,共成佛道;利乐有情,庄严国土。这是佛教的精神,是佛教在世间存在的价值,也是我们学佛者的使命。学佛既是个人性的,又是公共性的(众生事业);个人修养,道德(宽泛意义上的)修持,乃至个人体验,可以说是纯个人性的,但道德实践带有社会性,有其公共性标准,无疑具有公共伦理的性质。有以为,佛教是一种宗教,宗教重在实践,重在体验,而一切宗教实践都是个人性的,是由个人的体验去契悟宗教之理,即通常所谓的自内证而悟道。这种看法在教内外都很普遍,似乎已成为常识,也确有道理,但其实这只是浅见,或更确切地说有欠全面,理由在正文的叙述中已有涉及,不再重复。惟需要再强调一点的是,尽管宗教体验属于个人性的,但任何宗教,它之能在世间的生存并发展,不可能没有一套能与整个社会相沟通、互动的话语体系,并以此来维系它的生存与开展的。有关这些公共性与个体性的问题,早期儒家即已有很多睿智的思考与提示,值得我们好好地去整理、提挈;而西哲对此类问题也有相当的重视,如一生注重于人类公共问题思考的哈贝马斯在其后期的研究中有过很深入的探索,我们不妨去读读其相关的著述,以作参考。

既然说大乘佛教以济世利生事业为要务,其所涉及的必然有许多是属于公共伦理的问题,怎么可能没有社会关怀,没有公共性问题的考量呢。上来从佛经中提挈出一系列地藏菩萨的功德,并揭示地藏信仰的价值,在在能见出大乘佛教的实践与世间伦理及公共性道德关联密切,如由此再深入展开的话,对佛教公共话语的表达与建构,乃至进而促进人类社会共同价值体系的建设,都无不具有启发性、指导性的意义。笔者认为,地藏信仰的特点,无疑兼摄了个人修行与公共性伦理双向互动的共同性价值,对此的提倡,无论对于吾侪各自生命境界的提升,还是对整个社会道德水准的提高,其意义都非同一般,这也就是本文写作的宗旨与动力。当然,笔者在此的表达还只是粗浅的,不少话题还有许多讨论的空间,应该通过分别地作细化处理,才有可能有所深入,本文权当抛砖引玉,真切地期待以后有机会能再与同道学习交流。

汉藏文化交流视域下的象征符号研究

杨胜利（西藏民族大学藏学研究所）

任何一种民族的文化都非封闭状态下的单一民族文化。藏民族在与周边民族的历史交往过程中，借鉴、吸收、创造出具有多重面向的文化体系。尽管人们习惯性地将藏族文化俗称为"藏传佛教文化"或"喇嘛教文化"，但"藏传佛教文化"只是他们整体文化中的重要部分。除此之外，仍有与其并行的其他文化成分，诸如法律、道德、伦理、习俗、民间宗教等。纵观整个西藏文化体系，可以将其文化载体大体分成两个不同的体系，一是载之于经典的文字表达，一是载之于符号的象征表达。卡西尔认为，人不是生活在一个单纯的物理宇宙之中，而是生活在一个符号的宇宙之中，语言、神话、艺术和宗教则是这个符号宇宙的部分，它们是织成符号之网的不同丝线，是人类经验的交织之网。"人的突出特征，人与众不同的标志，既不是他的形而上学本性也不是他的物理本性，而是人的劳作。正是这种人类活动的体系，规定和划定了'人性'的圆周。语言、神话、宗教、艺术、科学、历史，都是这个圆周的组成部分和各个扇面。"[1] 因此，他说"人是符号的动物"。美国学者格尔茨正是从符号的维度去对文化进行理解与解释的。他认为，文化"表示的是从历史上留下来的存在于符号中的意义模式，是以符号形式表达的前后相袭的概念系统，借此人们交流、保存和发展对生命的知识和态度"。[2] 在藏民族的生产生活过程中创造的大量文化象征符号，它不仅吸收了印度佛教文化中的象征符号，而且对中原文化中的象征符号也予以借鉴和吸收，尤其表现在对这些符号的内在观念上。因此，可以说，在具有民族特色的藏族文化体系中，除了经文典籍之外，象征符号体系可以看做是与藏民族的生产生活与道德伦理更加密切的文化的载体。

---

① 恩斯特·卡西尔：《人论》，甘阳译，上海译文出版社，2004年，第96页。
② 克利福德·格尔茨：《文化的解释》，韩莉译，译林出版社，2014年，第109页。

一、研究藏汉文化之间交流的传统面向

从考古和历史的维度来看,早在先秦甚至更远的时代,藏民族和汉族的前身即华夏族就有着密切的关系。"到秦汉时,统一的秦汉王朝中央政府即在青藏高原和中原内地政治的联系进一步加强,两地的文化经济的交流也必然有一定的进展。"①在对藏汉文化交流与互动的研究上,学界已取得了不少具有影响的学术成果。但由于文献典籍的缺乏,对这一时期的研究无论在深度还是广度上都仍显不足。大多数学者的研究基本上是从吐蕃与唐朝时期的文献开始研究藏汉之间的文化影响。从汉藏文化之间的交流、互动、影响的研究向度来看,大致可分为三类:一部分学者是从汉族文化对藏族文化的影响来谈;一部分学者是从藏族文化对汉族文化的影响来谈;还有部分学者则是谈汉藏文化之间的互渗。

关于汉文化对藏文化的影响,由于吐蕃时期和唐朝都崇信佛教,在公元八世纪就有汉僧摩诃衍与印度僧人的论辩。法国著名藏学学者戴密微的《吐蕃僧诤记》,通过对敦煌史料的分析,梳理了中印僧侣于 8 世纪在拉萨举行的一次有关禅的大辩论。这次辩论,可以说是汉地佛教禅宗与印度空观思想的交锋,也是顿悟成佛与渐悟成佛之争。虽然摩诃衍最后失败,但禅宗的思想却对当时的西藏佛教的发展产生了深远的影响。除了宗教上的影响外,敦煌文献中有一些儒家经典如《论语》、《中庸》等藏文译文。尤其是藏文文献《礼仪问答写卷》,里面没有任何的宗教色彩,全然一副儒家伦理文化的实践画面。它以兄弟问答的形式,论述了待人接物、应对进退,以及君臣父子、师生主奴、夫妻朋友之间的关系准则。孔子在西藏被称为贡则、贡策、公子等。他被赋予神力,被认为是苯教中"贡则楚吉杰布"的原型,逐渐演化为算学、天文、历法以及消灾仪式文献的创造者。随着佛教在西藏的传播,孔子的形象开始被注入佛教色彩。在这方面的研究有于仕麟等人的《儒家伦理思想对藏族伦理思想的影响》(《社会科学报》2007 年 8 月 30 日第 5 版)和《儒家文化与藏族》(《阴山学刊》2007 年第 1 期)、陈炳应的《从敦煌资料

---

① 魏冬:《儒家文化在吐蕃的传播及其影响》,《中和学刊》第一辑,陕西师范大学出版社,2008 年,第 63 页。

看儒学对吐蕃的深刻影响》（《敦煌研究》2004 年第 4 期）、伏俊涟的博士论文《敦煌本儒家文献研究》、台湾东亚文明研究学刊 2007 年 12 月刊发的《西藏文化中的孔子形象》、顾吉辰的《孔子思想在吐蕃》（《西藏研究》1993 年第 4 期）、魏冬的《儒家文化在吐蕃的传播及其影响》（《中和学刊》2008 年第 1 辑）等。这些文章主要考察了儒家文化或者孔子对藏民族的政治典章制度、伦理习俗、天文历法等方面影响的研究。这一研究是单向度的，即主要关注的是汉文化对藏文化的影响，而且主要是从最早文献的源头考察藏汉文化交流中的单向影响。其文献依据主要是敦煌出土的藏文史料、新旧《唐书》以及《册府元龟》等历史典籍。

关于西藏文化对汉族文化的影响研究，则有王尧先生的《藏汉文化考述》。此文抉微探幽，发前人之未发，认为在《金瓶梅》、《红楼梦》等经典名著中，藏族文化的影响有迹可循，反映了各民族之间文化孳乳、繁衍并孕育出多元一体格局的中华文化。

关于汉藏文化之间的互渗，则有王建林、陈崇凯所著的《藏汉经济文化交流史》。此著具有以下四个特点。一是基于中国历史疆域的独特的地理与自然环境，研究并理清藏汉经济文化交流史，突出说明了藏汉经济文化交流的客观原因及历史必然性。二是从中华多元一体大文化圈的角度，来研究并揭示藏汉经济文化交流史的逻辑，着重强调藏汉经济文化的相互影响。三是以经济以及经济文化交流为切入点，对中国古代藏汉民族交流关系作出全面的评述，针对以往这一主题研究偏重中原及汉族对西藏地区及藏民族的影响，作者则侧重考察并强调藏汉民族间的双向交流关系。四是从经济文化、物质文化两方面论述了藏汉经济文化交流史，在展示藏汉经济文化的相互影响中，对西藏地区、藏族方面对中原地区各族人民的重大影响予以特别的关注。

除了汉族学者的研究之外，藏族学者尤其是藏传佛教系统的高僧大德也有关于汉藏文化之间的交流与互渗研究。如布顿的《布顿佛教史》、土观·罗桑却吉尼玛的《土观宗派源流》等著述。尤其是《土观宗派源流》一书，土观活佛在"汉地儒家道家和佛教的教派源流"一章中，虽然将佛教比喻为日，道教比喻为月，儒家文化为星，有抬高宗教的意图，但对儒家文化对西藏文化的影响方面还是具有客观理性的认识，书中特别分析了《周易》、《本草经》及孔子等对西藏天文历法、医学、伦理道德的影响。①

　　这些研究有一个共同的特点,就是从历史文献中梳理藏汉民族文化之间交流、互动与影响。总体来说,它呈现一个从原来汉族文化对藏族文化的影响到藏文化对汉文化的影响再到汉藏文化之间的互动与互渗这样一个发展历程。这一研究所依托的文献,主要是敦煌藏文文献、新旧《唐书》、《册府元龟》、《元史》、《明史》、《清实录》等历史文献,研究者从中去寻找两个民族在政治、经济、文化、宗教等方面的交流与互动史实。而这样的研究看到的基本只是上层之间的交往,尤其是西藏地方政府与中央政府在交往过程中,中原文化如何影响西藏地方政府的政治制度、伦理习俗、天文历法、法律典章等。在这里不是要说放弃这一历史的、文献的研究方式或认为这一方式有任何不妥,而是要强调如何在原有的基础上进一步扩展有其不同的地域文化特色,如因教育形式思维方式所带来的文化特色。

　　在中原,自孔子以来就开创了一般老百姓就能够接受教育的这样一个影响深远的教育体制。"自行束脩以上,吾未尝无诲焉。"在上世纪五十年代前,西藏的教育长期以来以寺院教育为主,各地数以千计的藏传佛教寺院是当地的教育中心,藏族各类知识人才莫不出自寺院。而对于世俗社会的普通老百姓来说,读书识字几乎是不可能的,更不要说去诵读藏文经典或汉文经典。那么当西藏地方政府与中央王朝之间进行经济文化交流过程时,如何将汉族文化中的道德伦理、宗教观念、风俗习惯等思想观念内化为整个藏民族的思想观念并付诸实践,这就需要具有直观性的象征符号作为中介。藏民族的思维特征虽然具有很强思辨性,比如藏传佛教的因明学至今依然被全世界公认为具有严密科学性的逻辑理论体系。但这种思辨能力只是喇嘛在寺庙教育过程中需要长期培训才能习得,而对普通老百姓来说,要达到这种极强的逻辑思辨性几乎是不可能的。因此,藏民族另一思维特征具象思维或直观思维应该更普遍些。这一思维形式的特点是"通过具体形象、具体符号去反映抽象意义,把思维客体、宇宙本体、佛性佛法都附会在形象符号和行为之中,也就是人为地赋予特定对象以象征意义,使其与佛法完全

---

　　① 杨胜利、段刚辉:《藏传佛教文化视域中的儒家文化》,《西藏民族学院学报》2011 年第 5 期。

冥合"。① 正是这一思维特征,佛教在西藏传播的过程中,才将大量印度佛教的象征符号与原始苯教象征符号相融合,创造了一个庞大的象征体系。藏民族正是生活在一个丰富多彩的象征符号的世界中,这些象征符号通过记忆、族群认同和文化遗传的方式,深刻影响着藏民族的审美情趣、价值取向、宗教信仰以及社会行为。格尔茨也是在这个意义上定义他的文化概念的,即以符号形式表达前后相袭的概念系统,藉此人们交流、保存和发展对生命的知识和态度。他这里所说的符号,主要指存在于人类生活中诸如神话、仪式、象征物等象征符号。所以他也说宗教是一种象征符号体系。因此,我们研究汉藏民族之间的文化交流也应该换一种研究方式,从原来的文献研究转向文化现象研究。蒲文成教授的《汉藏民间文化交流述要》一文,可以说正是研究思路转向的范文。他以藏汉结合部文化现象为立足点,分析了藏汉民族在服饰、饮食、住所、民间信仰、习俗、生产活动、语言、婚俗以及艺术中的互相吸收和借鉴。比如在建筑方面,最具藏汉结合风格的寺庙建筑如桑耶寺、小昭寺、夏鲁寺、塔尔寺、拉卜楞寺等。在河湟等地藏式建筑中的花坛、楼阁回廊、雕梁画栋无不体现了汉族建筑风格。王尧先生的《古代哲学思想的交流——"河图、洛书"、"阴阳五行"、"八卦"在西藏》一文也是基于藏族腰间佩戴的护身铜镜探索《河图》、《洛书》以至五行、阴阳、八卦这一系列哲学思想在西藏的影响。

二、研究汉藏文化交流中象征符号的方法转向

象征是人类生活中表达情感和认知世界必不可少的一种方式,没有象征,就没有人类灿烂多姿的多元文化体系。从根源上说,象征可以看做是人类最早关于宗教观念、宗教行为、宗教体验的表达方式。以此为基点,才有了人类的神话、艺术、科学等文化体系中的不同形式。象征之所以能够成为宗教、神话、仪式、艺术等人类文化的必然表达方式,其原因可借黑格尔的话来说明:"象征一般是直接呈现于感性观照的一种现成的外在事物,对这种外在事物并不直接就它本身来看,而是就它所暗示的一种较广泛较普遍的意义来看。因此,我们在象征里应该分出两个因素,第一意义,其次是这意

---

① 乔根锁:《西藏的文化与宗教哲学》,高等教育出版社,2004年,第57页。

义的表现。意义就是一种观念或对象,不管它的内容是什么,表现是一种感性存在或一种形象。"简单而言,象征就是用一种可见、可感的有形物质来表达不可见的思想观念。而宗教、神话、艺术、仪式等本身就是对不可见、不可感的超存在的一种追求。为了把这种存在于心灵或观念中的实体给予形象化,最后不得不诉诸于象征。这就是奥特所言,以可见、可感表达不可见、不可感,以可言说来言说不可言说,以在场来表现不在场。正是由于这一特点决定了人类对世界观和精神气质的表达。在格尔茨看来,宗教的根本因素就是要揭示一个人所拥有的价值观和存在的一般秩序间的意义:

> 文化的道德(及美学)方面,价值性因素通常都被归纳为"精神气质",认知和存在方面则被归纳为"世界观"。一个民族的精神气质是格调、性格及生活质量,是它的道德风格、审美风格及情绪;它是对他们自己及生活所反映的世界的潜在态度。世界观是对纯粹现实中的事物存在方式的描画,是自然自身和社会的概念。它包含着他们对秩序的最广泛的观念。宗教信仰和仪式互相对应又互相肯定;精神气质被认为在理智上是合理的,所依靠的是它代表了现实事物暗示的生活方式,而现实事物是由世界观描述的;而世界观在情感上可以让人接受,所依靠的是它展示了现实事物真实状态的形象,生活方式是这种状态的真实表现。对一个人所拥有的价值观和存在的一般秩序间的意义关系的揭示,是所有宗教的根本因素,无论这些价值观和秩序被想象成什么样。不论宗教还可能是其他什么东西,它在某种程度上仍是一种努力(是暗示或直接感受到的而不是明确的或是深思熟虑的那种),试图储备普遍的意义,人们借此解释自己的而经验,组织自己的行为。[①]

格尔茨进步指出,意义只能储存在象征中,象征以某种方式囊括了世界存在的方式、情感生活的质量、人在这个世界中的行为举止。所以说:"对文化的分析不是一种寻求规律的实验科学,而是一种探求意义的解释科学。"[②]作为传统面向的汉藏文化交流研究模式,其主要对象是从经典中去发现和挖掘

---

① 克利福德·格尔茨:《文化的解释》,第155—156页。

② 克利福德·格尔茨:《文化的解释》,第5页。

历史资料,这一方法可以看作是历史的和解释的。而作为对象征符号现象的研究则可以看作是现象学的和诠释的方法。对西藏象征符号研究来说,这两年也有不少文章发表,但其研究的热度与藏传佛教义理研究来比则是不可同日而语,更不用说研究的广度和深度。不过,在这一研究领域里有两部极有分量的著述出版:一是 2007 年由向红笳翻译英国罗伯特·比尔的《藏传佛教象征符号与器物图解》;一是 2008 年丁涛、拉巴次旦翻译扎雅·罗丹西饶活佛著的《藏族文化中的佛教象征符号》。这两本专著可以看作对藏传佛教象征符号的系统梳理与解释。从整个藏传佛教象征符号体系来说,比尔所解释的比扎雅活佛所解释的象征符号数量多、范围广。而且比尔将较常见的象征符号都通过手绘方式绘出了每个符号的形式以及变体,是系统了解藏传佛教象征符号不可多得的学术著作。而扎雅活佛的著作,选择了最常见的九种象征符号体系,从文献方面给予了这些符号深层含义尤其是在藏传佛教里的应用。虽然从所分析的符号数量上来说,扎雅活佛的远不如比尔的;但就深度而言,扎雅活佛则要远胜比尔。尤其是扎雅活佛在所著的序言和前言中对藏传佛教象征符号所作的深层内涵分析以及对何谓象征符号、它如何影响人们所作的回答,具有很深的理论见解,是我们研究藏传佛教象征符号参照的理论基础。但通观整个藏传佛教象征符号研究,存在两个基本问题:一个是在方法上的问题。在大量研究藏传佛教象征符号的文章里包括比尔的著述,在方法上都是解释性的,即仅仅就符号本身是什么做了解释,而并没有进一步诠释其意义。这就导致出第二个问题即在解释象征符号时脱离了人的向度也就是这些象征符号如何对人的行为观念产生影响,对人的生存意义是什么?以上这两个问题在象征符号研究的文章和著述方面都涉及的比较少。正由于有这两个问题的存在,预示着对其研究要从方法上转型,由原来的解释向诠释或者阐释转型,由关注象征符号本身向寻求象征符号对人的生活方式及世界观产生的影响。

从诠释学的视域来看,诠释意味着理解与解释,只有在解释的基础上达到理解才可谓诠释。先看诠释学的有关释义:"诠释学研究的是诠释和解释(interpretation and explantion)之方法论原则"(《韦伯新国际词典》);"诠释学是作为文本解释的规则之体系的理解艺术"(《哲学小辞典》);伽达默尔说,"诠释学是宣告、翻译、说明和解释的艺术";里克尔说,"诠释学是关于与

'文本'的解释相关联的理解程序的理论";冯契说,"诠释学是对于文本之意义的理解和解释的理论或哲学"。① 从这些关于诠释学的理解我们可以得出一般的结论:诠释与解释是不同的,解释是诠释的基础,诠释是解释的目的,诠释寻求的是文本、符号的意义。所以,张汝伦在《意义的探究——当代西方释义学》一书中将传统的解释学理解为释义学,他对释义学所下的定义是"对意义的理解和解释的理论或哲学"。② 这里以"咥"字为例。它最早出现在《周易》里:"履虎尾,不咥人,亨。""咥"在其他语言中几乎消失,但在陕西方言里却保留了下来。吃饭经常被说成是"咥"饭。如果单从字意去解释的话,"咥"就是吃。但这种解释不能将人的吃饭状态描绘出来。要真正理解陕西方言的"咥",则必须从三个方面去诠释,一是碗大饭多,二是吃饭人有一种饥不择食的急切感,三是有一种狼吞虎咽的感觉。如果很斯文地坐在桌子前文雅地用餐,就不能称之为"咥"。所以很多人将"咥"诠释为"吃之至极"是有一定道理的。这里就很明显显示出解释与诠释之间的关系以及诠释走向了人的状态。

帕尔默说:"一种诠释的体系,它既重新恢复又摧毁传统,人们藉此深入到隐藏在神话和符号背后的意义。"诠释是要对诠释的客体,"即在非常宽泛的意义上的文本,可以是梦中甚至神话中的符号,也可以是社会或文学的符号","揭示出隐于明显内容之下的更深层次意蕴"。③ 解释针对的是事物本身,而诠释所关注的不仅是事物本身,还寻求事物与人之间的关系以及对人的意义。"把人的意图考虑进去的'阐释'是对宗教现象最好的解释。阐释型理论家拒绝'解释',因为解释只关注事儿不关注人。在他们看来,解释是不合适的,因为解释只研究不受人的情感影响的过程而不是人的有意义的意图。"从这些分析可以看出,比尔的《藏传佛教象征符号与器物图解》以及扎雅·罗丹西饶活佛著的《藏族文化中的佛教象征符号》对符号的研究都可以看作是解释的而不是诠释的。

---

① 以上关于诠释学的理解参考潘德荣教授所著《西方诠释学史》(北京大学出版社,2013 年)一书中的"诠释学:概念翻译及其定义"章。

② 张汝伦:《意义的探究——当代西方释义学》,辽宁出版社,1986 年,引言。

③ 理查德·E. 帕尔默:《诠释学》,潘德荣译,商务印书馆,2012 年,第 63、64 页。

既然在方法论上从解释转向了诠释，那么，在研究上就势必需关注象征符号对藏民族的意义，即它对现实的影响。扎雅活佛曾给予了象征一个比较宽泛的定义，其实质就是约定成俗。他说："如果一个文化群体中的许多人同意将某个标志作为一个特定精神内容或能量形式的象征标志，那么对他们来讲，这个象征就是有效的，他的效果建立在记忆、信任和不断重复以强化的力量之上。"对藏民族来说，象征符号不仅仅是一些用来提醒他们内在与外在、精神活动与物质表现之间联系的标志，而且也能影响他们的生存状况。这种影响是来自信心：一是净信，即纯洁心态的信心；二是胜解信，即信任的信心；三是现求信，即渴望的信心。正是有着这三种信心，在我们看来无关痛痒的象征符号却构成了藏民族生命存在中不可或缺的部分，成为他们在任何时候都会发生影响的极大的心理依托。而这种信心的形成，也吸收了中原文化中的五行宇宙观、中道和谐、长生久视等中华民族共有的精神特质，体现了藏汉一家亲的和谐共融的思想理念。

三、藏族文化象征符号中的中华民族精神特质

　　1989 年费孝通先生在香港中文大学以"中华民族多元一体格局"为题作了一次学术演讲。所谓"中华民族多元一体格局"理论包含了以下几个方面的内容：第一，中华民族史包括中国境内 56 个民族的民族实体，并不是把 56 个民族加在一起的总称，因为这些加在一起的 56 个民族已经结合成相互依存的、统一而不能分割的整体。在多元一体格局中，56 个民族是基层，中华民族是高层。第二，在形成多元一体格局的过程中，汉族既是多元基层中的一元，同时在多元结合成一体过程中起着凝聚的作用，这一体不再是汉族而成了中华民族，是一个高层次认同的民族。第三，高层次的认同并不一定取代或排斥低层次的认同，不同层次可以并存不悖，甚至在不同层次的认同基础上可以各自发展原有的特点，形成多语言、多文化的整体。[①] 在费孝通先生的"多元一体"理念中，蕴含着中华民族精神是以汉族文化为主体、其他各民族共同发展的理念。藏民族作为中华民族大家庭的一员，在文化理念上吸收、继承和发展了中华民族尤其是汉族文化中的阴阳五行思想、

---

　　① 见 2010 年 1 月 11 日《人民政协报》。

九宫八卦思想、福禄长寿思想的精神特质。

1. 藏族文化象征符号中的八卦、五行思想

八卦、五行思想是最具有中国精神特质的哲学思想之一。作为中华文明始祖伏羲，"仰则观象于天，俯则观法于地，观鸟兽之文，与地之宜，进取诸身，远取诸物，于是始作八卦，以通神明之德，以类万物之情"。在《易经》中反映了古人关于宇宙奥秘的最初探源，包含着有机宇宙和辩证发展的观念。土观在其《讲述一切宗派源流和教义善说晶镜史》一书中说："五经之首为《易经》，《易经》主要所讲的是数理。所谓易，就是交易或变易的意义。唐时藏地所译汉传数理之书，立名为博唐也是根据这个道理来的。"①从这里可以看出，易学思想最迟在唐时已经传到西藏并对藏族的天文、历法、卜筮产生了深远的影响。由于伏羲、文王、周公、孔子对八卦易学思想的贡献，所以在藏地被称为四大集成者。"伏羲、文王、周公、孔子汉土后来诸贤均呼之为四圣，藏人名为四大集成者，似即指此四人。但又把孔子写成公子。周公写成姬公，神农写成吉农，文王写成王太，可能是由于字有错讹，或者语言不通所致。"②而作为探寻宇宙的本原、统一性以及事物构成要素及其性质的五行思想，对藏民族也产生了深远的影响。藏族最有名的著作《四部医典》就包含有五行相生相克的思想。土观认为，医明《四续经》乃是来自汉地，而其中的五行思想是中华民族的特有精神源流。"关于医学的起源，最初三皇中的第二，炎帝神农氏作《本草经》，依于切脉，并了解五行相克之理，此为天竺及其他地方皆没有的特法。因我所考虑藏土所传的医明《四续经》，其最初来源，亦出自汉土。经内五行，不是按天竺所说的地、水、火、风、空，而是汉地的木、火、土、金、水。又动脉名为寸甘、茄，这明明为汉语寸、关、尺，由于读音不准确而差生的讹误。"③正由于八卦易学以及五行思想对藏族的影响，藏族根据汉族文化中五行思想和十二地支两两相配而创制了独具特色的藏历。藏历对藏民族的生产生活产生了极大影响。因此，他们将这些思想通过象征的方式表达、塑造出来，体现他们对世界的认识，探寻人与世界的关

---

① 土观·罗桑却吉尼玛：《土观宗派源流》，刘立千译，民族出版社，2000 年，第 203 页。

② 土观·罗桑却吉尼玛：《土观宗派源流》，第 204 页。

③ 土观·罗桑却吉尼玛：《土观宗派源流》，第 205 页。

系。其中最具汉藏融合特色的就是藏族佩戴在腰间的"护身铜镜",也可称为"司巴霍"铜镜。对铜镜的崇拜,藏族由来已久。根据考古发现与研究,藏族佩戴铜镜可以追溯到新石器时代。1976 年青海贵南尕马台齐家文化第25 号墓出土了一面七角星纹青铜镜,属于新石器时代的铜镜,可以看做藏族佩戴铜镜的最早考古发现。[①] 但随后在与汉族文化的交流与互动过程中,铜镜的图案发生了变化,由原来的图案变成了"藏历图案"。铜镜一般为凹凸曲面,凸面为光面,凹面则是九宫八卦及十二生肖图案。其中心场的内圆有一"三三幻方",即九宫。其图形是在正方形的九格内填以藏式字码 1 到 9。九宫之外是八卦图案,八卦图案外围是十二生肖图案。在由十二生肖、八卦、九宫组成的图案中,最中心的九宫内的数字"分别代表了方位、五行、颜色等,在九个格内的排列位置表现了与河图完全一致的神秘观念,就是在宫内横、竖、斜各行加起来总和都是 15。所不同的是,藏人的九宫数字码,只是河图的相反图像而已。中圆即五行、五方,上南、下北、左东、右西、中间为 u,即是数目字码代表 5,又与藏文'土'sa 写法一致,一举双用,即五行、五方相亲,东木、西金、南火、北水、中土。方格外是八卦,分布顺序与汉地同。外圆是十二生肖"。[②] 在这一小小的铜镜里既表达了藏民族特有的趋福避祸、祈求幸福吉祥的思想,又表达了他们对世界认识的朴素宇宙观,同时也放映了汉藏文化交流的历史。[③]

在藏族文化象征符号体系中最有影响力的要数经幡或者风马旗了,它可以看做是藏族精神或藏族文化的典型代表。一旦我们看到有经幡或者风马飘扬的地方,马上就会认为必定进入藏区。经幡和风马旗是有些微差别的,但现在几乎将二者统称经幡了。悬挂在山口间、河流旁的则以风马旗为主,寺庙前、住宅上的则以经幡为主。经幡上有时没有五兽,仅印有经文。经幡以竖挂单色为主,风马旗则以横挂五色为主。不过,现在经幡和风马旗的差别在不断的缩小。风马旗是藏族丧葬礼仪中最常见的一种经幡,它在

---

① 得荣·泽仁邓珠:《藏族通史·吉祥宝瓶》,西藏人民出版社,2001 年,第 61 页。
② 魏冬:《儒家文化在吐蕃的传播及其影响》,《中和学刊》第一辑,第 70 页。
③ 关于藏族"护身铜镜"与汉族的"河图、洛书"、"八卦"之间的关系,可参考王尧先生的《古代哲学思想的交流——"河图、洛书"、"阴阳五行"、"八卦"在西藏》一文。

藏语中被称为"隆达"。隆是风,达是马,故称为"风马旗"。风马旗最典型的图案是中间一匹驮着燃着火焰的象征佛法僧三宝的骏马,四个角上是四个动物,分别为:马首上方金翅鸟象征火,代表北方;马首下方狮子象征土,代表东方;马尾上方龙象征水,代表南方;马尾下方老虎象征木,代表南方。在汉族文化中有五神兽与五行方位之说:青龙主东方,属木;白虎主西方,属金;朱雀主南方,属火;玄武主北方,属水;勾陈居地下,属土。在方位上藏族风马旗与汉地有些许不同。由于金翅鸟是藏民族古老的苯教信仰,马是死者死后的坐骑,携带死者的灵魂进入天界。抛洒风马或者悬挂风马旗,从而达到人界与神界的沟通。但从整体来看,"在风马五行中,马居中,属土,为五行之枢纽,象征一种终结。土葬与五行中以土为本的观念不无联系,风马中的马与五行之土在这一点上是相通的"。[①] 这种构图代表金、木、水、火、土五行,寓意五行循环往复、生命经久不息。从这一点看,风马旗无疑是中原文化中五行思想的变体,后来受佛教文化的影响,成为佛教理念表达的载体。[②]

2. 藏族象征符号中的福禄长寿思想

"如果说古希腊的哲人基本上是把注意力放在外部世界,尽力去探寻世界的本源,那么中国古代的哲学家则一开始就注意把人放到与外部世界同等相关的地位,在天与人的关系中探讨世界的本原和奥秘,思考人生的意义和价值。"[③] 老子提出,人在与自然和社会相处过程中,是万物之灵,但人却不能唯我独尊,自行其是,而是要按照自然规律行事。"道大,天大,地大,人亦大。域中有四大,而人居其一焉。人法地,地法天,天法道,道法自然。"(《老子》第二十五章)在效法自然的同时,还要从内心达到对道的体认,这样方能超越自然生命的束缚。"塞其兑,闭其门;挫其锐,解其纷;和其光,同其尘,是谓玄同。故不可得而亲,不可得而疏;不可得而利,不可得而害;不可得而贵,不可得而贱;故为天下贵。"(《老子》第五十六章)

---

① 魏冬:《儒家文化在吐蕃的传播及其影响》,《中和学刊》第一辑,第71页。

② 关于藏族"风马旗"与汉族的"阴阳五行"思想之间的关系,可参考王尧先生的《古代哲学思想的交流——"河图、洛书"、"阴阳五行"、"八卦"在西藏》一文。

③ 刘学智:《中国哲学的历程》,广西师范大学出版社,2011年,第28页。

随着道教的兴起,对人的生命关注成为其主题。前期通过服用仙丹灵药等外辅方式达到长生不老,后期主要通过对人体内各器官的修炼来达到长生。不管哪一种方式,都反映了人类重视生命,追求长生的一种诉求。而这一主题在汉文化中可以通过一些具像来表达,如变形的寿字符,或蝙蝠、白鹿、仙鹤、寿桃等象征。这些象征符号也被藏族吸收,如藏人受汉人寿字符的启发,创造了自己的寿字符号,用来作为服装、帐篷、地毯、座垫、器具、建筑、门帘等装饰图文。虽然藏族的寿字符形状各异,具有鲜明的藏族自身特色。但可以看出,它是在汉族寿字符的基础上创新和发展的,体现了汉藏文化的交流和互鉴。尤其是对生命的态度上,佛教基本义理以缘起性空为基础,通过对诸行无常、诸法无我、诸生皆苦、涅槃寂静的修行体悟,达到对肉体生命执著的消解从而获得解脱。受此影响,藏人对生命的态度也明显地有洒脱超越一面,但同时,也受汉族文化观念的影响,仍希望人在有生之年能够福禄常在、健康长寿。

如果寿字符表达的是对生命福禄长寿的期盼,那么,藏族的六长寿图则进一步通过象征表达了人在与自然交往过程中的一种和谐理念。在汉族的长寿图中,以长寿老人为主,他手扶龙头竹拐杖,拐杖上挂有一个炼丹用的双葫芦。他背后是桃树或者松柏,桃树或者松柏旁边是一只飞翔的蝙蝠,象征福;长寿老人的前面是仙鹤,旁边是一只白鹿,象征着禄。而在藏族的六长寿图中,基本保留了汉族长寿图中的象征元素。它由寿星老、树、岩石、河流、禽鸟、长寿鹿组成。比尔在《藏传佛教象征符号与器物图解》一书中对藏族六长寿图作了宗教意义上的解读,比如,他说,长寿水是从海螺壳状的岩缝中流出,仿佛是从无量寿佛的长寿瓶中流出的甘露。[1] 抛开比尔的解释,我们可以看出,在布局上,藏族六长寿图中,完全吸收了汉族长寿图的风格,以鹿、鹤、树来象征福禄寿。从内在深层含义来看,人要福禄长寿,毕竟需要与自然和谐相处,而长寿图则表现的正是这一主题,人在自然中与万物一体,和谐共处,人的心态无欲无求,清静无为。所以,藏式六长寿图是中华文化在藏民族文化中的另一表达方式。

---

① 罗伯特·比尔:《藏传佛教象征符号与器物图解》,向红笳译,中国藏学出版社,2007年,第57—58页。

3. 藏族象征符号中的和谐一统观

弓箭是世界上所有游牧民族最钟情、最受崇拜的武器之一。藏民族也不例外,他们很早就掌握了造箭和射箭技术。随着佛教的传入,弓箭成为佛教象征符号之一。因为,握在左手的弓被看成是"智慧",而右手的箭便看成是"方便","它们搭配在一起既表示弓的智慧特质可以像箭一样'投射在'方法或方便上,有表示圆满的智慧可以'促使''五行'(布施、持戒、忍辱、精进、止观)的完善。当神灵的左手握着尚未拉开的弓箭时,它们象征着智慧和方法的一致或智慧与止观的结合。当搭箭于弦拉弓待发时,弓通常象征着神灵殊胜三界,而箭则象征着刺穿冥想和迷信等谬见"。[①]藏式箭有多个名称和式样,有长寿彩箭、吉祥彩箭、招财彩箭、火神彩箭、风神彩箭、花蔓箭、强力箭等。弓箭除了在宗教上的象征外,现在很多地方成为一种民俗娱乐活动。如工布响箭、青海省尖扎县五彩神箭以及在婚俗中用箭去挑盖在新娘头上的盖头。

工布响箭虽然是一种集娱乐、表演、竞技为一体的趣味体育活动,但藏民族却将自己的宗教文化理念以象征方式表现了出来。在表达宗教理念上,它以数字象征贪嗔痴,以色彩象征智悲力,以声音象征佛法广传。[②]但同时,工布响箭也以象征的方式表达了汉藏文化之间的交流与互动。在响箭活动中,除了以上具有藏族文化特色的象征符号之外,还有大量汉族文化中的象征符号。如在赛前供奉的"切玛"盒上有龙图案,在箭靶后面的靶围上绣有变体的"寿"字符和长城图案。在响箭活动时,还唱工布箭歌,而此歌唱出了汉藏文化的和谐统一观念。"藏北狂野上的野牛,请借给我一束丝线;库加地区的铁匠,请借给我一块箭铁……缠绕中原的丝线,嵌上库加的铁板,金箭带着布谷鸟的歌声,中了目标,中了目标。"从这些象征符号来看,工布响箭体现了藏汉民族之间深厚的友谊和紧密的文化联系。

总之,在藏民族纷繁复杂的象征符号体系中,除了体现佛教的义理与观念外,处处散发着中华民族共有的精神特质,塑造着中华民族多元一体大格局。

---

① 罗伯特・比尔:《藏传佛教象征符号与器物图解》,第 122 页。

② 杨胜利:《以象征的方式表达宗教理念——西藏工布响箭中的象征符号解析》,《中国宗教》2015年第 5 期。

"德行"与诠释

潘德荣（华东师范大学哲学系）

一、引言

上个世纪 80 年代初，我国学界开始注意到西方诠释学。在此后的 30 余年，我们的诠释学研究已获得了长足的进展。这种进展首先体现在我们对西方诠释学的译介与研究，不过目前特别令学界关注的，却是借鉴西方诠释学来建构中国诠释学的努力。这项工作肇始于海外华裔学者，具有代表性的成果是成中英的"本体诠释学"（Onto-Hermeneutics）[①] 和傅伟勋的"创造的解释学"（creative-hermeneutics）。[②] 前者重在对诠释学的哲学探索，后者侧重于提炼诠释的方法。在国内学者中，汤一介曾"五论""中国解释学"之构建问题。由于他们的积极推动，我国学界逐渐形成了这样一种共识："诠释学"不能仅限于对西方诠释学的研究，尤其是对我们而言，如何以西方诠释学为参照系来反思中国文化传统中丰富的诠释经验，以建构现代的"中国诠释学"，是一项更为迫切的理论任务。

虽然人们的诠释活动有着悠久的历史，但是真正从哲学的角度研究诠释学，是从狄尔泰开始的，他创立的体验诠释学乃是哲学诠释学的第一个形态。诠释学的哲学化转向，使得诠释学终于与它由之从出的解经学（exegesis）分道扬镳了。用最简要的方式来描述它们的根本区别：解经学

---

① "本体诠释学"这一概念，首见于成中英的《方法概念与本体诠释学》（载《中国论坛》第 19 期，1984 年，见李翔海编：《知识与价值——成中英新儒学论著辑要》，中国广播电视出版社，1996 年，第 144 页）论文标题中。其后他又撰写了数篇关于本体诠释学的中、英文论文。对本体诠释学的概要表述，可参见他的《本体诠释学体系的建立：本体诠释与诠释本体》一文（载《安徽师范大学学报》2002 年第 5 期）。

② 傅伟勋在其《中国大陆讲学三周年后记》（见刘志琴主编：《文化危机与展望——台湾学者论中国文化〔下〕》，中国青年出版社，1989 年）提出了"创造的解释学"。在他的《从西方哲学到禅佛教》（三联书店，1989 年）一书中指出了创造性解释的五个步骤（见该书第 51—52 页）。

所指向的主要是对经典的正确解释,解决"我们如何才能获得正确理解"问题,因此其重心在于提供正确的理解与解释之方法论;而哲学诠释学并不解释具体的文本,它所关注的是理解与诠释的本质、理解与我们的生命之关联等问题。海德格尔的诠释哲学(hermeneutische Philosophie),特别是伽达默尔的哲学诠释学(philosophische Hermeneutik),将理解主体视为诠释的目标,一切被理解的对象都被当作到达这一目标的中介。理解活动,就其本质而言,无非是通过对文本(所有被理解对象)的理解而达到自我理解。这种自我理解标志着此在的存在状态,人的此在就是在理解过程中形成、构建起来的。由此,诠释学的任务从解决"如何正确理解"问题彻底转向了"理解何为"问题。如果理解是人的存在自我形成之方式,那么诠释本身就不能仅仅被视为纯粹的认知性活动。相反地,它是"自我理解",它所指向的主要是作为主体之意识活动的"实践"(Praxis)。诠释学也因此被纳入了实践哲学的范畴,如伽达默尔所说:"理解所收获的始终是愈益广阔与深入的自我理解,此即意味着,诠释学是哲学,并且作为哲学,它就是实践哲学。"[1] 惟从实践哲学出发,"实践智慧"(Phronesis)[2] 作为西方诠释学之基石的作用才得以凸显。我们的研究进而表明,"实践智慧"同样也是构建中国诠释学的基础性概念。若基于"实践智慧"建构中国诠释学,"德行"概念便是其核心。

我们注意到,伽达默尔在其《作为理论与实践任务的诠释学》一文中,已经着眼于理论与实践的统一来阐发诠释学的任务。但是他所说的"实践",主要是指向与人的社会生活相关的理论领域之思维活动,如政治学、伦理学。这也同样适用于他对"德行"概念的理解:"从人的本质中所导出的基本德行(Grundtugend),因而就是引导他的实践之理性。"[3] 正因

---

① Gadamer, "Hermeneutics as Practical Philosophy"(《作为实践哲学的诠释学》), in Gadamer, *The Gadamer Reader*(《伽达默尔读本》)(Edited by Richard E. Palmer), Evanston, Illinois: Northwestern University Press, 2007, p. 245.

② "Phronesis"一词在希腊哲学家那里有不同的含义,在英译与中译中也有几种不同的译法。本文以"实践智慧"翻译这个词,其对应的英译为"practical wisdom",德文的"die praktische Weisheit",其含义主要是指亚里士多德的《尼各马可伦理学》中所阐发的"Phronesis"。

③ Gadamer, "Probleme der praktischen Vernunft"(《实践理性问题》), in Gadamer, *Gesammelte Werke*(《伽达默尔著作集》), Bd. 2., Tübingen: J.C.B. Mohr(Paul Siebeck), 1986, S. 324.

如此,在我看来,只有基于中国诠释传统的"德行"而建立的诠释学,才真正实现了理论与实践(涵盖了意识活动和践行两者之"实践")之统一。也正是在这种统一中,亚里士多德诠释思想中作为终极标准的"神意"退隐了,代之而起的是孔子所倡导的经典诠释的人文教化之目标,伽达默尔诠释学也由此而获得了继续前行的动力。汤一介曾五论中国诠释学的建构问题,虽然他的研究主要围绕诠释方法论而展开,可是向诠释学界所提出的问题却具有普遍性,也引发了中国哲学的学者们对这一问题的持续关注与思考。

"中国诠释学"只是一个名称,用于区别我们迄今所知的各类西方诠释学体系。但是这一名称很可能使读者产生误解,以为"中国诠释学"仅仅是指"中国诠释传统的"的诠释学。事实上,在现代学术视野中构建中国诠释学,这一学科就必然会跨越时空的界限,深入地反思与整合"古今中外"关于诠释问题的各种思想资源,从而在更高的层面上将其铸造为一个具有更为广泛适用性的理论形态。本文的基本立场,就是将"诠释旨在'立德'"作为"中国诠释学"之根本取向。在我看来,正是将"立德"确立为诠释学的任务,使"中国诠释学"与各种西方诠释学得以明确地区别开来。并且,由于"立德"概念取自中国的诠释传统,我们以"中国诠释学"来标志这种具有"世界性"的新型诠释学无疑是恰当的。

本文的任务就是阐明"中国诠释学"何以是一种"德行诠释学"。本文将以中西诠释思想的比较研究为进路,目的有二:一是借鉴西方诠释学对于概念的精细辨析来完善我们对中国诠释传统的理论分析;二是通过对西方诠释学目前所面临的发展困境之深入了解,借助于中国诠释传统的思想资源来求其解困之道。这一过程,不仅为西方诠释学的发展提供了一个新的契机,而且更为重要的是,我们将由此而建立起一种以"立德"为宗旨的新型诠释学——德行诠释学。

二、孔子的诠释理念

孔子删订六经,尤其是其解《易》,在中国诠释思想史上的重大贡献之一,就是开启了一种新的诠释路向。众所周知,《周易》本为卜筮之书,因而在孔子之前,大行其道的当是史巫的解《易》之法。"巫"解《周易》用于卜筮,力求正确理解神的启示而趋吉避凶;"史"则能进而明其"数",推知天文历法。此二者解《易》均重在《周易》卦象符号之原义。而孔子公然申明"后其祝卜",倡言解《易》"观其德义"、"求亓德",解《易》的重心也从经文之原义(神的启示)转向了以"德行"为核心的人文教化。孔子的诠释思想对后世儒学的经典诠释产生了深刻的影响,遂取代史巫之法而成为中国诠释传统之主流。正如《隋书·经籍志》所载:"夫经籍也者,机神之妙旨,圣哲之能事。所以经天地、纬阴阳、正纲纪、弘道德,显仁足以利物,藏用足以独善。学之者,将殖焉;不学者,将落焉。大业崇之,则成钦明之德,匹夫克念,则有王公之重。其王公之所以树风声,流显号,美教化,移风俗,何莫由乎斯道? 其为人也,温柔敦厚,《诗》教也;疏通知远,《书》教也;广博易良,《乐》教也;絜静精微,《易》教也;恭俭庄敬,《礼》教也;属辞比事,《春秋》教也。……其教有适,其用无穷。"[1]

史巫与孔子解《易》,在实践层面上有其一致性,质言之,两者都是教人如何趋吉避凶。但因两者在解经的旨趣上不同,它们在求得福祉的进路与方式上表现出了根本的差异。《周易》对此作出了明确的表述:"君子德行焉求福,故祭祀而寡也;仁义焉求吉,故卜筮而希也。祝巫卜筮其后乎?"[2] 史巫借重于"祭祀"、"卜筮",以为求福之进路,而君子则以"德行"、"仁义"求福求吉,因此"后其祝卜",寡祭祀、希卜筮。孔子重"德行"、"仁义",力图通过经典诠释来阐发儒家义理,以"德"为天道教化世人,培育君子人格,故而在他看来:"史巫之筮,乡(向往——笔者注)之而未也,好之而非也。"[3] 史巫之失,就在于将《周易》仅作卜筮之用,而不知《周易》作为"古之遗言"的深刻意蕴,其要在"德义",而非卜筮。

显然,孔子诠释思想的思维进路,既不同于史巫一脉,也不同于西方诠释学各流派。孔子的诠释理念,一言以蔽之:诠释旨在"立德"、"弘

---

① 长孙无忌等撰:《隋书经籍志》,商务印书馆,1955年,第1页。

② 邓球柏:《帛书周易校释(增订本)》,湖南出版社,1987年,第481页。

③ 邓球柏:《帛书周易校释(增订本)》,第481页。该书将此语中的"未"释为"没有达到","非"解为"不以为然"(见该书第482页)。而廖名春以为此处的"未"与"非"同义,意为"不对"(见廖名春:《帛书〈周易〉论集》,上海古籍出版社,2008年,第105页)。观其语境,此语的大意应为:"史巫向往《周易》,却未能理解它的意蕴;喜好《周易》,所喜好的却非它的真意。"

道"。① 此一宗旨使儒家的经典诠释具有了鲜明的价值导向性之特征。

中国文化传统中对于德行的认识，似乎从一开始就站在了一个很高的起点上。我们所能看到的古代经典文献，大都是经孔子删订六经后才得以流传下来的。这意味着，我们对古代精神世界的认知，已经深深地打上了孔子的理念之烙印。"德"与"德行"是中国文化传统中古老的重要概念，在孔子删订的经文中就已频繁出现。尤其是在《周易》、②《周礼》中，我们看到了对"德"与"德行"的精要阐发。

《周礼》指出了三种"德"，即至德、敏德和孝德。据朱熹，"至德"就是"诚意正心，端本澄源"；"敏德"为"强志力行"；"孝德"是指"尊祖爱亲，不忘其所由生"。③ 此三德之定位与功用为："至德以为道本"，"敏德以为行本"，"孝德以知逆恶"（《周礼·地官》）。在朱熹看来，此三德相须为用，不可偏废："盖不知至德，则所谓敏德者散漫无统。……不务敏德，而一于至，又无以广业，而有空虚之弊。不知敏德，则孝德者仅为匹夫之行，而不足以通于神明；然不务孝德，而一于敏，则又无以立本，而有悖德之累。"④ 而《周易》本为卜筮之书，孔子以"德"解之，曰："《易》，我后其祝卜矣，我观亓德义耳也。幽赞而达乎数，明数而达乎德，又仁守者而义行之耳。赞而不达于数，则其为之巫；数而不达于德，则其为之史。……后世之士疑丘者，或以《易》乎？

---

① 当然，孔子并没有完全排除史巫之法，他只是将其置于次要地位，而主张将"幽赞"、"明数"与"达乎德"作为解《易》的三个依次递进的阶段。其最高境界为"达乎德"，能明此理者方为君子。参见邓球柏：《帛书周易校释（增订本）》，第481页。

② 我特别选取了《周易》作为范本来说明中诠释学的特征，乃因为《周易》本身的独特性：(1) 它经由孔子的删订，被视为六经之首，因此有权威性；(2) 更为重要的，是它本身因"诠释"才成其为经典，也就是说，是诠释的产物。单就其《经》而言，完全可视为卜筮之书。皆因孔子（以及后世儒家）的诠释，形成了《传》，才铸就了《经》、《传》合一的儒家经典《周易》。皮锡瑞说"孔子出而有经之名"（皮锡瑞《经学历史》，中华书局，1959年，第38页），用在此处最为贴切。因其他五经，是经孔子删订、笔削而成，惟有《周易》，孔子至少部分地参与了"十翼"的创作。孔子最重要的诠释理念，正是在诠释《周易》过程中得到充分的表达。显然，在诸经中《周易》与中国诠释传统的关系最为直接、密切。它成为中国诠释传统的源头，对后世儒家的经说产生了深远的影响，成为中国诠释传统的主流。

③ 参见朱杰人、严佐之、刘永翔主编：《朱子全书》第二十三册，上海古籍出版社、安徽教育出版社，2002年，第3261页。

④ 参见朱杰人、严佐之、刘永翔主编：《朱子全书》第二十三册，第3262页。

吾求亓德而已,吾与史巫同涂而殊归者也。"①因孔子主张读《周易》应观其中"德"之义理,所以说"后其祝卜"。但是欲知"德义",仍须从卜筮入手,此乃因为《周易》是文王被囚于羑里的"讳而避咎"之作,不得已将其"仁"、"志"隐于卜筮之中。②正如《周易》所示,易有圣人之道,能通天下之志,成天下之物(参见《系辞上》)。朱熹解《周易》颇有心得,尝说:"易以卜筮用,道理便在里面。""说卦中说许多卜筮,今人说易却要扫去卜筮,如何理会得易!"③此即"幽赞而达乎数,明数而达乎德"所要告诉我们的:理解《周易》,要先明卜筮,由卜筮而知象数,由象数而达德义。若停留于卜筮,则为"巫",止步于数,则是"史"。只有进至义理的层面,方知圣人之道。一切义理的探索均以"德"为核心而展开,"德"乃是研习《周易》之旨归。

《周易》有言:"古者包牺氏之王天下也,仰则观象于天,俯则观法于地,观鸟兽之文与地之宜,近取诸身,远取诸物,于是始作八卦,以通神明之德,以类万物之情。"(《系辞下》)正因圣人效法天地变化(参见《系辞上》)才成就了《周易》,是故"易与天地准,故能弥纶天地之道"(《系辞上》)。以此观之,"德"源出于天地乾坤,唯经圣人仰观俯察方明此理,并设卦观象、系以言辞才昭示于世人,以为行道之本。是以孔子曰:"夫易,圣人所以崇德而广业也。知崇礼卑,崇效天,卑法地。天地设位,而易行乎其中矣。成性存存,道义之门。"(《系辞上》)天地设位,"易"则行乎于天地之间而"弥纶天地之道",从而将天地之德化为君子成己成物、立己立人的"道义之门"。

固然,《周易》的每一卦都可以基于"德"来解,但就孔子所倡言的"九德"而言,与之直接相关的有九卦。《周易》以此九卦来界说"九德":"作《易》者,其有忧患乎?是故履,德之基也;谦,德之柄也;复,德之本也;恒,德之固也;损,德之修也;益,德之裕也;困,德之辨也;井,德之地也;巽,德之制也。履,和而至;谦,尊而光;复,小而辨于物;恒,杂而不厌;损,先难而后易;益,长裕而不设;困,穷而通;井,居其所而迁;巽,称而隐。"(《系辞

---

① 邓球柏:《帛书周易校释(增订本)》,第481页。
② 详见廖名春:《试论孔子易学观的转变》,载《孔子研究》1995年第4期。
③ 《朱子语类》卷六十六,"卜筮"。见朱杰人、严佐之、刘永翔主编:《朱子全书》第十六册,第2197、2196页。

下》）① 朱熹在其《周易本义》将这一段话解释为："履，礼也，上天下泽，定分不易，必谨乎此，然后其德有以为基而立也。谦者，自卑而尊人，又为礼者之所当执持而不可失者也。九卦皆反身修德以处忧患之事也，而有序焉。基所以立；柄所以持；复者，心不外而善端存；恒者，守不变而常且久；惩忿窒欲以修身；迁善改过以长善；困以自验其力；井以不变其所；然后能巽顺于理，以制事变也。"② 看来，诸家对这一段文字的解释大同小异。耐人寻味的是，"履"何以被视为九德之首？固然，从《周易》卦序来看，在与九德相关的九卦中，"履卦"最先出现。但真正能使其成为九德之首的，当是它被定位为"德之基"。何谓"履"？据王弼，"履者，礼也"，③ 直解"履"为"礼"。许慎《说文解字》释"履"为"足所依也"（今人谓之"鞋"）。后延申为"践履"："履，践也。言践履之道……"④ 以此观之，"履"含有两义，即"礼"与"践行"。在整体上观照此两义，一言以蔽之：依循"礼"而践行。由此，"履"作为"德之基"就具有了双重的规定性：一方面表明了"礼必在践履"，⑤ "礼"须经践履才能成就其"德"，将道德的规范性转化为人的德行；另一方面，要求人的践行须遵循"礼"的规范，是故"君子以非礼弗履"（《周易·大壮》），以将"礼"落于实处。此谓"践履为实，有实行，然后德可积而崇也。故曰：履，德之基也"。⑥

因"履"被视为德之基础，也就规定了其后的八德对于"履"的依存性，同时也规定了践行八德的价值取向。换言之，八德乃是在践履过程中的"德"之自我彰显，若无践履之实"行"，所谓八德也就失去了存在的基础。而"礼"本是践履的应有之义，因而也制约着基于"履"的八德。《周易》解说九卦之德，皆切合人事之用："履以和行，谦以制礼，复以自知，恒以一德，损以远害，益以兴利，困以寡怨，井以辨义，巽以行权。"（《系辞下》）此九德之用，

①　对所引文字详细的考据与解释，可参见杨庆中：《周易解读》，中国人民大学出版社，2010 年，第469—471 页。

②　朱杰人、严佐之、刘永翔主编：《朱子全书》第一册，第 142 页。

③　王弼：《周易注》卷十。见《汉魏古注十三经》上册，中华书局，1998 年，第 72 页。

④　朱震：《汉上易传》卷一。见文渊阁《四库全书》本。

⑤　李衡：《周易义海撮要》卷一。见文渊阁《四库全书》本。

⑥　项世安：《周易玩辞》卷十四。见文渊阁《四库全书》本。

无不依循"德"——落实在人的具体行为上,即合乎"礼"——所规定的道德向度。否则,举例来说,若无"德"的约束,"巽以行权"恐难免堕入肆无忌惮的小人行径。

综观《周礼》和《周易》所揭橥的"三德"与"九德",其旨趣无非"践行"二字。三德之说的"至德",朱子解说为"诚意正心,端本澄源",是以被视为"道本",亦即"行道之本"(行修身养性之道的"本")。[①] 这是一种内在于心的"践行",以提升人的道德修养之境界。而"敏德"与"孝德",便是依据存于心中之"德"而见诸于外在行为的践行。至于"九德",更是指向"德"在某种具体情境下的施行,凸显了"德"的功用。

三、德行与实践智慧

检视西方诠释传统,与孔子的诠释理念最为相近的是亚里士多德和伽达默尔,他们的共同点是从"实践智慧"出发思考德行的诠释问题。与中国诠释传统侧重于对"德行"概念的描述性的阐发不同,古希腊学者的用力之处是概念的分析与推演,是从"实践智慧"中推导出"德行"。这种分析性的论证过程,有助于我们清晰地理解"德行"概念,厘清两者之异同。亚里士多德认为,"实践智慧"与"德行"是不可分割的,惟有依据实践智慧才能成其为"德行"(arete,Tugend)。[②] 他最终将"沉思"确立为最高的"德行",因为神的活动、福祉就在于沉思,人惟在"沉思"这一点上与神最为近似。"沉思"会使人获得智慧(Weise),有智慧的人是神所喜爱的,被神所喜爱的当然是最幸福的人。[③] 以是观之,在亚里士多德那里,沉思之所以被视为最高的德行,乃因为沉思是属神的,或者说,是人身上最具有神性的

---

① 据清李钟伦:"至德者,收放心,养德性,全其纯一之本。"(李钟伦:《周礼纂训》卷七)关于"至德"经学史上有不同理解。孔子云:"中庸之为德也,其至矣乎!"(《论语·雍也》)是故宋王昭禹称:"至德者,中庸之德也。"(王昭禹:《周礼详解》卷十三)不过他随后的解说也提到修心中之德,所谓"德不立于内则行不着于外"。

② Vgl. Aristoteles, *Nikomachische Ethik*(《尼各马可伦理学》),in *Aristoteles Philosophische Schriften*(《亚里士多德哲学文集》)Bd. 3, Hamburg: Felix Meiner Verlag, 1995, S. 149.

③ Vgl. Aristoteles, *Nikomachische Ethik*(《尼各马可伦理学》),in *Aristoteles Philosophische Schriften*(《亚里士多德哲学文集》)Bd. 3,pp.248—254.

东西。如果说,亚里士多德对于德行的思考具有一种价值的(以神意为取向的)考量的话,那么在伽达默尔诠释学那里,却未能充分关注诠释的价值向度,他阐明了此在形成于理解,却未能进一步指出我们的理解所应取的方向,亦即我们的理解应当向着那种基于社会共同体之共识的价值理念而展开,以此为依据来塑造自身。我们不仅要知道,何以存在着不同的理解?而且更应知道,我们为何而"理解"?虽然伽达默尔诠释学止步于此,但是他所揭橥的"实践智慧"(Phronesis)却为我们指出了推动现代诠释学继续前行的方向。对实践智慧的深入考察,使我们重新关注古希腊的"德行"概念。综观中、西古典诠释理论,我们不难看出"德行"乃是此二者的交汇点。依我之见,亚里士多德,特别是孔子关于德行的思想,对于解决诠释理论中关于理解的价值取向问题具有决定性的意义。"德行"之"德"是诠释的最终目标,这一目标的确立使得我们的诠释活动具有了价值的规范性和导向性。在此意义上,诠释旨在"立德";"德行"之"行"是实现这一目标的途径,唯在行中,才能体悟"德",成就"德"。就此而言,诠释与理解之要在于"履德"。在"德"与"行"之间表现出一种意义的循环,"德"在"行"中呈现出来,被主体所领悟;主体的践履复又依德而行。正是在此一循环中,作为整体的"德行"得以不断地深化、升华,与时偕行。"德行"的诠释学意蕴便在于它真正实现了诠释活动中的理论与实践之互动互摄与统一。由此可见,中国的诠释传统在源头上与古希腊的确有着重要的相似之处:它们都以道德层面的思考为重心,也都重视合乎道德的践行,且将"德"与"行"融为一体。但是,若我们深究这两个概念,会发现此二者仍有着不容忽视的重要区别,并由此而形成了中国传统思想与古代希腊的"德行"理论的不同旨趣与风貌。

实践智慧是我们从西方哲学中提取的概念,由于它与中国的诠释思想有着某种程度的契合,被我们用来描述中国诠释传统的特征。但是,西方的"Phronesis"与国人所理解的"实践智慧"并不可等而视之,它们之间有同有异。所同者,就是它们都内在地包含着价值的向度,注重人自身的德行;所异者,主要是对于何谓"德行"的理解。形成这种差异性的根源在于各自的文化传统与认知旨趣的不同。希腊语的"αρετή"(arete)在英译中被译为"excellence"(卓越,这个词在中译本中有时之直接译为"美德")或"virtue"

（德性）。① 正因古希腊的"Arete"概念兼含"德"与"行"两义，我以为用中文的"德行"概念来对译"arete"更为贴切。不过我们可以暂时搁置术语翻译的困扰，从西方哲学家对"arete"的表述中把握其含义。我们在荷马史诗以及其他古代思想家中看到不少对于德行或美德的描述，诸如勇猛、公正、节制、友爱等，都被视为美德。沃格林（Eric Voegelin）对此作出了这样的概括："希腊诗人和思想家在忙于探寻德行（Arete）。他们所找到的，并非那个真正的德行，而是一整套德行。伴随着每一次新的发现，先前的发现之优势地位都被摧毁了；最终产生了这样一个问题：最后的发现是否使得此前的所有发现都无效了呢？抑或是否每一次发现都分化出人类经验的某一部分，因而惟有在所有的德行之实践中达到平衡，才能完全表达人的潜能。……对真正的德行之探索，终以这样一个发现收场了：德行是灵魂的习性（habituations），它协调着人的生命与超越的实在；随着德行领域的全然分化，人的'真实自我（true self）'显现出来。这个真实的自我之中心，乃朝向超验的至善、亦即柏拉图的善（Agathon）而敞开。"② 柏拉图在《国家篇》对"aretai"进行了系统的分析，通过对各种德行的比较研究，按照它们自身的重要性以及它们对构建人的灵魂秩序和构建城邦的正义秩序之贡献，对所列出的德行进行排序。其结果，智慧（wisdom）排在最高的位置，③ 在所有的德行中，智慧是最高的德行。

我们注意到，在亚里士多德界定"arete"时，赋予了它更为宽泛的意义。他说，"德行（Tugend）取决于它本有的事务"。④ 任何事物，只要它发挥了不同凡响的功用，就可称为有德行。比如说，赛马的速度、役马的负重，对于马而言就是有德行的。在雅典奥林匹亚运动会上的各类运动员，能获得出色

---

① 在 Eric Voegelin（沃格林）的 *The World of the Polis*（《城邦的世界》，载 Eric Voegelin, *Order and History*, Volume Ⅱ, Columbia and London: University of Missouri Press, 2000）一书中就这样交叉使用 "excellence" 与 "virtue" 翻译 "arete"。详见该书第 255、258、259、376、386 等页。

② Voegelin, *The World of the Polis*（《城邦的世界》），p. 263.

③ 参见 Voegelin, *The World of the Polis*（《城邦的世界》），pp. 263—264。

④ Aristoteles, *Nikomachische Ethik*（《尼各马可伦理学》），in *Aristoteles Philosophische Schriften*（《亚里士多德哲学文集》）Bd. 3, S. 131.（德译本以 "Tugend" 翻译 "arete"，兼摄 arete 中的"德"与"行"之含义，我以为这比英译本中交叉使用 "virtue" 和 "excellence" 来翻译 "arete" 更为妥当。）

的成绩也被理所当然地视为有德行。但是,柏拉图、亚里士多德等哲学家更关注的是人类社会生活的伦理秩序,因此他们聚焦于那种人的实践活动中的德行（伦理德行）,正如我们在《国家篇》、《尼各马可伦理学》中所看到,在那里详加论述的是生活于城邦中的公民所称道的德行。所以亚里士多德才这样说,德行与实践智慧相关联,只有合乎实践智慧,我们所赞赏的那些品质才称得上德行。①

从上述分析中我们可以看出,西方古代哲人是如何一步步地从单一、具体的德行达到了对德行的系统认识,不仅制订了包含了诸种德行的序位表,而且还最终意识到德行乃是人的真实自我之开显,是向"善"而行。

实践智慧在理解理论中的重要性日益凸显,得益于伽达默尔的诠释学思考。他尝说:"我自己曾尝试超越近代科学理论和精神科学哲学的视野,将诠释学问题扩展到人的基本语言性。其终点就是亚里士多德的理性德行（Tugend der Vernünftigkeit）,就是实践智慧、诠释学的基本德行（Grundtugend）本身。它成为我自己思想的构造模式。因而在我眼中,诠释学这种应用理论,亦即联结一般与个别的理论,乃是核心的哲学任务。"② 我们知道,在伽达默尔的《真理与方法》中,探讨实践智慧之本质（das Wesen der *Phronesis*）的问题已被置于一种"中心位置"。③

伽达默尔的"实践智慧"概念源自亚里士多德。亚里士多德将全部"科学"分为三个部分:理论科学（theoretische Wissenschaft）、实践科学（praktische Wissenschaft）和创制科学（hervorbringende Wissenschaft）。④ 在这三类"科学"中,实践智慧归属于实践科学。亚里士多德在《尼各马可

---

① Vgl. ebd., S. 149.

② Gadamer, "Probleme der praktischen Vernunft"（《实践理性问题》）, in Gadamer, *Gesammelte Werke*（《伽达默尔著作集》）, Bd 2., S.328.

③ Vgl. Gadamer, "Zwischen Phänomenologie und Dialektik"（《在现象与辩证法之间》）, in Gadamer, *Gesammelte Werke*（《伽达默尔著作集》）, Bd 2., S.22.

伽达默尔在其思想形成时期就已经注意到了"实践智慧"这一概念。他在 1930 年完成的《实践知识》（Praktisches Wissen）一文中,就已在海德格尔启发下联系亚里士多德的《尼各马可伦理学》第六卷来解释 Phronesis。该文后来收入《伽达默尔著作集》第五卷。

④ Vgl. Aristoteles, *Metaphysik*（《形而上学》）, in *Philosophische Schriften*（《哲学著作文集》）, Hamburg: Felix Meiner Verlag, 1995, Bd. 5, S.125.

伦理学》中阐发了实践智慧这一概念。他区分了人类认识与把握事物的五种知识类型：即技艺（technē）、科学（episteme）、实践智慧（phronesis）、理论智慧（sophia）、努斯（nous，良知、直觉），①这五种知识处于一种错综复杂的关系中。对于伽达默尔诠释学而言，厘清"实践智慧"显然是最关键的：努斯（良知、直觉）无需论证地提供了其他科学的起始之点，而它本身却受到了传统或者说社会习俗的制约。努斯之形成，依赖于社会成员长期的共同生活中所达成的共识，这种共识被视为理所当然的东西。就此而言，努斯与实践智慧有着直接的关联：努斯是实践智慧所从出发的起点，在另一方面，实践智慧的长期积累也会改变人们的直觉或良知；技艺与制作（ποιέω，Poiesis，Machen）虽然是人的有目的行动，但两者均与"实践"（Praxis）无关，②也与科学无关。亚里士多德眼中的"实践智慧"，乃具备了与善恶相关的、合乎逻各斯的实践品格。它本身就是一种德行而非技艺。③具有实践智慧的人善于思考对其自身是善的与有益的事情，也善于思考总体之善。④以此思之，实践智慧中包含了一个价值向度，也因此得以在功能上与科学区分开来：科学求真知，能断对错；实践智慧能辨是非善恶，并激励人趋善避恶，因为善是对自己和别人都有益处的。

据此，伽达默尔说："在知识（Wissens）和制作（Machens）的两极之间显然还存在着作为实践哲学对象的实践（Praxis）。实践的真实基础乃构成了人的中心位置和根本标志，亦即人自己的生活并非受制于其本能，而是为理性所导引。从人的本质中得出的基本德行，因此就是引导他'实践'的理性。希腊语对此的表述就是'Phronesis'。"⑤对于实践智慧，亚里士多德有一个比较完整的说明："实践智慧在于深思熟虑，判断善恶以及生活中一切应选择或该避免的东西，很好地运用存在于我们之中的一切善的事物，正确地进行

① 参见亚里士多德：《尼各马可伦理学》，1139b15。（本文中大多数引证该书的文字或思想的地方，都参考了廖申白的《尼各马可伦理学》译注本，商务印书馆 2003 年版。在此特向廖申白先生致谢。）

② 参见亚里士多德：《尼各马可伦理学》，1140a5、15。

③ 参见亚里士多德：《尼各马可伦理学》1140b24—25。

④ 参见亚里士多德：《尼各马可伦理学》，1140a26—34，1140b6—7。

⑤ Gadamer, "Probleme der praktischen Vernunft"（《实践理性问题》），in Gadamer, *Gesammelte Werke*（《伽达默尔著作集》），Bd. 2. S. 324.

社会交往,洞察良机,机敏地使用言辞和行为,拥有一切有用的经验。记忆、经验和机敏,它们全都或源于实践智慧,或伴随着实践智慧。或者,其中的有些兴许是实践智慧的辅助性原因,例如经验和记忆,但另一些却是实践智慧的部分,譬如深思熟虑和机敏。"① 作为哲学对象的"实践"既不属于"知识"(科学)的领域,亦非包含了修辞学和技艺的"制作"科学,而是处在这两者之间的中间地带的独立知识领域。这一知识领域的主要任务,是解决政治、伦理的问题,为人类事务、人的行为制定规则与秩序,对人们所期望的那种有序的社会生活起着规范作用。在此,"实践"与其两端最值得我们注意的区别,乃是"知识"与"制作"本身都没有价值的取向。知识本身无善恶之别,对于善和恶的认识都同样是"知识";"制作"活动则依据活动的结果是否达到预期的目的为评价标准,并不考虑此目的本身是为善还是为恶。② 与它们相反,"实践"之目的就是实践活动本身,良好的实践本身就是目的,是合乎德性的实现活动。据亚里士多德,德性是由正确的逻各斯所规定的,而正确的逻各斯就是按照实践智慧表达出来的逻各斯。不过"德性不仅仅是合乎正确的逻各斯的,而且是与后者一起发生作用的品质。在这些事物上,实践智慧就是正确的逻各斯"。③

在这里,实践、德性、逻各斯、实践智慧与善成为一组相互关联的概念,属于实践哲学的研究领域。伽达默尔认为,亚里士多德阐发的实践哲学与专家自诩为中性的专业知识(das angeblich neutrale Fachwissen)不同,"实践哲学恰恰以此为前提,即,我们总是通过规范表象(die normativen

---

① 亚里士多德:《论善与恶》,徐开来译,见苗力田主编:《亚里士多德全集》第八卷,中国人民大学出版社,1994 年,第 460 页。(引文略有改动。Phronesis 在该中译本中译为"明智",本文据该词的英译"Practical Wisdom"将其改为"实践智慧"。)

② 亚里士多德也将技艺、医术、建筑术等称为"善"。在这个意义上的"善",主要是指人的"目的"的可行性、活动的有效性(参见亚里士多德:《尼各马可伦理学》第一卷第 7 节"属人的善的概念")。就此而言,具有可行性的"目的",并且,此目的通过具有合理性的活动而得以实现,即为"善"。这种"善"自身显然并不直接具有道德的意义,它是外在的"善"。道德意义的"善"是努斯的规定性,乃是"灵魂"之善(参见亚里士多德:《尼各马可伦理学》,1096b29),这种善就是德性。亚里士多德认为:"人的善就是灵魂合乎德性的实现活动,如果有不止一种的德性,就是合乎那种最好、最完善的德性的实现活动。"(参见亚里士多德:《尼各马可伦理学》,1098a16—18)

③ 亚里士多德:《尼各马可伦理学》,1144b22—28。

Vorstellungen）——我们生长于其中，并且将其作为整体的社会生活秩序之基础——已事先被塑造成型。但这绝不意味着，这些规范性的观点是固定不变与无可批判的。社会的生活便存在于对迄今有效的东西持续改造（Umbildung）之过程中"。①

伽达默尔理论的立足点是社会生活，我们生活于由我们的习俗、信念、价值理念所构成的鲜活的关系之中，实践哲学就是对社会生活的关系之反思。实践哲学的反思基于现实的生活，为其所制约，同时又探索着突破这种制约。突破原有的观念之动力，来自我们的生活世界的变化与发展，它使我们得以从一种新的视角，亦即从"典型的一般性"（typischer Allgemeinheit）来理解"善"的观念。②从中我们所获得的依然是一种哲学"知识"，只是并非"中性"的知识，而是具有价值的规范性与导向性，这种理解且随着生活世界变迁而变化。准此，在实践哲学的框架中讨论"实践智慧"等范畴，也必然打上了实践哲学的深刻烙印。但是，实践哲学本身并非"Phronesis"（实践智慧），质言之，实践哲学所指向的是"知识"，而实践智慧则直接引导实践。

就理论探讨而言，伽达默尔对亚里士多德实践智慧的阐发对我们极具启迪意义。尽管如此，伽达默尔却没有将"实践智慧"完全运用于他的诠释实践中。尤其是他在构建自己的诠释学体系时，忽略了两点非常重要的内容。具体地说：（1）既然伽达默尔诠释学将"实践智慧"作为核心，他就应当注重价值导向在理解过程的作用，以实践智慧内在地蕴含的善恶观念、那种基于共识的完善与不完善之标准来评判理解活动之优劣，但是他却依然坚称只有不同的理解，没有更好的理解（kein Besserverstehen）。③这种表达显然使实践智慧中的价值取向淡化到若有若无的地步，以至于在美国新实用主义者罗蒂那里发展成为一种相对主义的理解观，主张一种反本质主义

---

① Gadamer, "Hermeneutik als theoretische und praktische Aufgabe"（《作为理论与实践的任务的诠释学》），in Gadamer, *Gesammelte Werke*（《伽达默尔著作集》），Bd. 2. S. 316—317.

② Vgl. ebd. S.316.

③ Gadamer, *Wahrheit und Methode*（《真理与方法》），in Gadamer, *Gesammelte Werke*（《伽达默尔著作集》），Bd. 1. S. 302.

和反逻各斯中心主义的相对主义立场。① (2)既然实践智慧是指向实践的,以此为核心的诠释学也就必须包含对方法论的思考,方法论的必要性乃在于它事实上是实践智慧得以实现的保障。但在伽达默尔那里,关于诠释方法论的问题却在他视域之外,且具有排斥方法论的倾向。② 其实,诠释学中的方法论传统有其悠久的历史和生命力,诠释方法论是诠释学中不可或缺的构成部分。伽达默尔对当代科技的高度发展所造成的"文明危机"表示忧虑,对以自然科学的方法掌控社会生活的倾向保持高度的警惕,这一点我们非常赞同。可是他的诠释学思考因此而舍弃了方法论,毕竟走得太远了。其实问题并不在于方法本身,而是我们如何在实践智慧的指导下善用方法。方法或一切技术化的考量,惟有在实践智慧的导引下才获得了对人类整体之生活世界而言的积极意义。

在我看来,将伽达默尔的诠释学视为现代诠释学研究的最高形态是毋庸置疑的。我也很赞同将实践智慧作为诠释学的核心范畴,并以此作为所从出发的起点,推动诠释学的进一步发展。准此,我们的诠释学思考就应当以一种建设性的态度来审视伽达默尔理论的缺憾。正是出于对"实践智慧"的深入思考,我才把目光逐渐从西方诠释学转向了中国诠释传统。若以实践智慧作为我们的思维进路来审视中国诠释传统,呈现在我们面前的又是

---

① 参见罗蒂:《后哲学文化》,黄勇译,上海译文出版社,1992年,第146—147页;《哲学与自然之镜》(*Philosophy and the Mirror of Nature*),李幼蒸译,三联书店,1987年,第278页。

② 伽达默尔曾这样表白自己的立场:"有不少人以往、并且现在仍然在这种诠释学哲学中看到了对方法合理性的拒绝(Absage)。也有许多人,尤其是在诠释学变成了时髦用语后,想把任何一种'诠释'(Interpretation)都称为诠释学。他们误用了诠释学这个词以及我所把握的这个词的含义。他们以倒转的方式,在诠释学中看出了某种新的方法论,他们其实是以这种方法论使方法上的模糊性(methodische Unklarheit)或意识形态欺骗获得合法性。"(Vgl. Gadamer, "Selbstdarstellung Hans-Georg Gadamer"(《伽达默尔自述》), in *Gesammelte Werke*, Bd. 2, S. 494—495)关于伽达默尔所说的"对方法合理性的拒绝",在西方诠释学界存在着一种比较普遍的看法,认为伽达默尔理论有抵制方法的倾向。图克(H. Turk)指出,伽达默尔的《真理与方法》给人的印象就是:最没有价值的(unfruchtbarste)东西就是方法(参见Horst Turk, "Wahrheit oder Methode?"(《真理或方法》), in *Hermeneutische Positionen*, ed. Hendrik Birus, Göttingen: Vandenh u. R., 1982, S.120)。利科尔直截了当地说,伽达默尔"真理与方法",观其内容,不如改为"真理或方法"(参见利科尔:《诠释学的任务》,载《哲学译丛》1986年第3期);布泊纳(R. Bubner)则将其理解为"真理与非方法(Wahrheit und nicht Methode)"(见 Ulrich Nassen ed., *Klassiker der Hermeneutik*《诠释学经典作家》),Paderborn; München; Wien; Zürich: Schöningh 1982, S. 302)。

怎样一种新型的诠释学呢？

四、基于"德行"的诠释

细察中、西——此处仅以孔子与亚里士多德为比照对象①——的"德行"思想，我们首先注意到的是两者不同的理论风格。孔子删订、诠释六经，其思想自然也是依随经文而发；至于《论语》，乃是由辑录孔子与其弟子的问答而成。此亦决定了孔子之说从未以一种理论体系的方式出现，它散见于各处，并因其言简意赅，需要读者悉心体悟方能领会。相比之下，亚里士多德的伦理学具有一种知识论的性质，是对"善"、"德性"与"德行"的系统阐发，正如我们在其《尼各马可伦理学》、《大伦理学》等书中所看到的。它们以条分缕析、细致缜密的论证方式，对重要的概念进行界说，继之以义理分析，辅之以例证，甚或制订使人一目了然的概念表。②如此等等。毋庸讳言，以今人的眼光视之，亚里士多德的学术探究之风格是可取的；若要建立一种新的诠释学形态，我们需要亚里士多德式的论证方式，追求理论本身的明晰性、严密性、合逻辑性。本文对亚里士多德的德行理论之分析，对于我们深入了解孔子简约的德行概念，确实很有裨益。

不过在这里，我们更关注的是理论本身所确立的理念。据亚里士多德，幸福是人的目的，是合乎德行的活动（tugendgemäßen Tätigkeiten）。③在他看来，幸福是最高的善，而符合德行的最好的活动是具有神性的沉思，所以完善的幸福惟在"沉思"（Denken）中，在沉思中能够获得智慧，因而智慧的人也是最幸福的人。而合乎德行的人的其他行为，如公正、勇敢等，都只是位居其后的德行，因为它们是属人的，是在与他人的关系中得以实现的。④以是观之，亚里士多德的"德行"理论中最重要的观念，可以概括为：由于"沉思"具有神性，或者说，是人身上最具有神性的东西，因此最高等的德行即在

---

① 此二人均生活于"轴心时代"，且都留下了诸多传世的经典，对各自文化传统的形成产生了深刻的影响，是故对他们的比较研究更具有典型意义。

② 参见亚里士多德：《尼各马可伦理学》，第333页。

③ Vgl. Aristoteles, *Nikomachische Ethik*（《尼各马可伦理学》）, in *Aristoteles Philosophische Schriften*（《亚里士多德哲学文集》）Bd. 3, S. 216 und S. 248.

④ Vgl. ebd. S. 251—255.

于"沉思",亦即对于德行本身的思考,以获得智慧。正是在这里,我们看到了孔子与亚里士多德的德行理论的重要区别。

在孔子看来,"德"源于"天",乃是天之道,经圣人仰观俯察而得之。天道不可违,人应效之、顺之,惟其如此,天方佑之。而惟有"大人"能"与天地合其德,与日月合其明,与四时合其序,与鬼神合其吉凶,先天而天弗违,后天而奉天时"(《周易·文言》),是故"大人"能"自天祐之,吉无不利"(《周易·大有》)。无论天地之德还是人的"三德"或"九德",其立意都在"行"德,最后落实在"践履"上,因践履而成就其德。天地之德在于"大生"与"广生",而《周易》所述九德,则明确以"履"为首。与亚里士多德立足于"沉思"并将其视为最高的德行不同,孔子将"德"、"行"并举,德在行中。行不惟依据德,而且成就了德。诚然,在《周礼》中以"诚意正心"为"至德",这一点似与亚里士多德将"沉思"视为最高的德行相通,但是紧随其后的"敏德"恰恰表明了至德与敏德,亦即思与行的不可分割性。《周礼》曰:"敏德以为行本。"(《周礼·地官》)郑玄注:"德行,内外之称,在心为德,施之为行。"[1]朱子云:"德也者得于心也,行则行之法而已。不本之以德,则无所自得,而行不能以自修。不实之以行,则无所持循,而德不能以自进。是以既教之以三德,必以三行继之。"[2]以此观之,德行本是一体之两面,存于心的、内在的谓之"德";付诸践履的、外在的谓之"行"。正如程颐所说:"存诸中为德,发乎外为行。"[3]

但是,就儒家作为入世之学,志在修身齐家治国平天下以匡时济世,因此也就特别注重"行"。《左传》中提出了"三不朽"说:"太上有立德,其次立功,其次立言,经久不废,此之谓不朽。"(《左传·襄公二十四年》)孔颖达注曰:"立德,谓创制垂法,博施济众;立功,谓拯厄除难,功济于时;立言,谓言得其要,理足可传。"[4]显然,此"三不朽"均立足于"行",而非内在于心的"德"。即便是"立言",也不外乎因其"行于世"而有补于世教才跻身于"不

---

① 《周礼注疏》卷十四。见文渊阁《四库全书》本。

② 王与之:《周礼订义》卷二十二。见文渊阁《四库全书》本。

③ 程颐:《周易程氏传》卷之四,九洲出版社,2010年,第240页。

④ 《春秋左传正义》。见文渊阁《四库全书》本。

朽"之列。

检视《周易》,更是彰显了"行"的意义。郑玄曰:"易之为名也,一言而含三义:简易一也,变易二也,不易三也。故《系辞》云'乾坤其易之缊耶',又曰'易之门户耶',又曰'夫乾,确然示人易矣,夫坤,隤然示人简矣','易则易知,简则易从',此言其易简之法则也。"① 他明确将"简易"定为"易"的三义之首义。乾之至刚示于人的是"易",坤之至顺示于人的则是"简"。此"易简"乃是天下之理,是"易"行于天地之中的法则:化生万物而其道简易。圣人效法天地,悟易简之理而用于人事,成就圣人之至德,是以"易简之善配至德"(《系辞上》)。

将"易简"视为"易"之三义之首,并称其"配至德",其思维进路显然是着眼于"行"。正如《周易》所云:"乾以易知,坤以简能;易则易知,简则易从;易知则有亲,易从则有功;有亲则可久,有功则可大;可久则贤人之德,可大则贤人之业。易简而天下之理得矣。"(《系辞上》)② 是故,在程颐看来,"天下之理"、"乾坤之道,易简而已"。③ 正因"易简"而人皆可知("易知")、皆可从("易从"),而后才能"有亲"、"有功",成就贤人之德与贤人之业。不知不从者,非不能也,而是不为也。

概上所述,我们可以清楚地看出,在"德行"观念上,亚里士多德的"arete"侧重点在"德",是为"德行",而孔子之说则基于"行",是为"德行"。孔子的这一思想对后世儒学产生了深刻的影响,朱熹在讲述"曾点之志"时比较集中地阐发了这一观点。曾点天资甚高,其志有"尧舜气象",可谓与"圣人志同"。然尽管他见识高远,却疏于工夫,见体不见用。既不能行圣人之大业,又不屑于做身边小事;知天地之理而"践履未至","无一毫作为之意",未免流于"狂"。④ 与曾点相反,其子曾参开始虽未见"大体统",然因其能一日三省,随事用力,日积月累后豁然贯通,得见其大处。一旦见此"大体

---

① 《周易郑康成注·易赞》。见文渊阁《四库全书》本。

② 按照朱熹的解说:"易知则与之同心者多,故有亲;易从则与之协力者众,故有功。有亲则一于内,故可久;有功则兼于外,故可大。德谓得于己者,业谓成于事者。"(朱熹:《周易本义·系辞上传》。见《朱子全书》第一册,第124页)

③ 程颐、程颢:《二程集》,中华书局,1981年,第1027页。

④ 参见《朱子语类》卷四十。见《朱子全书》第十五册,第1435—1438页。

统",便已"本末兼该,体用全备"。因此在朱熹看来,曾点虽与圣人志同,但"传道之任,不在其父而在其子"。此中的虚实之分,学者不可不察。① 按照朱熹的评判标准,"论先后,知为先;论轻重,行为重"。"知之之要,未若行之之实"。② 固然,一般而言,"知"不同于"德";但曾点所知者,正是圣人之德,并因此而被誉为有"尧舜气象"。不过,曾点乃依仗其天赋异禀才成就其非凡气象,常人"不可学",也"学不得"。是故"学者须是学曾子逐步做将去,方稳实"。③ 质言之,曾点"不可学",一是因为他极高的天赋不是可以习得的,二是他对天地之理、圣贤之德的理解仅停留于知识的层面,并未考虑将其付诸实施。在这一点上,就已经有违于圣人之教了。④ 返观曾子之"可学",首先因为他从践履入手,随事用力,他人亦"易知"、"易从";二则因其身体力行,积累工夫,自下而上地抵达"天理",对天理自有一番深刻的体悟。对内,亦即对个人而言,能将对"德"的认知转化为存于心的德性,提升自己的道德境界。同时也因力行而"有功",得以建功立业。以此为进路奋力前行,修行进至圣贤之境,与圣人志同,且将其付诸践履,则其功业自大,如若《诗》云:"有觉德行,四国顺之。"(《诗经·大雅·抑》)

因"易简"而"易知"、"易从",乃是作为法则的易简之功用;然因"易知"而"同心者多",因"易从"而"协力者众",乃至"四国顺之",其根本的动力和依据却是来自作为典范的"德行"。是故孔子云:"默而成之,不言而信,存乎德行。"(《周易·系辞上》)以此观之,"德行"不仅因其见诸践履而能建功立业,而且还具有一种教化功能,同心协力者众多,主要得益于德行的教化之功。德行这种不言之教,在孔子看来,尤胜于言教。⑤ 所以孔子授业,开

---

① 参见《朱子语类》卷四十。见《朱子全书》第十五册,第1438—1441页。

② 《朱子语类》卷九、卷十三。见《朱子全书》第十四册,第298、386页。

③ 《朱子语类》卷四十。见《朱子全书》第十五册,第1440页。

④ 曾点在此处之失误,就理论本身而言更甚于亚里士多德的"arete"。亚里士多德只是把"沉思"作为最高的德行,而并未忽略其他见诸践履的德行;而在曾点那里,却"无一毫作为之意"。

⑤ 就"德行"所行的不言之教而产生的说服力而言,孔子与亚里士多德达到共同的见解。亚里士多德在阐述具有说服力的论证时提出了三种论证方式:(1)演说者的品格;(2)语言的修辞手段;(3)基于事实的推理。在这三者之中,"演说者的品格具有最重要的说服力量"。参见亚里士多德:《修辞术·亚历山大修辞学·论诗》,颜一、崔延强译,中国人民大学出版社,2003年,第9页。

设了德行、言语、政事与文学四科,将德行排在了首位。①

　　综观中国诠释思想史,可以清晰地看出孔子诠释旨在立德弘道而不拘泥于文字含义的深刻烙印。在儒家思想史上几个里程碑式的大家的诠释思想,皆与孔子一脉相承。孟子云:"说《诗》者不以文害辞,不以辞害志;以意逆志,是为得之。"(《孟子·万章上》)此处之"志",意指作者、作品之大旨。所有对文字的解释,惟有"逆(迎合)志",不"以辞害志",方为得之。朱熹虽特别重视文字训诂,以求经文原义,但其立足点仍是德行,批评秦汉以来的儒者"惟知章句训诂之为事,而不知复求圣人之义,以明夫性命道德之归"。②朱熹解易,为的是"就占筮上发明诲人底道理";③他主张解经不拘泥于文字,"从容乎句读文义之间,而体验乎操存践履之实";④认为"圣贤教人,必以穷理为先,而以力行终之"。⑤ 正因如此,朱熹认定"传道之任"在曾子。

　　孔子的诠释理念在王阳明那里发展为"知行合一"说。朱熹尝说:"知与行须是齐头作,方能互发。"⑥这在某种程度上可视为王阳明"知行合一"说之先声。不过朱熹所说的"知"与"行"乃是两件事,"知"为"穷理","行"为"践履"。它们都很重要,且紧密相关,非"齐头作"不能"互发"。而在王阳明看来,知与行乃直接合而为一:"知者行之始,行者知之成。圣学只一个功夫,知行不可分作两事。"⑦又云:"知之真切笃实处即是行,行之明觉精察处即是知。"⑧以此观之,王阳明"知行合一"之"知"并非纯粹地从"格物"所得的知识,亦即不是认识论意义上的对知识的把握之"知",或"广记博诵古人之言词",被用作"求功名利达之具于外"的工具。在王阳明那里,"知行合一"之知乃是"明德性之良知"。他援引《周易》以证其说:"《易》曰:'君子多识前言往行,以畜其德。'夫以畜其德为心,则凡多识前言往行

<hr>

①　孔子言及其弟子时说:"德行:颜渊、闵子骞、冉伯牛、仲弓。言语:宰我、子贡。政事:冉有、季路。文学:子游、子夏。"(《论语·先进》)

②　《朱文公文集》卷七十五。见《朱子全书》第二十四册,第 3640 页。

③　《朱子语类》卷六十六。见《朱子全书》第十六册,第 2191 页。

④　《朱文公文集》卷五十六。见《朱子全书》第二十三册,第 2671 页。

⑤　《朱文公文集》卷五十四。见《朱子全书》第二十三册,第 2567 页。

⑥　《朱子语类》卷一百一十七。见《朱子全书》第十八册,第 3687 页。

⑦　王阳明:《传习录》,见《王阳明全集》,上海古籍出版社,1992 年,第 13 页。

⑧　王阳明:《传习录》,见《王阳明全集》,第 42 页。

者,孰非畜德之事。此正知行合一之功矣。"①若"知"(多识)只为"畜其德",那么在现象学的意义上就已经是"行"了,亦即作为意识活动的"行"。而这正是王阳明"知行合一"说立论基础。有人问及知行合一时,他这样回答道:"今人问学,只因知行分作两件,故有一念发动,虽是不善,然却未曾行,便不去禁止。我今说个知行合一,正要人晓得一念发动处,便是行了。发动处有不善,就将这不善的念克倒了,须要彻根彻底不使那一念不善潜伏在胸中。此是我立言宗旨。"②在这里,被王阳明称为自己"立言宗旨"的,无疑是知即行,行即知。这种意义上的知行合一存在于人的意识活动内部,具体地说,"一念发动"既是知,亦是行。不过,这只是就王阳明的立言宗旨而言。"知行合一"还有另一重含义,就是"知"与"行"两件事之"合一"。此处的"知"是为"认知",而"行"则是指见之于外的行动。王阳明指出:"古人所以既说一个知,又说一个行者,只为世间有一种人,懵懵懂懂的任意去做,全不解思惟省察,也只是个冥行妄作,所以必说个知,方才行得是。又有一种人,茫茫荡荡悬空去思索,全不肯着实躬行也只是揣摸影响,所以说一个行,方才知得真。"③虽然王阳明说"此是古人不得已补偏救弊的说话",但也不否认此为实情。准此,知与行已然就成了两件事。对于孔子"修己以安百姓"一语,王阳明解释为:"修己便是明明德,安百姓便是亲民。"④显然,"修己"是"内圣"之事,明明德作为"修己",只是自己体悟明德,是"知";而"安百姓"则是"外王"之功,是"行",此二者又岂能简单地"合一"?王阳明的解答是:"若知明明德以亲其民,而亲民以明其明德,则明德亲民焉可析而为两乎?"⑤两者在目标与功能上的互摄互动互证使之成为"合一"的整体,无论知还是行,终究是为了立德(明明德)、履德。

五、结语

西方诠释学发展至今,已经陷入了难以自拔的困境。众所周知,西方的

---

① 王阳明:《传习录》,见《王阳明全集》,第51页。

② 王阳明:《传习录》,见《王阳明全集》,第96页。

③ 王阳明:《传习录》,见《王阳明全集》,第4页。

④ 王阳明:《传习录》,见《王阳明全集》,第2页。

⑤ 王阳明:《大学问》,见《王阳明全集》,第970页。

方法论诠释学,到了 E·贝蒂就几乎止步不前;而作为本体论的诠释学,自伽达默尔以后也已转向了更为彻底的"后"现代主义的理论——诸如德里达的解构主义与罗蒂的新实用主义诠释学,它们的相对主义特征与伽达默尔诠释学的宗旨相去甚远,或者更为确切地说,诠释学本身在他们那里并未发展成一种新的诠释学形态,而是已被彻底解构了。

诠释学何去何从?我以为孔子以"德行"为核心的诠释学理念是一个值得期许的诠释学向度。若以德行为核心,显然对诠释的方法论也提出了一个新的要求,我们可以称之为"积极的"诠释,它要求我们的诠释活动有意识地向"善"、向着与时代的发展相适应的"德行"而展开。质言之,若某段话语在学理上有多种诠释的可能性,我们须择"善"而取之,也就是说,应将是否能向读者提供"正能量"作为取舍的标准之一。惟有通过这种诠释方式,被我们视为经典的作品才能在今天被赋予了积极的、肯定的教化意义。

如果我们将中国诠释学的构建纳入世界的"诠释学"视野中来考察,它就不仅是作为整体的诠释学思考的一个重要部分,而且还是诠释学研究得以突破目前的发展瓶颈,进而提升为一种新的理论形态——"德行诠释学"——的决定性因素。依我之见,德行诠释学应当是在一个更高的层面上对中、西方各种诠释思想资源的全面的分析与整合。这项综合性的研究主要包含了诠释的方法论、本体论与德行论三个方面的工作。质言之:(1) 关于诠释学方法论问题。需厘清西方诠释规则与方法论,特别是贝蒂的诠释学方法论体系;认真梳理中国解经史的诠释经验。[①] 在此基础上提炼出能够融合中西、具有更广泛的适用性的诠释方法论,用以获得对文本的最大限度的正确理解。而所有基于个人体悟的意义发挥,须建立在对文本尽可能正确的理解之基础上。(2) 关于诠释学的本体论。我以为这项研究的重点是伽达默尔诠释学与阳明心学比较研究。他们的共同点是将理解视为意义的创造活动,不惟主体通过理解而得以自我实现,而且我们整体的精神世界也是通过理解建立起来的。伽达默尔学说与阳明心学的互补性在于,前者

---

① 在汤一介先生的推动下,北京大学哲学系王博教授主持的"中国解释学史"(国家社科基金重大项目 2012 年立项)已经组织专家展开了这一研究,以三个子课题的形式分别梳理儒家、道家与佛家的诠释学史。

从实践哲学出发,在理论上阐明了理解是此在的存在方式及其规定性,后者立足于经典的解读、体悟以及依据经典的践履,将经典之旨化为自己的内在生命,此中便蕴含着引导着理解的价值导向。中国诠释传统中的这种价值导向性,乃是我们建构德行诠释学深厚的思想资源。(3)德行诠释学乃是继方法论与本体论诠释学之后的新型诠释学。要而言之,它是一种以"实践智慧"为基础、以"德行"为核心、以人文教化为目的的诠释学。它并不排斥诠释学的方法论与本体论探究,而是将其纳入自身之中,并以德行为价值导向来重新铸造它们。在理论层面上,方法论的制订与本体论的构建,均应循着德行所指示的方向展开;在实践层面上,我们的内在修行与见之于外的行为,亦须以德行为鹄的。

　　创立德行诠释学无疑是一项艰巨的任务。本文的探索侧重于儒家的诠释传统,但是建立一种具有中国文化整体特点的德行诠释学,还必须整合道家、佛家的诠释传统中丰富的诠释思想资源。当然,自马克思主义引入中国后,我国学界在对马克思主义经典作家的著述之翻译和诠释工作中积累了非常丰富的诠释经验,为我们建构中国诠释学提供了不可或缺的思想资源。因此当我们讨论当代中国的诠释思想时,马克思主义的诠释理论无疑是一个非常重要的组成部分。德行诠释学之创立虽然立足于中国学术传统的诠释理念,但它的学术视域却是世界性的,在我看来,它预示着世界诠释学研究的未来走向:融合中、西的诠释思想,且将诠释的本体论、方法论与德行论融为一体。德行诠释学的创立,不仅意味着孔子所奠定的中国古老的传统诠释理念在当今时代仍具有其经久不衰的生命力,同时也是我们对世界的诠释学研究作出的应有贡献。

当代哲学的伦理范式转型及其意义

何锡蓉（上海社会科学院哲学研究所）

一

哲学的伦理范式转型主要表现为：哲学经历了对远离人的形而上学的排斥和对二元对立的批判之后，在转向对生存哲学、生活哲学的关注中，更加集中到对道德、伦理之域的研究。首先，我们可以从哲学的各个分支领域看到这种变化，如政治哲学，以往主要是论证利益与权力、制度与程序等概念及其本质，如今则是面对当前世界的主要伦理问题，聚焦于社会正义、共同体中的责任主体，即公民角色与责任等，罗尔斯的《正义论》就是典型代表。经济哲学则从关注经济理性人到重视经济活动中的伦理诉求，其不仅仅关注企业、企业家的社会责任，更是对政府对社会的经济活动植入了伦理向度。经济伦理学已然成为哲学的又一个朝气蓬勃的学科，如2016年在上海社科院闭幕的第六届世界经济伦理学大会，是对经济伦理在世界范围的理论与实践成果的一次大检阅，从中可以看到经济伦理学对哲学的思考和拓展取得的长足进步。[①] 同时，科学技术哲学也呈现出伦理取向，从纯粹探讨科学技术中的哲学原理问题（如科学认识论和科学逻辑），转到科技领域中的伦理问题研究，并追问什么是进步，什么叫发展，预测科技发展的前景，提出科学家的责任以及科学技术与文化传承等问题，还因此衍生出诸如医学伦理、纳米伦理、信息技术伦理、生物技术伦理、工程设计伦理等新的研究领域。哲学诠释学的发展在经历了方法论诠释学到本体论诠释学之后，如今有了"德行诠释学"的提法，[②] 就是对于诠释的价值导向进行考量，将美

[①] 会议由上海社科院主办，2016年7月在上海召开，以"企业和经济发展中的伦理、创新与福祉"为主题。来自联合国的重要官员和世界五大洲30多个国家和地区的556名专家学者与会。50多场会议，涉及多学科多领域的伦理思考。具体内容可以参见媒体报道和会议论文。

[②] 参见潘德荣：《德行诠释学》，《中国社会科学报》2016年8月28日；2016年9月21—22日由华东师大哲学系和上海社科院哲学所联合主办了"德行与诠释"学术研讨会，从一些论文标题〔转下页〕

德在诠释学体系中得以合理安顿。即便在伦理学领域,先前的伦理学只是致力于解说道德现象,揭示道德的本质及其规律,提供行为的道德原则。而且,由于人类中心主义的主导,传统伦理学几乎只是关注人与人、人与社会的行为,从未涉足非人类领域和自然领域,也未曾考虑人类生活的全球条件和遥远的将来。如今的伦理学更加注重道德实践和道德境遇的研究,并日益关注人与自然的伦理关系,那些原先没有的或不受重视的生态伦理、环境伦理等概念也进入哲学的理论框架。并且,动物伦理也引起了哲学家的重视。哲学的伦理范式转型不仅仅显露于哲学的分支,更具重大意义的是,哲学本身的性质正在悄然发生变化,甚至有"伦理学是第一哲学"的呼声(列维纳斯),从而用伦理学替代形而上学和本体论的地位,这一趋势似乎印证了黑格尔曾经的预言。①

二

哲学发生伦理转向自有其内在和外在的逻辑根据。从外在即时代的需要来看,我们常说,哲学是时代的精华。这就是说,时代是哲学演变的最大推动力。当今时代,人类一方面在追求和享受现代化带来的丰硕成果,另一方面也面临着影响人类生存的现代性危机。这种危机以现代性的方式展示出来,那就是发展与代价、赢取和丧失、创造与毁灭的悖论和矛盾日益激烈与深刻,尤其是在资本逻辑的统治下,传统的道德、伦理和价值观从根本上遭到颠覆,它们在现代化进程中几乎丧失了效力。要克服现代性危机,追求平衡发展、和谐发展、共享共存,人类需要更加关注人与自我、人与人、人与社会,以及人与自然的伦理关系。从内在即从哲学学科自身的发展来说,我们看到,西方哲学史上任何一次转向都与前一阶段处于成熟后产生出某

〔接上页〕可以看出诠释学伦理转向的端倪,如潘德荣《经典诠释与"立德"》、余亚斐《〈论语〉"德"字的诠释与辨析》、余治平《物体、心体的价值剥落与解释危机——阳明良知学本体论还原的过程分析》、何卫平《〈真理与方法〉中的实践哲学——析此书关于亚里士多德伦理学的解读及意义》、张能为教授的《"友谊"之作为哲学问题及其当代意义——伽达默尔实践哲学中的"友谊"问题沉思》,等等。

① 据侯才先生《哲学的伦理化与现代性的重塑》(载《北京大学学报》2015 年第 3 期)一文中引用黑格尔遗稿《德国唯心主义最初系统纲领》中的话:"形而上学在未来将进入道德之域……而伦理学将成为具有一切理念的完整体系。"

种弊病相关。在西方哲学中，"第一哲学"的概念来源于古代时期的亚里士多德，并一直贯穿于现代的笛卡尔、康德、黑格尔和胡塞尔的哲学理念之中。亚里士多德把本体论看作第一哲学，[①]笛卡尔则把形而上学喻作大树的根，认为哲学的"第一部分涉及的是知识的原理，它可以被叫做第一哲学或形而上学"，[②]而包括伦理学在内的各门具体学科则是实践哲学，被喻为树枝。为此，实践哲学要服从理论哲学，要追求作为普遍真理的形而上学理论，以至于出现"德性即知识"这样的命题。其结果是形而上学成为最高最有价值的学问，伦理学等实践哲学则是次一等的哲学。正像列维纳斯认为的，哲学的"第一哲学"观念持久而深刻地规定了西方哲学之为哲学的思想方式，设定了西方那些伟大哲学家的哲学激情和使命。这种追求普遍真理的哲学样式，造成了哲学与人的远离与割裂，在现当代受到极大的批判，不得不发生向生活世界的转型，走向伦理也是题中之义。列维纳斯提出"伦理学作为第一哲学"的思想，被认为是反对两千年来西方哲学中的"形而上学的暴力"，在法国单枪匹马地恢复了伦理学在哲学中至高无上的地位，开出了当代西方哲学的一种新路径。[③]

　　再从内外在因素结合的情况看，现实呼唤新的生产方式和生活方式，而势必生发出一些新的领域和新的问题，比如生态伦理、环境伦理、动物伦理等，按照西方传统哲学的观点和西方伦理学的原有定义是纳不进伦理领域的，这些新问题无疑是对哲学提出了扩展领域和观念更新的要求。

<h2 style="text-align:center">三</h2>

　　哲学的伦理转向意义重大。首先是随着哲学领域的扩展和观念的更新，哲学的界定和分类都会发生变化。伦理是第一哲学，那么，形而上学、知识论、自然哲学和逻辑学都以伦理探究为目的，这一说法本身就打破了哲学

---

　　① 亚里士多德在《形而上学》中区分了沉思的、实践的和技艺的三种知识，而沉思的知识中又分为物理的、数学的和本体论的，而探究"存在之为存在"的本体论亚里士多德将之称为"第一哲学"。见亚里士多德：《形而上学》，李真译，上海人民出版社，2005年，1016b18—30。

　　② 笛卡尔：《第一哲学沉思录》，庞景仁译，商务印书馆，1986年，第9页。

　　③ 张旭：《伦理学作为第一哲学：论列维纳斯》，载高宣扬主编：《法兰西思想评论》第3卷，同济大学出版社，2008年。

分为理论哲学和实践哲学的传统分类法。如何判断哲学范式的转型,黄颂杰先生说:"评判哲学转向最重要最根本的标志归根到底要看哲学家们在本体论—知识论问题上的态度、思想和观点及其论证。"① 本体论—知识论是作为哲学模式的西方传统哲学的内核,将伦理学作为第一哲学,取代本体论的地位,显然是撼动了哲学的根基,这与先前的认识论转向、语言学转向等所表现的对哲学范畴的关注点转移显然不同,这一轮的转向是哲学的范式转型,代表了哲学概念的更新,但随之而来的将是哲学分类的变化。而像经济伦理学、生态伦理学、科技伦理、城市伦理等学科在当代成为显学,则对我国哲学八个二级学科的分类法也形成了挑战。这些问题都将引起哲学界进一步的讨论。

二是伦理学概念也会有新的发展。当哲学从宗教、从科学、从形而上学的领地分化出来之后,便不再成为神学的奴婢而为神的存在提供本体论的证明,也不再为自然科学技术的发展制造科学理性的神话,而是回到了人自身。如果说,伦理是关于人的理论,那么,人与世界、人与自然都在其中,因为天地人本来一体。如此,从人出发,在各个领域进行伦理追问和哲学反思岂不顺理成章?!

第三,也许至为重要的,是对中国哲学非同小可的积极意义,那就是,有助于理解和澄清中国哲学的本来面貌。从哲学的当代发展来说,对"他者"的关注成为哲学的重要问题。在近年来的国内哲学界尤其是西方哲学的研究领域,与他人或他者有关的政治问题和伦理问题日益成为热点。这是因为"自我"和"他者"之间的张力日益成为问题,在"自我"不得不面对一个个陌生的"他者"(包括他人、社会和自然)时,"自我"如何与这些"他者"相处?这不止是一个纯粹理论思辨的问题,更是一个实践问题。解释和解决这些问题,必然突出了伦理、政治、宗教等实践向度。由哲学的伦理范式转型看中国哲学,重点不在于再次依傍西方而跟着开展伦理转向,更重要的则在于重新认识对中国哲学的意义。我们知道,哲学这门学科来自西方。中国哲学在西方哲学的框架下对号入座,充其量自认为是伦理本位,果其如此,则只是哲学的一部分,其性质和品位都低了,黑格尔正是此意义上

---

① 黄颂杰:《论西方哲学的转向》,《浙江学刊》2004 年第 1 期。

奚落中国只有常识道德而没有思辨哲学。于是,为了证明中国哲学的"合法性",一度有学者极力去寻找中国哲学的形而上学基础,这就又寻到了西方。[1] 所以,中国哲学这门学科建立以来,很长一段时间里,是以"依傍"为特征。

西方哲学的伦理转型是对传统本体论—知识论的批判和推翻,不仅为西方哲学开辟新生之路,而且为中国的发展和文化自信创造了好的契机。在传统"第一哲学"的形而上学那里,其被定位于"理论"(思辨),定位于"原理"(普遍)而使其离现实的生活和人的生存状态分离开来,本来离生活最近的伦理、政治、宗教等,也因要以理论思辨为归依而带有知识论的特征,从而造成形而上学与伦理学相分离,进而形成形而上学高于伦理学(理论高于实践)的价值判断。但在中国哲学那里,不存在这种分离现象,换句话说,形而上学与伦理是合一的,是相辅相成的。

从形而上学来看,中国传统哲学讲的是"形而上者谓之道,形而下者谓之器",既有道器之分,表明具体活动和形上的追求,但两者又不是截然脱离,而是要求"道在器中,器中显道"。不像西方传统哲学那种,将形而上学定位于"理论"(思辨)而与作为"实践"的伦理相分离,从而与人的实践活动相分离。

西方传统的伦理学,受人类本位中心主义的主导,对自然的价值重视不够,甚至贬低自然的价值,也不承认非人类动物具有道德地位。这种理论造成的现实后果在人类遭遇环境危机、生态危机中强烈地反映出来。而中国传统哲学讲万物一体,天地人三才,将人与自然和谐地构成生命伦理圈。如道家把"天地与我并生,万物与我为一"(庄子)确立为最高的"玄德";儒家讲三才(天地人)之中人为贵,贵在为天地立心,为生民立命;佛家讲一草一目皆有情,等等。这种尊崇自然,包容万物的理念,当成为当代人类伦理理念的基本原则。

---

① 台湾学者罗光写过一本《儒家形上学》(台湾中华文化出版事业委员会 1956 年出版,1980 年修订本由辅仁大学出版,1991 年订定本由台北学生书局出版)。其自序道,他在罗马传信大学教书时,当时欧美讲中国哲学的学人,都认为中国儒学只有伦理学,没有形上学。而胡适和冯友兰也不讲儒家的形上学。罗光认为儒家的伦理学流传了两千年,不能没有形上的理论基础。于是,他从《易经》、宋明理学去发现儒家的形上系统,并把第一章的标题就列为"形上本体论"。

走出依傍,重新认识和建构中国哲学,是中国哲学工作者的共识和伟大使命。哲学的伦理转向为我们挖掘中国哲学的核心价值,深刻认识中国传统哲学与人的内在统一关系,包括人与自然、人与动植物的伦理关系,以及从中所体现的哲学反思,建构中国话语的学术体系,具有非常重要的理论意义和现实意义。

曼荼罗和咒语作为实在的更高形式

——宗教学视域下的一种西方哲学进路

[德]B.施密茨(德国耶拿大学神学院)

一、引言

当我对本文标题予以解释后,这一主题的大部分内容将得到澄清。当我对本文标题的几个概念予以考察后,我们将意识到,这一特殊的问题具有何种可能性,以及它以何种方式帮助我们理解藏传佛教中的曼荼罗(Mandala)和咒语(Mantra)。首先,我将从标题中的"宗教学视域"开始讨论。所谓宗教学视域,是指我们从某种"外部视角"来看待所有宗教,对我而言,亦即世界宗教(world religions)的视角。这意味着,我们并非以信徒的身份来看待这些宗教。曼荼罗是哲学反思的对象,而不是日常冥想实践的对象。在此意义上,我的研究方法是客观的。然而,尽管如此,我首先试图从这些宗教团体的内部去理解这些宗教。其次,我将从外部,亦即科学研究的视角去解释我在上一环节中所看到的和理解到的东西。因此,即便我知道对佛教徒来说,曼荼罗是真实的,是"实在"(reality)的表现,曼荼罗作为特殊的"相"(phenomenon)是主体性的;但对我来说,曼荼罗仍然是研究的对象,是一个客体。按照他们自己的理解,我将自身视为这种"相"与个人关系彼此关联中的存在,是一种存在主义的真理。但是作为宗教学研究者,我必须与信徒的立场保持一定的距离。我必须在客观的间距中转变个人的主体关系。在这第二层面上,对于这个团体的成员或信徒,即作为佛法的追随者来说,他们与曼荼罗的关联是真实的。

二、印度宗教中的"实在"[①]

我们在这里提出了一个很有意义的问题:实在是什么?或者说,我们

[①] 原文作者标斜体的词语,译者全部以着重号的方式标出,下同。——译注

在本文中所探讨的究竟是什么样的实在？我们必须意识到，这些术语源自印度教和佛教，并与曼荼罗和咒语紧密相关。因此，在我考察现代西方哲学或自然科学对"实在"的探讨之前，有必要先考察这两种宗教自身对于"实在"的理解。在印度教中，真正和唯一的实在是阿特曼（Atman），①它将自身理解为梵（Brahman）。梵是世界的基础，万物的基础。在此意义上，阿特曼乃存在本身。一些印度学家曾将梵翻译为宇宙灵魂，将阿特曼译为个人灵魂。在此，我将对印度教的这种宇宙观进行一个简要的介绍。起初，绝对意识将自己理解为个体，并用其感官和心灵（manas②）创造了我的意识（ahamkara，③"我"的创造者）。这些感觉器官具有看、听、嗅、尝、触的能力。借助于这些器官的感知，心灵（manas）为自己创造了我们所称的"世界"。在此意义上，世界是由心灵所构建的，心灵以富有创造性和主观性的方式集齐所有的感知，这个思维着的心灵利用肉身在世界中进行反应和行动。在印度教的这一视角中，意识开始陷入一个深深的泥潭：意识证明自身通过它对世界的建构，将肉身和心灵作为其自身的、真实的世界，肉身和心灵。接着，意识将世界的这种建构理解为真实的世界，甚至理解为实在本身。这样一来，意识就在这个身份认同中迷失了；而阿特曼，个体的灵魂，也在某一具体世界的筹划中迷失了。

在我们将目光转向藏传佛教的同时，有必要对印度教与佛教的差异予以强调。A. 巴拉蒂（Agehananda Bharati）等学者指出了二者的主要区别：在印度教中，佛法教义中有梵，万物的中心都是满的；而在佛教中，佛法教义中没有梵，万物的中心都是空的。大乘佛教和金刚乘佛教里都这样记载：不仅中心是空的，万物皆空，如所嗅、所见、所闻，包括心灵都是空。《心经》如是记载：意识创造了一个在现实中是空的世界。

---

① Atman 是印度教的重要术语，该词本身具有灵魂、自我、呼吸的含义，本文译为阿特曼。在印度教文化中，阿特曼是个人存在的本质，众生的阿特曼与梵在本质上是同一的，即"梵我不二"。——译注

② 印度佛教 manas 的另一种中文译法为"意"。——译注

③ 自我、创造我的人。

三、曼荼罗与实在

如果我们把这种印度人对现实的理解,特别是大乘佛教和金刚乘佛教空的概念与藏传佛教教义中的曼荼罗之本质联系起来,会发生什么？在德语著作《喜马拉雅诸神》[①]一书中,所谓的瑜伽坦陀罗以如下方式被表述:"主题是一个冥想的过程,其朝向这样一个目标,即在曼荼罗中想象特定的神,通过确定(自己)与神相同一而获得精神力量与本领。"[②] 某人在冥想过程中,需要一个所谓的本尊,本尊以神的方式将其领向曼荼罗的道路。在准备好曼荼罗之后,他可以邀请本尊作为曼荼罗的成员参与接下来的仪式。作为图象的曼荼罗代表着宇宙,而本尊则是个人的中心。本尊不是独立存在的,冥想者邀请本尊与这个本尊的个人般若,这意味着他独特的智慧也被想象成一个人。如果本尊是男性神,那么般若将会是其女性对应者。其他的神和女神也可以被邀请进入曼荼罗。

所有这些神都有一个特定的音节(词语或句子)作为心灵感应的形式。这种心灵感应被称为咒语(Mantra)。解释咒语并非易事,因为每一种解释都是在某种特定意义中对咒语进行的解释。而且,由于咒语的语词将引起某些事情发生,或者说引起某事发生转变。因此,我自己倾向于在某种特定的语境中去解释咒语。对于上文中提到的邀请仪式,音节要与被邀请的神相对应。没有任何文本有以下记载,即一个正确使用的咒语并未引起它所代表的意义。由上,在这种实在中,曼荼罗不仅代表着宇宙,而且曼荼罗可能就是宇宙本身(以微观世界的形象),具有个人职责和个性的男性神和女性神在仪式过程中也是宇宙的参与者。在仪式的最后,冥想者要求本尊和所有被召唤的神回到他们的本源——空。在这一刻,冥想者向自己的佛性敞开其自身,而佛性也是空。

四、曼荼罗的语言

值得一提是,曼荼罗是以图像的形式而被作为一种"语言"使用的。其

---

①   Gerd-Wolfgang Essen, Tsering Tashi Thingo, *Die Götter des Himalaya*, München, 1989.

②   Vgl. Ebd, S. 154.

中"文字"代表着（外部）宇宙的内在感觉或内在本质，以及冥想者的内在意识。两个领域聚集于此，并相互认同。这种语言的文字往往是用画笔画出来的或是用沙子撒出来的图形符号。认同的过程是由诸神完成的，它们代表着思想或意识的一部分以及（外部）宇宙的一部分。

语言是开放的，这意味着，一方面，所有的限制都被消除了，连像雅雍这样代表性行为的本尊也与其对立面相统一，相应的两极——男性和女性是统一的象征。统一是一种男性与女性以最高的方式作为本尊与般若的相互统一，抑或本质与智慧的统一，轮回与涅槃的统一。男性和女性，男性神和女性神，是两极本身的经典形式。轮回和涅槃的实在具有艰难而崇高的抽象性，而他们（男性和女性、男性神和女性神——译注）则被用作可理解的人类表达。

作为曼荼罗之语言的文字，能够对万物给出一个完整的意义。把握男性和女性作为两极和统一之象征的语言并非难事。不过，鲜血和毁灭的图象也被用于男性神和女性神，他们用来表达愤怒。有的神，其姿势非常特别。他以单腿站立，这条腿与下面的贡品充分接触，而另一条腿则膝盖弯曲，与站立的腿保持某种角度。这其实是一种象征语言，站立的腿代表着弓，而弯曲的腿则象征着箭。弓与箭彼此相连，箭可以射中目标。

这让我想起了中国古典艺术中的冥想射箭：意念将箭射出，并想象自我的身体只有握住弓弦的手（除此再无其他），其他一切皆可抛下。此外，身体姿势也是这种语言的一部分，这些姿势可以被赋予意义。

五、曼荼罗作为更高级的实在

什么是实在？在现代的理解中，以及在古典哲学和古典宗教中，我们往往在外部的世界去探寻和发现实在。这是被创造的世界，我们试图用宗教和哲学的方法或神话来理解其自然的、社会的和文化维度，之后，我们会再探索内在的精神维度。另一方面，Humberto R.Maturana 和 Francisco J.Varela 在他们的著作《知识之树》① 中指出，世界本身并凭借其自身而存在，但作为

---

① Humberto R. Maturana und Francisco J. Varela, *Der Baum der Erkenntnis. Die biologischen Wurzeln des menschlichen Erkennens*, Scherz, 1987.

人类,我们通过将对象、行动和情感置于一个富有意义的关联中去构建我们的理解,这种理解是我们对世界的社会和个人观念的各种要素的理解。惟有物与生命存在着,而不是世界——这一富有意义的复合体——存在着。由此,我们创造了我们的世界。一个与世隔绝的人类,譬如在丛林中长大的人,是没有世界的。可能对他(她)而言,"世界"是不存在的,正如佛教中说的"万物皆空"。在此需要特别指出的是,他(她)对这种空并没有任何理解和意识。

六、结论

无论我们如何理解实在,对我而言,到目前为止,与其说佛教的实在概念在其自身中是说得通的,毋宁说并没有关于何为实在的普遍和确切的答案。如果佛教徒对虚空、轮回和涅槃的理解是对富有意义的"世界"之可能性的一种解释,那么,作为微观世界的关联性象征的曼荼罗,可以被看作是轮回和涅槃之实在的更高形式,因为世界本身乃是宏观宇宙。当然,曼荼罗成为那种更高的实在(只有)是在与冥想者的关联中,曼荼罗和本尊(以及般若)在冥想者的心灵中象征着两极宇宙世界之间的统一。诚然,至今没有任何对实在的解释能够证明自家之言是绝对且唯一正确的,并同时证明大乘佛教和金刚乘佛教的理解是错误的。但是,曼荼罗作为世界的一种凝结(在此意义上是"更高的")形式,通过引导冥想者达致其目标,从而在这种佛教的理解中对其自身的真理予以考辨。

王子廓 译

(安徽师范大学政治学院)

论诠释在文化交流中的意义

高春林（华东师范大学哲学系）

一

不难发现,伽达默尔的研究一直都受这样一个问题的推动：以认识人自身为根本目标的精神科学的合法性是什么？精神科学是否能具有一种独立于现代科学方法概念的科学性？那种作为精神科学之基础的诠释学,真的只能被局限在方法的范围之内吗？正如伽达默尔所指出那样,传统对精神科学的自我理解都是从自然科学出发来得到理解的。比如,穆勒根据精神科学的对象的高度可变性,把精神科学把握为不精确的科学,就像气象学一样。尽管狄尔泰尽其一生试图在认识论上证明精神科学的科学性有着与自然科学同等的科学性,但是,我们看到,狄尔泰的思路仍然是：要证明精神科学的科学性,就必须制定一种适合它自身的方法,就像自然科学针对自己的对象有着一套科学方法一样。然而,这样的思路无疑会把狄尔泰带向历史主义的困境：一方面,历史主义已经认识到人的存在的历史性；但另一方面,历史主义却仍然要去追求某种绝对的知识。

在《真理与方法》中,伽达默尔首先就对这种精神科学的方法论思考本身提出了质疑,他追问：对于精神科学来说,方法的要求是否适合于它自身？在方法之外,真的就不存在其他关于真理的经验了吗？伽达默尔认为,精神科学的科学性是奠定在人文主义传统之中,而非现代的科学方法观念之中。现代科学方法观念本身是奠定在近代以来的主体哲学之中,而这个主体哲学本身已经遭到了质疑。因此,伽达默尔所讨论的整个主题就不是精神科学的方法论的问题,而是走向了方法论的背后,即存在论。伽达默尔要在海德格尔意义上的此在诠释学（即此在的存在论）中找到精神科学的科学性。这样,精神科学中的"客观性"、"知识"等概念都是在此在诠释学的视域下加以重新理解的。最后,历史主义和实证主义所追求的那种普遍有效性的知识观念受到了质疑,这种知识观念将自我意识作为绝对的出发点,忽略了此在的时间性和历史性。

然而，无论是从《真理与方法》的具体表述中，还是从其理论的结论中，人们都看到了相对主义的幽灵再次被唤醒了，以至于理解的任意性，在这里不仅没有被克服，相反却找到了存在的理由。人们只有再一次地失望，因为，伽达默尔所告诉我们的似乎是：不仅我们难以找到区分正确理解和错误理解的方法和标准，而且连找寻这种方法和标准的意图本身都是成问题的。

相对主义这个结论，伽达默尔当然是不愿意接受的了。在他看来，他把诠释学以及精神科学置于此在存在论（基础存在论）这个基础上本身就是为了避开主观主义和相对主义，因为，主观主义和相对主义与它们的相反者共享着同样的形而上学。

不过，为了进一步说明精神科学的科学性和回应相对主义的责难，伽达默尔将眼光投向了古希腊哲学，投向了亚里士多德的实践哲学传统，投向了古老的诠释学传统。因为，在古希腊那里，"科学"这个概念所意指的知识并非天然的就与方法观念联系在一起，现代这种以方法为限制的科学只是古希腊科学中的一种维度。并且，在古老的诠释学传统中，本身就包含着实践因素。通过阐明诠释学和实践之间的这种亲缘关系，诠释学和精神科学的自我理解将更加容易得到说明。

《作为理论和实践的诠释学》一文与相继发表的《作为实践哲学的诠释学》和《实践理性的问题》，都是从实践哲学出发来讨论诠释学和精神科学的。伽达默尔的基本立场是认为，"在所谓精神科学的自我理解方面，实践理性问题不仅是其中的一个问题，而且比所有其他问题更首要地被提了出来"。本文将以《作为理论和实践的诠释学》为中心，对伽达默尔这种路径作一简要的分析和评价。

二

什么是实践哲学？这里的"哲学"，是在古希腊思想传统中获得其意义的，与我们现在所盛行的意思完全不同。在古希腊思想家那里，哲学与科学没有什么不同，并且科学也不仅仅包括由现代方法论所规定的经验科学，而且还包括人类特殊的知识能力和一切真正的知识。因此，伽达默尔把亚里士多德所建立的"实践哲学"也称为实践科学。因此，就"哲学"这个意义而言，"实践哲学"就是一种关于实践的科学，是一种知识。但是，"实践哲学"却不是古希腊人意义上的理论知识，这种理论知识是指狭义的古希腊科学——这种科学以不变的和永恒的事物为对象，正如伽达默尔所提示的，"亚里士多德把柏拉图的辩证法理解为一种理论知识，相对于这种辩证法，他要为实践哲学要求一种特殊的独立性，并且开启了一种实践哲学的传统"。① 我们知道，在苏格拉底和柏拉图那里，"辩证法"似乎也可指一种谈话的技巧，但是，另一方面柏拉图也明显把辩证法的最终目的确定为对"理念"的追寻和认识，而理念世界是永恒的不变的，是独立于流变的现实世界的。因此，亚里士多德是在这个意义上把柏拉图的辩证法称为理论知识的。而"实践哲学"就是一种与理论知识相对的知识或者科学。那么，实践哲学究竟是怎样的一种科学呢？亚里士多德为什么要在理论知识之外建立这样一种实践哲学呢？

"实践哲学这个概念是以亚里士多德对柏拉图善的理念作批判为基础的。"② 在柏拉图那里，德性即知识，要在实践上成为真正的"善"，只有通过认识"善"本身才能实现。伦理学的问题，变成了理论知识的问题。但是，就人而言，人始终处于流变的世界之中，人的行为或实践本身是不断自我改变的，它所面对的是变动不居的事物，而不可能是不变的事物。在伦理实践中，首要的和更为根本的问题，不是关于一般的善的知识问题，而是在人的行为中的善的问题。因此，尽管理论知识是人的最高智慧，但是它并不能切实地有助于回答实践问题，因为，它一开始就跳过了实践的实情（流变的世界）而以一种不变的事物为对象。所以，对于实践，我们需要的是一种不同于理论智慧的、出于实践又回到实践之中的实践智慧。

与柏拉图相比，亚里士多德把实践性只归于人性。在他看来，神和人有着存在论的差异，需要用不同的方式去把握。理论知识是人以沉思的方式去接近神、模仿神；而实践智慧所关注的只是人这样的存在。用海德格尔的话来说，在亚里士多德那里，"伦理生活"或者"实践"并不仅仅是一种主

---

① 伽达默尔：《真理与方法（第二卷）》，洪汉鼎译，商务印书馆，2010年，第380页。

② 伽达默尔：《真理与方法（第二卷）》，第385页。

体的行为模式,相反,实践本身就是此在的存在方式,"实践性"是一种生在论上的规定。

因此,实践哲学或者亚里士多德的伦理学决不能被理解为是某种宇宙论或者形而上学在人类生活方面的应用或者推论,相反它是一种关于以伦理或实践为存在方式的人的哲学。"'实践哲学'这个用语恰好说明,它并不打算利用某种宇宙论的、本体论的或形而上学的关于实践问题的论证。"①这意味着,实践哲学有着相对于这些理论知识的独立性,实践哲学不会超出人的存在实情去思考问题,也不需要先借助某种理论知识来思考。用中国哲学的说法,那就是实践哲学必须在人伦日用之内,而不可出人伦日用之外。这种做法明显不同于以下这种做法:通过建立某种包容一切的形而上学,然后再把这种形而上学贯彻到变动不居的人类世界之中。因此,人们并不仅仅是在行为之外,出于一种思辨的兴趣,才走向实践哲学的,相反,实践哲学在实践中有其根据。

为了进一步规定实践哲学,我们需要对"实践"、"实践智慧"作进一步的规定。前面我们已经讨论了实践智慧与理论知识的不同。但是,这并不意味着实践活动与理论活动相对立。似乎实践就是一种建基于知识之上的生产或者制作活动,而实践智慧似乎就是一种关于技术应用的知识。事实上并不如此,尽管实践与生产或者制作都是以可以改变的事物为对象的,但是,实践的对象只能是人自身,不是外在的事物,而生产所制造的是外在于自身的事物。实践不可能像生产那样制造自身。因此,人在实践中关于自身所有的知识即实践智慧,与那种指导人类进行生产的技术知识应该有着本质的区别,尽管这两种知识都试图指导我们的行为,都包含着将普遍知识用于具体事物之上的应用。这两者的区分实际上就是著名的实践理性与工具理性(技术)之间的区分。

乍一看,实践智慧和技术知识是极其相似的。因为,在指导我们行为的时候,二者似乎都可以给出这样一种回答:这样做是"好"的,是"正当的"。在《真理与方法》中,伽达默尔对两种知识作出十分细致的区分,简述如下:

1.技术是可以学习的,也是可以忘记的;但是我们不能学习实践智慧,

---

① 伽达默尔:《真理与方法(第二卷)》,第382页。

也不能忘记实践智慧。这意味着技术是一种"后天"拥有的能力,我们可以接受或不接受。比如,我可以学开车,也可以不学开车。但是,实践智慧却是某种"先天"拥有的能力,即我们总是已经具有和能够应用实践智慧。这里的"先天"和"后天"的区分是就可学与不可学而言的。因此,这里就有两种"拥有"关系:我们可以自为地拥有某种技能,但不可以自为地拥有某种实践智慧,因为,技能可以外在于我们,就像工具一样;而实践智慧却不能如此。这就意味着,应用某种技术去制作的情形和应用实践智慧来指导我们的实践的情形是不同的:在制作过程中,制作者是按照某种已经决定好了的、关于对象的观念或者形式来制作某种东西的,尽管由于具体条件的不同,制作者会被迫对自己的计划作出调整,但是这种调整并不意味着他关于这个对象的知识变得更加完善。但是,在道德实践中,我们却决不是这样的,我们决不是把某种已经规定好了的、关于我们自身的理想观念应用于具体的情形之中。因为,我们关于"什么是正当的"的观念总是在具体的情形中被规定的,而不是某种外在于行为的具体情形下被规定的。因此,实践智慧所处理的真正问题,始终是在规范与事实之间的张力问题,而不是如何把某种现成的普遍观念更好地应用于具体情况的问题。换句话说,在作为普遍的规范和具体的事实之间找到恰当的点,这才是真正的实践智慧。在规范与事实之间寻找恰当的结合点,并不是对规范的放弃或者违背,相反,这恰好是使作为理想的规范在具体情况下得到具体化。这个论述对于我们讨论"经"与"权"的关系大有裨益:"经"是"权"的根据,而"权"是使"经"得以具体化的条件,不应把"经"看成某种现成的东西,而把"权"看成是一种对于"经"的非正常的应用。

2. 就手段与目的的关系而言,实践智慧与技术知识也有着根本的不同。一是实践智慧并不只局限于某个特定的领域,没有任何单纯的个别目的,而是"关系到整个正确生活的大事",[①] 即关系到善的问题——如,什么是最好的生活方式。与此相反,技艺知识却属于特定的领域,是某种个别的东西,服务于个别的目的。二是实践智慧具有高度的普遍性。三是实践智慧是要求一种在手段与目的之间的自我协商,而技术知识却不需要。也就是说,实

---

① 伽达默尔:《真理与方法(第一卷)》,第 454 页。

践智慧并不具有一种可学知识的先在性,就好像某种技术可以在我学习它之前早已存在的一样。在实践智慧中,关于目的和手段的知识都不是在我们的行动之前事先学会的。相反,指向理想观念的实践智慧本身同样也是回答当下情形之要求的知识。实践智慧是"一种完成道德认识的具体情况知识"。[①] 也就是说,实践智慧总是在情况的直接性中去证明自己的知识。这就意味着,实践智慧本身就包含着某种经验,或者是经验的基本形式。

3."道德考虑的自我认识事实上具有某种与自身的卓越关系。"[②] 在亚里士多德的实践智慧那里,还引入了"理解"。这里的"理解"是指道德判断的能力。实践智慧不是关于一般的知识,而是关于某个时刻的具体情况。因此,实践智慧既不同于技术知识,也不同于关于技术的应用的知识。一个人要对某个行动人有所理解,其前提是他自己也想做正当的行动,并与他人结合到一种共同体之中。

根据以上的论述,再结合《作为理论和实践的诠释学》一文,对以实践智慧为对象的实践哲学,我们可以作出以下规定:

1. 实践哲学是生存论上的理解,而实践智慧是生存上的理解。生存上的问题只能由生存活动本身来解决,这种对生存活动本身的理解就是生存上的理解。而所谓生存论上的理解,是对生存的存在论结构的追问,它所关心的是:是什么构成了生存。实践本身就是一种生存活动,实践智慧就是对实践活动本身的理解,因而实践智慧具有生存上的理解的性质。这正是实践智慧本身不可学的根据所在,因为,我们向来已经在实践中,向来就具有并且应用着实践智慧。相反,实践哲学却是一种普遍的、可学的知识,是一种不同于理论科学的"科学"。因此,实践哲学本身并不是实践智慧,而是对"实践性"和实践智慧本身的一种分析和展示。"实践性"是对此在的一种存在论规定,不可把"实践性"仅仅把握为主体的一种行为模式,就像具有某种属性似的。故实践哲学并不直接增进实践智慧从而有助于解决我们在实践上所遇到的问题,相反,它只能回答:什么构成了实践或者实践智慧?实践哲学并不是一种技术知识,或者一种关于原理和技术之应用的知识。关

---

① 伽达默尔:《真理与方法(第一卷)》,第456页。
② 伽达默尔:《真理与方法(第一卷)》,第457页。

于实践哲学与实践智慧的区分，尽管亚里士多德本人并没有考虑到，但是作出这个区分是极其重要的，因为，这种区分将更有助于我们看清技术知识与实践哲学之间的区分。

2. 实践哲学是一种关于"人类生活中的善"的科学，其本身不仅仅是为了满足某种思辨的兴趣，而是要促进善的，故实践哲学又是实践的。首先，这里的"善"是"好"的意思，并不仅仅指狭义的道德上的善。因此，善的问题是包容一切的。其次，这里关于善的知识，并不是指一种关于一般的"善"的知识，而是指人类生活中的善的知识。因此，"包容一切"并不是那种抽象的普遍性，如某种普遍理论之于它的个例一样，而是具体的普遍性。因此，"真正的知识，除了那种使知识的东西以及最终把一切可知或'整体的本质'所包括在内的东西之外，还要认识 Kairos（良机）"。① 也就是说，"人类生活中的善的知识"不仅仅是关于理想观念本身的知识，而且同时也必须是回答当下具体情形之要求的知识。我们把那种能在具体情形中总是会做出正当行为的人，而不是那种只有某种关于善的抽象理论的人，才称为有智慧的人。

与理论科学不同，在实践哲学中，人有限的基本状况即此在的时间性和历史性，相对于无限的认识任务处于决定性的地位。理论科学涉及的是不变物，而只有在某物是不变的地方我们才能认识不变物，现代以方法论为基础的科学也是如此：只有在方法上是可知的对象，才能成为科学的对象。显然，人有限的基本状况始终是不能被理论理性所涵盖的，因此，理论理性的运用并不是真正包容一切的，这一点在康德《纯粹理性批判》中已经证明了：理论理性只能以经验现象为对象，而不能以本体为对象。因此，在理论理性或者理论之外，我们还需要一种真正包容一切的理性运用，这就是实践理性。实践理性"并不存在于可学的能力之中或者盲目的顺应潮流之中，而存在于合理性的自我责任之中"。② 实践哲学首要关心的是"合理性"，而不仅仅是"真"。

3. 因此，实践哲学的知识是参与性的知识，而不是一种中立性的、观察

---

① 伽达默尔：《真理与方法（第二卷）》，第 386 页。
② 伽达默尔：《真理与方法（第二卷）》，第 408 页。

性的知识。也就是说,在实践哲学中重要的不是"客观性",而是与对象的先行关系。在实践哲学中,"事实性"即人类的有限性才是首要的出发点,是原则的出发点。这里的"事实性"并不是陌生事实的事实性,相反,它是"最可理解、最为共同的、被我们所有人一起分享的信念、价值、习惯的事实性,是构成我们生活制度的东西的总概念"。①这个事实性,即亚里士多德的"Ethos"(伦理)之所指。伦理是人通过练习和习惯而生成的存在,而不是一种现成的存在。实践智慧与伦理不可分割。这意味着,"实践哲学的前提就在于,我们总是已经被自己受教于其中并作为整个社会生活秩序之基础的规范观念所预先规定。但这绝不是说,这些规范的观点会不改变地长存和不受批判。社会生命就存在于对迄今生效的东西不断加以改变的过程中。然而,要想抽象地推导出规范观念并且企图以科学的正确性来建立其有效性,这乃是一种幻想。这里要求的是这样一种科学概念,这种概念不承认不相干(不参与)的旁观者的理想,而是力图以对联系一切人的共同性的意识取代这种理想"。②这一论述,已经清楚地说明了实践哲学是怎样一种科学。实践哲学必须出于实践自身,又回到实践,不能站在实践之外去观察,因此,实践哲学的知识是在不断地相互参与中获致的。

综上所述,实践哲学既不同于理论科学,也不同于技术知识,是一种"即实践即理论"的科学。与理论科学不同,实践哲学始终是从人的有限性出发的,是注重相互参与的,因此,不是纯理论的而是实践的。并且,尽管实践哲学也是可学的,但是,这必须以此为前提,即传授者与被传授者与实践都有着某种共同的关联,如友谊。与技术知识不同,实践哲学关注的是"善"的问题——善并不是制作出来的产品,而是体现在实践本身之中的,故实践哲学提供的不是现成的技术知识。另外,实践哲学具有普遍性,而技术知识不具有,技术知识只属于特定的领域,故实践哲学又是理论的。值得一提的是,实践哲学的普遍性是一种不同于理论科学意义上的普遍性。实践哲学的普遍性是以人的有限性这个事实性为根据的。

实践哲学具有一种独特的"科学性"。这种科学性不仅不同于现代方法

---

① 伽达默尔:《真理与方法(第二卷)》,第409页。

② 伽达默尔:《真理与方法(第二卷)》,第399页。

观念所规定的科学性,不应该被取消或者被忽略,而且这种科学性具有一种整合一切科学,认识所有科学方法应用于对象的认知机会,并尽其可能地利用它们的能力。因为,实践理性是真正包容一切的理性运用,也正是因为这个原因,实践理性是优先于理论理性的。这一点,在当今这个时代却被严重地忽略了,实践理性被技术理性所取代。但是,事实证明,实践理性或者实践智慧相对于理论知识和技术知识都有一种优先性。在人类生活中,"善"的问题是一个首要问题。

三

从实践哲学中,伽达默尔找到了这样一些有助于阐明诠释学的性质:一是在实践哲学中此在的有限性具有决定性的地位;二是在实践智慧中具有不同于技术知识的应用问题,实践哲学的中心问题是"规范与事实之间的张力",而不是把某种先在的普遍规范应用于某种具体情境的问题;三是实践哲学的知识具有参与性,在此重要的是与其对象的先行关系,实践理性依赖于习俗或者伦理;四是实践哲学具有普遍性要求,实践理性是包容一切的理性运用。

这些性质在伽达默尔看来也是诠释学所具有的性质。因为,诠释学所研究的理解现象与实践哲学所研究的"实践"具有相同的广度和普遍性,具有相同的存在论意义。与实践一样,理解首先是此在的存在方式,而不仅仅是主体的行为模式。因此,诠释学首先指的是理解这种自然能力,就像实践哲学指向人类的实践能力即实践智慧一样。

为了说明这一点,伽达默尔借道修辞学,因为,诠释学与修辞学具有深刻的内在联系。这里的修辞学不仅仅是一种讲演的技术之学,相反,"它包括所有以讲话能力为基础的交往形式,而且是联系人类社会的纽带。如果没有互相讲话、互相的理解以及互相之间逻辑推论争辩的理解,那就不可能有人类社会"。[①] 这一点,表明修辞学并不仅仅是一种理论,它的所有思考都将直接有用于讲话的实践,也就是说修辞学首先指向的人的讲话能力,就如实践哲学指向实践能力一样。

---

① 伽达默尔:《真理与方法(第二卷)》,第 402—403 页。

"讲话"不仅仅是一种主体的行为方式,相反规定着人的存在方式。讲话与实践一样普遍。因为,人类社会的交往形式本身就是以讲话能力为基础的,换言之,此在的生存就是一种被讲话所规定的存在。

　　但是,修辞学所提供的并不仅仅是一种讲话技术,而本身就包含真正的知识。修辞学可以突破规范技术领域,而成为一种"由讲话所规定的人类生活的哲学"。这种知识,不是一般的理论知识,而是"人们此时此地必须用来说服别人相信的,以及我们如何行动和面对谁我们这样做的知识"。①

　　修辞学所认识的是讲话的良机,即知道何时讲话以及讲何种话。修辞学本身的目的既不在于提供"巧言"技巧,也不在于把人训练为"佞人"。相反,真正的好的讲话却正好是真正的知识得到实现的地方。因为"作为令人信服的说服是不能和真实的知识相分离"②的。因此,修辞学面对的中心问题仍然是普遍的知识与具体情形的理解之间的矛盾。

　　另外,"谁是真正的讲话能手,谁就会把他要说服人家相信的东西当做善和正确的东西加以认识并对之加以坚持"。③这说明修辞学与那种诡辩术不相干。修辞学提供的不是一种外在的修饰技巧,就像专家提供的技术知识一样,相反,修辞学提供的仍然是参与性的知识。也就是说,修辞学的知识也不是通过某种客观的方法获得的,而是通过相互参与才能真正获得的。

　　因此,以实践哲学为典范来看,修辞学首先指向的是讲话活动中的实践因素。因为,在伽达默尔看来,"实践"、"讲话"和"理解"都不仅仅是主体的行为方式,而首先是此在的存在方式。实践活动中必然含蕴着讲话和理解,没有讲话和理解,实践活动显然是不能进行的。同样,讲话和理解都有着实践的要素。因此,就此在而言,"实践性"、"讲话"和"理解"都是此在的存在论上的规定。

　　作为理解和解释的理论,诠释学也同样如此。诠释学不仅仅是一种理论,其首要目的还是要促进我们的理解和解释活动。诠释学也是一种首先指向人类的理解能力的科学。也就是说,诠释学首先指向的是理解和解释

---

① 伽达默尔:《真理与方法(第二卷)》,第 385 页。

② 伽达默尔:《真理与方法(第二卷)》,第 387 页。

③ 伽达默尔:《真理与方法(第二卷)》,第 385 页。

活动的实践因素。这一点从法学诠释学和神学诠释学就可以看到。因为，"理解文本和解释文本不仅是科学深为关切的事情，而且也显然属于人类的整个世界经验"。①

诠释学也不仅仅是一门有关技术的学问，似乎通过这些技术我们可以通达文本的意义一样。诠释学实际上应该理解为一种实践哲学。因为，诠释学的中心问题仍然是作为普遍的文本与现实理解之间的冲突。也就是说，理解和解释本身就包含着应用，包含着实践。对于文本的理解和解释，并不仅仅是在满足某种认知的兴趣，即正确把握文本的本意，相反，正确的理解和解释始终意味着把文本的意义应用于当下。应用并不是理解之外的事情，相反，应用是理解本质要素。这一点几乎被方法论诠释学给忽略了。方法论诠释学把诠释学发展为一种避免误解的技术，方法论诠释学把文本解释和理解活动从普遍的理解现象中抽象了出来，最后诠释学与实践哲学的本质联系也就被忽略了。

现在，让我们从实践哲学的角度，来对诠释学作出进一步的规定：

1. 在诠释学以及精神科学中，真正的出发地是此在的时间性和历史性，而不是无限的认识任务。因此，诠释学不同于理论科学，以一种无限认识的任务为己任。在诠释学那里，重要的仍然是解释者与被解释对象之间的先行关系。

2. 诠释学不仅仅是一门技术知识。诠释学的根本问题是文本与现实理解之间的张力。因此，理解中已包含了应用，而且这种应用不同于技术性应用。因为，正确理解和解释文本的方法不可能事先被提供给解释者。在理解一个文本的过程中，真正发生的是：我们与文本不断进行着对话，我们关于文本的前理解和预期在理解过程中不断被修正和证实。

3. 诠释学的知识也是一种参与性的知识。因为，理解始终是从某种相互理解关联中发生的。要进行理解，解释者和被解释的对象就必须事先具有一种联系。从实践哲学的角度来看，理解与传统的关系就更加明白了。

4. 诠释学具有一种普遍性要求，不仅仅局限于规范技术领域之中。诠释学可以被把握为一种对此在的生存论的分析。因为，此在就是对自己的

---

① 伽达默尔：《真理与方法（第一卷）》导言，第 1 页。

存在有所理解的存在者。这样,理解就是此在的存在方式的规定,就是有限性本身。文本的解释就隶属于这种此在的自我理解。因此,诠释学是一种哲学,一种实践哲学。诠释学"把所有科学所能认识的东西都包括进我们处身于其中的理解关联之中"。[①]"正因为诠释学把科学的贡献都归入这种把涌向我们的传承物和我们联结成现实生活统一体的理解关联之中,因此诠释学本身并不是一种方法,……它是哲学。"[②]因此,诠释学与实践哲学一样,都有一种相对于其他科学的优先性,即其他科学及其应用都需要诠释学来说明。因此,那种把现代科学视作自足的知识的看法是成问题的。

由此,我们可以看到伽达默尔心目中的诠释学的意义:诠释学既不是一种理论科学,也不是一种技术知识,而是一种实践哲学。诠释学作为一种哲学,相对于其他诸科学具有一种优先性。因为,构成诸科学之基础的基本概念,并不是从诸科学自身中获得的,相反,这些基本概念是植根于生活本身的,要对这些基本概念进行理解就必须有一种关于人类生活的哲学,这种哲学就是诠释学。胡塞尔和海德格尔已经看到,现代科学所研究的世界奠基于生活世界。显然,现代科学不仅不能认识"生活世界",相反,还遮蔽了生活世界本身,换言之,现代科学根本就不可能把生活世界作为问题来追问。生活世界这个真正的整体,是哲学的真正的和首要的课题。跟随海德格尔,伽达默尔认为在我们的(对话意义上的)"语言"中,生活世界显现着自身,即始终在起着作用。诠释学就是以生活世界这个整体为对象的哲学。在我们的实践活动中、相互理解和对话中,生活世界都在起作用。

这样一来,伽达默尔的哲学诠释学就是一种与海德格尔十分类似的存在论。它以人的有限性为基本出发点,而这似乎就避开了历史主义和相对主义的提问方式。因为,诠释学一上来就对那种作为客观性之基础的主体性预设本身提出了质疑。

那么,伽达默尔这种思路对于诠释学自我理解这个问题有着怎样的意义呢?在我看来,伽达默尔这种关于诠释学的论述可以让我们认识到以下几点:一、我们应该对我们在理解和解释中以及精神科学中所提出的"客观

---

① 伽达默尔:《真理与方法(第二卷)》,第400页。

② 伽达默尔:《真理与方法(第二卷)》,第400页。

性"要求作出反思和批判。显然,那种自然科学式的客观性是不适合精神科学的。因为,不参与的观察理想对于精神科学是不适合的。尽管我们可以把人作为各种各样的对象来加以把握,但是这些知识的总和并不就是我们关于自身的知识。因此,精神科学应该有自己特有的客观性。当然,这两种客观性有着怎样的关系也是一个必须加以思考的问题。二、诠释学本身在方法论之外,需要一种存在论的思考。三、理解活动有一种实践因素。

"理解何以可能?"这个问题,对于诠释学来说自然是非常重要的。但是,"什么是正确的理解和解释?"这个问题也同样重要。伽达默尔的诠释学不仅没能为后一个问题提供一种很好的解答,相反,还试图证明这种问题本身是成问题的。正如利科所指出的那样,存在论诠释学虽然在存在论上先于方法论诠释学,但是,要建立一种恰当的存在论诠释学仍然需要走一种曲折的道路,即诠释学思考需要经过方法论问题,而不是绕过或者跳过方法论问题,直接步入存在论上的讨论。

跋

潘德荣

2015 年 10 月,华东师大出版社出版了《涵静学刊》第一辑。时隔将近四年,第二辑也即将面世。2017 年,为推动中华传统文化深度研究,挖掘区域人文资源深层底蕴,华东师大涵静书院与中菁(上海)金融信息服务有限公司和安徽华塔文化产业股份有限公司共同举办了四届"一华塔"中华文化高峰论坛:(1)传统与现代:宗教文化与文明的对话和交流(2017 年 4 月 8—9 日,安徽芜湖);(2)传承与发展:现代学术视野中的传统文化与习俗(2017 年 7 月 18—21 日,吉林白山);(3)一带一路:汉文化与藏文化交流互动(2017 年 9 月 22—24 日,西藏林芝);(4)究天人之际(2017 年 12 月 8—10 日,海南海口)。各届会议的主题,既体现出了理论的深度和广阔的学术视野,又有强烈的现实感,在文化方面充分关注了"一带一路"的国家倡议。

在《涵静学刊》第二辑即将付梓之际,我们首先要感谢来自世界各地的与会学者,他们积极提交论文并参与讨论,会后又根据讨论的情况修改论文,他们对学术的执著与真诚之心,令人钦佩。本期学刊收入的论文,是在与会学者提交给会议的论文中精选出来,并经作者修改而成。我们还要感谢各次会议的筹备组和会议服务工作人员,尽管他们各自的科研和教学工作非常繁重,他们还是花费大量时间出色地完成了自己的任务。我们还要感谢本书的编辑组成员。副主编罗颢和牛文君副教授,偕同陆凯华和孙义文两位博士后,为论文的筛选、校订、定稿等做了大量细致的工作。

感谢企业界朋友—华塔文化产业投资股份有限公司董事长陈真先生、巨丰生物科技股份有限公司董事长杨晓寅先生。四届高峰论坛能成功召开,离不开他们的鼎力相助。他们身为企业家,热心弘扬中华文化,不仅为举办会议提供了资金与后勤服务的保障,还积极参与了会议的筹划,且亲临会场与学者进行交流互动,确是难能可贵的。

老朋友安伦教授是一位典型的学者型企业家,出版了《理性信仰之道》、

《老子指真》等力作,对《老子》有精深的研究。安伦先生参与了华东师大涵静书院的筹建工作,并兼任华东师大涵静书院副院长。他长期以来一直尽心竭力地支持着涵静书院的工作,从物质到精神两个方面都给予了我们很大的帮助。对他为涵静书院所作的贡献,我深表谢意。

从《涵静学刊》第一辑出版后到第二辑即将面世之间,华东师大涵静书院名誉院长李子弋(维生)先生溘然长逝(2016 年 2 月 20 日,享年 91 岁),使我们失去了一位令人尊敬的师长和朋友。作为华东师大的校友(在 1949 年以前,维生先生曾就读于上海的大夏大学,该校于 1951 年并入华东师大),他不改初心,直至耄耋之年,还一直为促进海峡两岸的和平统一而奔走呼号。在维生先生的推动下,华东师大哲学系与台湾极忠文教基金会合作建立了涵静书院。在维生先生与我共同签署的会谈备忘录(由李显光先生记录整理,2012 年 2 月 28 日)中,被列为第一条的就是“通过教学、研究、推广中华文化,以促进海峡两岸相互理解与世界和平为目的”。为了纪念睿智的和平老人维生先生逝世两周年,我们举办了第四届高峰论坛“究天人之际——暨纪念李子弋教授学术研讨会”。

本辑学刊无疑是海峡两岸学者展开深度学术交流的积极成果,也是两岸同胞同根同源的见证。涵静书院将继续秉承建院宗旨,通过学术交流,推进两岸的相互理解与和平统一之进程。

2019 年 4 月 20 日于上海寓所

图书在版编目（CIP）数据

涵静学刊. 第二辑 / 潘德荣主编. — 上海：中西
书局，2019.9

ISBN 978 - 7 - 5475 - 1623 - 2

Ⅰ.① 涵… Ⅱ.① 潘… Ⅲ.① 哲学史—中国—文集
Ⅳ.① B2-53

中国版本图书馆 CIP 数据核字（2019）第 185379 号

涵静学刊（第二辑）

潘德荣 主编

特约编审　罗　颢
责任编辑　徐　衍
装帧设计　杨钟玮

出版发行　上海世纪出版集团
　　　　　中西書局（www.zxpress.com.cn）
地　　址　上海市陕西北路 457 号（200040）
印　　刷　上海天地海设计印刷有限公司
开　　本　700 × 1000 毫米　1/16
印　　张　13.75
字　　数　204 000
版　　次　2019 年 9 月第 1 版　2019 年 9 月第 1 次印刷
书　　号　ISBN 978 -7- 5475 - 1623 - 2 / B·101
定　　价　58.00 元

本书如有质量问题，请与承印厂联系。电话: 021 - 64709974